职教视野：高职院校教育质量保障体系研究

周文清　著

天津出版传媒集团
天津科学技术出版社

图书在版编目（CIP）数据

职教视野：高职院校教育质量保障体系研究 / 周文清著. -- 天津：天津科学技术出版社, 2022.9
ISBN 978-7-5742-0475-1

Ⅰ.①职… Ⅱ.①周… Ⅲ.①高等职业教育－教育质量－保障体系－研究 Ⅳ.①G718.5

中国版本图书馆CIP数据核字(2022)第149515号

职教视野：高职院校教育质量保障体系研究
ZHIJIAO SHIYE：GAOZHI YUANXIAO JIAOYU ZHILIANG BAOZHANG TIXI YANJIU

责任编辑：宋佳霖
责任印制：兰　毅

出　　版：	天津出版传媒集团 天津科学技术出版社
地　　址：	天津市西康路35号
邮　　编：	300051
电　　话：	（022）23332490
网　　址：	www.tjkjcbs.com.cn
发　　行：	新华书店经销
印　　刷：	定州启航印刷有限公司

开本 710×1000　1/16　印张 13.5　字数 220 000
2022年9月第1版第1次印刷
定价：78.00元

前言 preface

随着高等教育的快速发展,质量问题已经成为高等教育发展过程中普遍面临的问题,而高等职业教育(以下简称"高职教育")是高等教育的重要组成部分,特别是经过近几年的快速发展,高职院校为国家培养了大批技术型人才,但同样也更加面临着提高质量的问题。近几年,我国高职教育发展迅猛,大多数省市基本形成每个地(市)至少设置一所高职院校的格局,高职教育无论是学校的数量还是在校学生人数,均已占据我国普通高等教育的"半壁江山"。随着高职教育规模的快速发展,外延扩张与内涵发展的矛盾日趋明显。实施高职教育质量管理,走内涵发展道路,已成为摆在我们面前一项亟待研究和解决的重要课题。

高等职业教育质量保障是扩大优质职业教育供给、实现高职教育内涵式发展的重要举措,然而高职教育质量保障在谁来保障、保障什么、如何保障等方面亟待理论、模式上的厘清和现实实践中的优化和完善。当前,推进国家治理体系和治理能力现代化是全面深化改革的重要目标,现代治理正在成为一种国家意志和全面深化改革的理论依据,从现代治理的视角来研究高职教育质量保障,将宏观大叙事的方法引入具体应用,是对国家顶层设计的落细、落小与落地、落实。

高职教育专业和课程培养质量是整个高职教育质量的细胞和基础,高职教育是以专业和课程为基础进行人才培养的。高职教育的作用主要是满足社会区域经济发展和学生个体发展的需求,提高高职教育专业培养质量是实现上述目标的前提,也是有识之士共同的心声。虽然近年来一些学者对高职教育质量及其管理做过了许多探讨和研究,其成果对国家有关政策的制定起到了重要的参考作用,但尚未形成较为完善的高职教育质量管理体系,而这个体系能否建立并不断完善决定了高职教育能否培养出符合社会经济发展和学生个体发展需求的高技能专门人才。高职院校要树立科学的质量观,坚持以人为本的思想,把促进人的全面发展、适应社会需要作为衡量教育教学质量的根本标准;建立以教学质量保障体系为主的管理制度和工作机制,重视和强化教学环节的质量管理,把有限的教育资源优化配置到提高教学质量上来,把学校重点工作集中到提高教学质量上来;建立完善的有校本特色的教学质量保障体系,实现高职院校持续健康地发展。

质量是高职院校的生命线,只有调动所有积极因素,提高管理水平,提高人才培养质量,才能办出让人民满意的高职教育。这就需要抓好方方面面的工作,其中,内部管理、学科建设、专业建设、课程建设、师资队伍建设是重中之重。质量管理是高职院校内涵发展的客观需求,也是高职院校内涵发展的重要组成部分,内涵发展要求加强高职教育的质量管理,质量管理有利于促进高职教育的内涵发展,从而有利于高职教育事业的可持续发展。在我国高职教育已经跨入高速发展,同时也面临着严峻的困难和挑战的关键时期,高职院校面对新要求,要驾驭新形势、完成新任务、实现新目标,持续不断地提高人才培养质量,办人民满意的高职教育,就必须强化质量管理,走内涵式发展的道路。

基于上述背景,本书对高职院校教育质量概述、高职教育质量保障体系构成要素、高职院校外部教育质量保障体系、高职院校内部教育质量保障体系、发达国家高职教育质量保障体系的比较以及高职院校教育质量保障体系的展望等方面的内容进行了深入分析和研究,以期能推动我国高职院校教育质量保障体系的研究进程。

由于出版时间紧促,书中难免存在不足之处,恳请广大读者批评指正。

目录 contents

第一章 高职院校教育质量概述 001
第一节 高职教育的发展演变 001
第二节 高职教育及其质量观 002
第三节 高职院校教育质量管理 021

第二章 高职教育质量保障体系构成要素 028
第一节 高职教育质量保障的理论基础 028
第二节 高职教育质量保障的主体 043
第三节 高职教育质量保障的内容 059
第四节 高职教育质量保障的方法 071

第三章 高职院校外部教育质量保障体系 077
第一节 高职院校外部教育质量保障体系的理论依据 077
第二节 高职院校外部教育质量保障体系的发展状况与存在问题 084
第三节 高职外部质量保障体系的构建 090

第四章 高职院校内部教育质量保障体系 101
第一节 高职院校内部教育质量保障体系的构建 101
第二节 高职院校教育质量管理与保证 120

第五章　发达国家高职教育质量保障体系的比较 …… 156
第一节　外部质量保障体系 …… 156
第二节　内部质量保障体系 …… 168
第三节　比较分析 …… 171

第六章　高职院校教育质量保障体系的展望 …… 183
第一节　高职院校教育质量文化建设 …… 183
第二节　高职院校教育质量制度保障 …… 189
第三节　高职院校教育质量标准建设 …… 191
第四节　高职院校教育质量保障措施改进 …… 197

参考文献 …… 205

第一章　高职院校教育质量概述

第一节　高职教育的发展演变

高职教育的规模在一定程度上受大众的教育需求、政府的宏观政策以及经济社会的发展需求等多方面要素的影响,是分析高职教育发展情况最直接的窗口。中国的"高等职业教育"(以下简称"高职教育")概念是在中共十一届三中全会之后,伴随改革开放的浪潮诞生的。20世纪80年代初期,一大批以"走读、收费、不包分配"为特征的地方短期性的职业大学涌现出来,率先打出了"高职教育"的旗号。在我国政策的大力推动与引导之下,高等职业教育经历了从起步到跨越再到转型与提升的发展历程。

第一,办好高职院校,推进高职教育的发展。1985年,我国在相关文件中首次明确要大力发展高职院校,从而逐渐建立起一个结构合理的、从初级向高级发展的职业技术教育体系。另外,我国还提出高中生毕业之后实施"分流"的政策,即一部分接受高职技术教育,另一部分直接升入普通大学。同时要求改善本科、专科比例失衡的状况,加大高等专科教育的发展力度。1991年,国家教育委员会(现为教育部)印发有关普高专科教育的相关文件,提出了专科教育的工作方针、指导思想以及加强普高专科教育工作的具体政策与措施。同年,国务院也印发了有关职业教育发展的文件,大力推进我国职业大学实施改革,办好高职院校,并且把它当作20世纪90年代发展职业技术教育的主要任务之一。

第二,积极拓展发展的路径,扩大高职教育规模。1994年,我国召开全国教育工作会议,明确提出一系列发展高等职业教育的根本策略,初步形成了"三改一补"的方针:通过现有的职业大学、部分高等专科学校和独立设置的成人高等学校改革办学模式,调整培养目标来发展高等职业教育;仍不能满足时，经批准可利用对少数具备条件的重点中等专业学校进行改制或举办高职班等方式作为补充来发展高等职业教育。

第三，大力发展高等职业教育，明确基本的办学条件与设置标准。20世纪末，我国明确提出高职教育是高等教育的重要组成部分，要大力地发展高职教育。一方面，强调简政放权，加大政府管理与发展教育的统筹力度，将发展大多数的专科教育与高职教育的责任与权力交给国家；另一方面，明确了发展高职教育的基本路径，如独立设置的成人高校、一些专科学校以及已有的职业大学通过改制、改革与改组逐渐调整为职业技术学院等。与此同时，需要不断转变观念，解放思想，调动社会力量以多种形式发展高职教育。在这些要求的推进下，高职院校的招生规模逐年扩大，使我国高职教育在21世纪初期实现了具有历史意义的跨越式发展。21世纪初期，我国提出要进一步扩大高职教育规模。同时，关于高等职业学校以及普通高等院校办学指标的有关文件相继出台，保证了高等职业教育的规范化发展。

目前，我国职业院校所设置专业基本覆盖我国经济发展中不同领域与行业的主要工种与岗位，并且就业率持续增长。尤其是在信息服务、加工制造、城市轨道交通、电子商务、高速铁路、旅游服务、现代物流、民航等高速发展的行业中，新增从业者中有70%以上来自职业院校。另外，面向少数民族、乡村等地区进行的职业培训与教育更是发挥出了良好效应。

第二节　高职教育及其质量观

一、高职教育概述

（一）发展高职教育的意义

我国高职教育起步较晚，与普通高等教育相比，还处于"幼苗"阶段，但随着社会经济的发展，它的作用越来越被人们所认识。

1. 发展高职教育是经济社会发展和科技进步的需要

当前，伴随高新技术的飞速发展，我国技术结构升级与产业结构调整将进入一个全新的发展阶段，这就要求对专门人才与劳动力结构做出适度调整。同时，科学技术的进步与经济结构的不断调整促使了社会上的职业岗位的总体结构发生转变。高新技术的广泛应用使社会上出现了众多与之相关的工作岗位;第三产业的不断发展促使社会的职业岗位的分布呈现出新的局面,涌现出一批新的工作岗位;以往的工作岗位呈现出既复合又分化的特点和趋势,涌现出不少智能结构呈复合特征的工作岗位。该特征的工作岗位大致有两大类型:一类是技能与技术的复合,如维修、加工中心编程、操作等岗位;另一类是技术与技术的复合,如由电气与机械的复合而产生的机电一体化的职业岗位。这些岗位中,专高职学院教学管理技术知识与操作技能已成为不可分割的整体,因而这些岗位就成了独立的智能型职业岗位。无论是因高新科技发展而产生的岗位,还是因第三产业出现与发展而新增的职业岗位,其智能水平与技术含量均比较高。

职业岗位在技术水平方面的分化主要体现在两个方面,即岗位技术层次的高度延伸、岗位技术幅度的不断加大。职业岗位进行复合时也常常会使其劳动内涵得到丰富与技术成分得到提升,这一切必将使得职业教育的层次获得提高,呈现出职业教育由中等向高等层次转化的趋势,从而出现培养高级别技术人才的高职技术教育。

伴随社会科技与经济的发展在生产领域中的广泛应用,伴随管理与生产中科学技术含量的不断提高,服务、生产、管理、建设一线的高级技术应用类人才将成为将科技转化成现实的生产力和实现产业结构调整与全面提高社会经济效益的新生力量。但国际竞争与科技进步的压力使国内企业对大学生的职业能力与个体素质的要求变得越来越高,部分单位已经意识到科技才是第一生产力,对于选聘人员的素质结构、知识与能力展开了综合性评价。这就要求国家和高职院校重视高职教育的发展,为科技进步与社会发展提供强大的技术劳动力支持。

2. 发展高职教育是我国高等教育结构改革的需要

我国高等教育获得了举世瞩目的成就,为社会经济的建设培养了大量的专门人才,但也暴露出部分与社会需求和经济发展不匹配的情况,出现了不能满足大众全方位发展的需求等问题。我国高等教育也做出了相应的结构调整,加快了教育改革,积极探索培养符合社会需求的应用型人才的办学方式,并获得了一些成果,为国内高职教育的改革与发展注入了新活力。

可以说,高职教育是新时期高等教育的关键组成部分,它的出现是国内高等教育的结构调整带来的结果,是造就大批高层次的技术类应用人才的重大决策。

3.发展高职教育是我国未来人口结构变化的要求

将国内的人口压力转变为强大的人力资源优势是我国逐步实现现代化的必经之路。此外，伴随我国九年义务教育的全面普及，大众对接受更高层次教育的意愿越来越强烈。发展高职教育是使高等教育实现大众化的重要措施，是不断增强国际竞争力与提高国民素质的基本出路，是国内的高等教育顺应今后人口结构调整做出的必要选择。《教育大辞典》将教学管理界定为"按照教学规律和特点，对教学工作进行的计划、组织、控制、监督的过程"。《教育部关于深化职业教育教学改革全面提高人才培养质量的若干意见》（教职成〔2015〕6号）对高职教学管理的内容做出了明确的阐述："高职高专院校教学管理的基本内容一般包括教学计划管理，教学运行管理，教学质量管理，教师队伍管理，实验室、实训基地和教材等教学基本建设管理。"

综上所述，高等职业教育的教学管理能够总结为如下内容：依照高等职业教育的特点与客观规律，根据高等职业教育人才的培养目标和要求，对学校的教学活动有计划地监督、组织、控制与安排并全方位实施的过程。

（二）高职院校扩招与高职教育高质量发展

高等职业教育是就业之前的准备性教育，面向市场、服务产业是高等职业教育的基本特征，所以经济发展与高等职业教育间的联系非常紧密。从某种意义上分析，高等职业院校招生规模的扩大不仅是推动社会经济高质量发展的动力源泉，还是对宏观经济实施调控的政策工具。如今，全球经济发展变幻莫测，社会经济发展环境的不确定性增加，这就需要发挥好宏观政策逆周期调节作用，丰富和灵活运用财政、货币、就业政策工具，增强调控前瞻性、针对性和有效性，为经济平稳运行创造条件。其中，高等职业院校的扩招便是政府为了实现经济宏观调控与稳定就业所采取的政策手段之一。从动机方面分析，扩大招生规模是为了应对社会经济发展环境的不稳定性所采取的调控手段，是我国政府逐步实现社会经济发展任务的政策手段。换句话说，高职院校的扩招既是高职院校与教育行政部门应当完成的任务，又是政府意志的体现；既是政治任务，又是经济任务。

从整体趋势分析，国内经济已然进入从追求高速增长向追求高质量发展的转变阶段，正处在发展动能转换以及经济结构转型升级的重要阶段，具体体现为劳动密集型与资金投入转向科技驱动型与创新的发展形态，新业态与新经济大力发展，以智能制造、大数据与物联网为中心的新型服务业与高端制造业占比日益增长，国内产业从世界价值链条的低端向着中高端进发。在这样的时代背景下，对低端劳动力的需求日益减少，对高素质的技术应用型人才的需求越来越大，但高职院校在培养高技能应用型人才方面的能力较弱，所培养出的高技能应用人才数量远远滞后于社会经济发展的需求。

从发展经济学的角度分析，发展便意味着质的提升与量的增长，换句话说，量的增长是发展的一种体现。通常来说，在高等职业教育院校的办学条件与办学资源的承受力已经到达极限时，学习者的数量增长意味着人均的教育资源相应减少，人均教育资源的减少也意味着人才培养的质量无法得以保证。

事实上，高职院校的办学资源还有相当大的扩招空间。从宏观的角度分析，数量的增长与高质量的发展也并非非此即彼的发展关系，高职人才的高质量发展与培养模式的优化、职业教育的结构等要素紧密相连。若说数量的增长对是否能够达到高质量的发展是不确定的，那么扩大招生的过程伴随着人才培养模式的创新、结构的优化对高质量发展的助推作用就是可以预期的。从某种意义上说，高职院校扩招不仅对构建新时代的职业教育体系具有重要意义，还对经济的健康发展起着促进作用。从经济结构的转型升级对高技能应用型人才的需求分析，我国的高等职业教育的发展困境具体表现为人才培养方面供需结构性的失衡，包括人才培养质量的结构性的供需失衡与人才培养数量的结构性的供需失衡。而高职院校扩招有利于打通从中职到高职再到应用型本科间的体制性障碍，理顺职业教育体系。一方面，高职院校扩招能够为应用型的本科院校储备稳定生源，有助于推进当地高校向着应用型高校转型，体现应用型人才培养特色；另一方面，高职院校扩招能够有效地扩展中等职业教育毕业生接受高层次教育的机会，从而拉动中等职业教育的发展。从某种意义上讲，高职院校扩招与高质量的发展具有一定的相容性与目标的一致性。

值得一提的是，我们强调高等职业教育的高质量发展时，应当先进一步明确高质量发展究竟是对谁来说的高质量。经济发展阶段与历史时期不同，高质量标准也有所差别。事实上，高等职业教育的高质量是需求与供给彼此吻合的高质量，不将社会发展的需求当作参照，高等职业教育高质量发展便没有了能够衡量的标准。高职院校数量是否充足往往能够决定高职教育发展的质量，但并非唯一的决定性因素。如果高职院校为社会发展提供的人才供给不能满足社会发展需求，那么高职教育就并非处于高质量发展的状态。当然，数量并非会全部转化为质量，数量的增长也并不代表着质量的提高。高职院校扩招不只是有助于挖掘教育的潜力、克服出现的生源危机，更有助于弥补社会经济的高质量发展对高质量技能应用型人才的大量需求。

总而言之，高等职业院校的扩招必然会对社会发展以及职业教育的体系产生一定的影响。在实践中，高等职业院校的扩招使高等职业教育的发展既面临着挑战，又面临着机遇。挑战主要是指因为量的增长所显现出的制约高质量发展的担忧；机遇主要是指高等职业院校扩招自身所蕴含的发展机遇。目前最主要的问题是如何使高职院校扩招发挥出应有的作用，从而助推高职教育的高质量发展。

1. 深化人才培养模式改革，彰显高职教育办学定位的类型性

职业教育与普通教育是两种不同的教育类型，要由参照普通教育办学模式向企业社会参与、专业特色鲜明的办学模式转变。这既是职业教育的改革方向，又是职业教育的发展定位。目前，就高等职业教育来说，职业教育特色不够突出，终究没有跳出普通教育模式的束缚也是影响高等职业教育高质量发展以及导致高等职业教育社会认可度不够的主要原因。在高职院校扩招的时代背景下，只有不断彰显与强化高等职业教育的特色，才可以避免走入规模不断扩大而质量持续下滑的困境。从本质上而言，职业教育的特征便是服务面向的市场性、人才培养标准的应用性。

我国职业教育在产教融合方面取得了一些成绩，早期的产教融合以校企合作的形式存在，其中有几个具有代表性的模式，分别是"专业＋行业协会""专业＋大型企业""学院＋创业中心区""专业＋校办企业""专业＋龙头企业＋企业联盟"等。以上五种模式均是职业院校结合当地的经济发展情况而创造出来的，具有初期的产教融合特色。

这些模式均在不同程度上促进了产教融合的深入与高职教育的发展，但是更加倾向于产与学的结合，无法体现出校企合作的深度与高职教育的高度，而且其成功的经验很难复制与推广。为了适应社会主义市场经济中产业结构的不断变化与调整，高职教育的"产教融合"应当是行业、企业、产业、专科院校和应用型本科院校等多个主体活动特点的体现与融合，并且具有新的功能与特质。

产教融合对于学生、学校、产业和社会来说是一个多方共赢的机制，尤其是对于学生来说，产教融合既能够提升学生的专业能力，又能够为学生以后立足社会提供保障。传统的职业院校虽然给学生提供了实习的条件和场所，但是由于各种条件的限制，实习缺乏针对性和激励性。产教融合中有大量的实习、

实践机会，而且这种实践是经过专门设计的、具有较强的针对性，是能够与学生在校期间所学知识融会贯通的实践。传统职业院校学生实践的一个很大的弊端就是缺乏针对性，这会导致学生所学与所用之间无法实现无缝对接，而产教融合则能够弥补传统实践存在的缺点。

产教融合的学生实践就是把课堂所学到的知识应用到实践之中，在课程设计上就存在着对应性，是一种较好的实践方式。产教融合从专业培养目标入手，所涉及的每一门课程都需要学校与企业在充分合作的基础上共同制定培养目标以及课程标准。产教融合所涉及的骨干课程均是理论与实践的高度结合，可以让学生带着问题学知识，并且在实践中解决问题，形成了一个遇到问题、解决问题的良性循环。通过产教融合培养出来的学生在动手能力和解决问题的能力方面具有更强的优势，他们可以更加灵活地对问题进行分析并且选择合理的方式解决问题。这种人才培养模式的改变能够在很大程度上改善学生的世界观、人生观、价值观，从而培养出更多能够为建设社会主义服务的优秀人才。不仅如此，产教融合还会不断激发学习者创新、创造的热情与愿望，激励他们在具体实践当中不断创新与探索，而这种创新意识与创新人才的培养也正是职业教育办学的发展方向。

产教融合可以让企业参与其中，也可以让有条件的学校自己创办企业，以学生为主体进行发展，学生在整个过程中可以获得某些报酬，这在客观上也为学生的勤工俭学、工读结合创造了良好条件，还能够解决贫困学生的学费和生活费用问题，为精准扶贫提供支持和保障。

产教融合在更大层面上能够为助推地方经济发展提供专门的服务，原因是我国的职业院校多为地方性的，其最主要的作用就是服务于地方经济发展。我国当前的职业教育是以就业为导向的教育，在社会主义市场经济制度之下主要以培养技能型人才为主要目标。技能型人才的特点非常明显，是服务、生产、管理与建设领域一线所需的高技能应用型人才。此类人才应当具有鲜明的实用性、职业性、技能性等岗位特征——工作在一线，能管理、懂技术、会操作的技术人员。

产教融合的培养思路也正是在上述背景之下产生的，为了满足需求而改进相应的教育策略，这是我国教育不断改革、发展和完善的重要体现，也应当受到更加广泛的关注。产教融合的重要参与对象是企业，在融合的过程中要格外注重对企业需求的满足。只有充分调动企业的积极性和资源才能实现产教融合效果的最大化。据调研显示，当前进行产教融合的企业多数为生产制造型企业,因此校方应针对企业需要的技术与产品展开研发,以实现技术服务、培养人才以及开发产品的功能。为了促使学校教学与企业需求自然衔接、与技术的发展趋势合拍,学校应当吸收专家学者以及企业技术骨干参与教学计划的制订以及培养目标的研讨。产教融合的根本是"产",主要是指应当将切实的产品生产行为作为前提,在此基础上展开专业的实践教学,只有这样学习者才可以学习到真本领,教师才可以教出真实的水平。这种"产"应该与教学紧密融合,其根本目的在于"教",在其相对成熟的基础上,再逐渐地向"产、学、研"进发。校方只有在真正地拥有了"产、学、研"的能力之后,才能够逐渐适应市场需求,进而实现做优做强。

通过高等职业院校对于人才培养模式的不断探索与实践,可以发现职业教育不是产生于一个纯理论的观点或政府制定出来的政策,而是通过具体的实践逐步形成的。首先要确立高等职业技术人才的培养标准。虽然它在教育内容以及教学模式,乃至培养方向上有别于普通高等教育,但是对于高等职业技术人才质量的标准不可降低,这是最根本的要求。一方面,职业教育比较侧重实践操作,因此无论是在人才的培养模式方面,还是在学习方法与考核方式方面都要采取相对灵活且实用性较高的方式,要注重其适用性与针对性。另一方面,在专业课程的设置方面,要主要强调它的专业性、规范化等特点,严格按照相关的课程质量标准进行设置。其次,不断加强学校与社会单位之间的合作。校企合作是当前高校中极为盛行的合作模式。对于高等职业院校而言,校企合作应当被当作一种办学理念来执行,应当在执行过程中最大限度地彰显高等职业教育类型的特色。当前社会与高校提倡将企业引进到高校中来,让学生有机会亲身体验工作一线的具体内容,了解走上工作岗位之后需要注意哪些方面的问题,进而有的放矢地解决这些问题。此外,企业也可以在这个过程中找到合适的员工,最终实现共赢。最后,构建出一套全新的适应职业教育人才培养的教育体系。在我国高等职业教育不断扩招的背景下,构建一种全新的培养模式来与新形势的发展相互匹配极为重要。一方面,既要强调对于人才技能水平的提高与培养,又要为这一类型的人才提供继续进修深造的通道,从而不断提高其自身的文化与知识理论水平;另一方面,"1+X"证书制度的启动与推行以及人才市场相关招聘制度的改革促使着高等职业教育改革人才培养模式,最终探索出一条全新的符合高等职业院校学生特色的培养路线与模式。

2. 与经济社会发展同频共振,强化高职教育服务面向的区域性

服务产业、面向市场是职业教育发展的根本特征,也是职业教育的根本功

能。与普通的本科教育相比，高等职业教育培养现代服务业与制造业等一线的专业技能应用型人才的办学定位决定了其应当对产业结构与人才市场的变化更加敏感，反应也应更加迅速；相对于满足社会发展的需求或通识教育与个体发展的需求，满足学习者的职业岗位需求是首位的。经济发展的区域性影响着高职教育的区域属性。在实践当中，高等职业院校的人才培养质量越高，该校毕业生的社会认可度与就业质量也会越高。在高等职业教育扩招的背景下，建立经济社会与高等职业教育发展的协同发展机制尤为重要。

一方面，高等职业院校要根据地区经济发展的需求合理调整专业的结构，增设现代的服务业、战略性的新兴产业以及现代的制造业等相关专业，以助推专业升级改造；扩招的计划需要进一步优先布局在地区经济建设亟需、就业率高以及社会民生领域紧缺的专业，不但要防止扩招之后的学生就业难，而且要确保扩招后的质量不降。另一方面，政府要依据地区的经济转型战略需求实施好职业教育的发展以及高等职业教育扩招工作的顶层设计，助推区域内的高等职业院校的合理定位，促使每所高等职业院校都能够办好符合社会发展需求的特色的优势专业群体。

3. 深化多元利益主体合作教育，强化高职教育办学模式的开放性

高等职业教育的改革与高等职业院校扩招的工作是"一体两面"的关系，高职院校扩招取决于高等职业教育的不断深化改革，高等职业教育的改革有助于扩招工作的逐步落实。在具体实践当中，高等职业教育的扩招是一项系统性的工程，包括管理体制、招生就业、财政投入以及培养模式等领域的系统化变革。其执行主体包括人才市场、政府、行业企业以及高职院校等相关的权责关系与利益主体。新时代的职业教育已然成为日益开放的体系，其既离不开行业企业的彼此配合以及与人才市场的密切联系，又更加离不开政府的政策、财政、税收以及金融等方面的大力支持。

在具体实践中，政府部门间要紧密配合，加大对高等职业教育扩招的财政投入力度，不断扩大高等职业学习者的奖助学金覆盖面；进一步完善中高等职业教育的衔接与贯通机制，打破中职教育与高职教育之间的体制性隔阂；通过评聘制度与就业市场的改革，为高等职业院校毕业生打造更为公正的就业环境；全力推进"1+X"制度的改革与实践，促使高等职业院校的人才培养模式进行改革。高等职业教育院校要把扩招的工作置于职业教育的综合改革，以及多元利益主体彼此协同的背景下进行统筹规划与落实。一方面，高等职业院校需要以扩大招生规模为契机，看准市场需求，构建专业的集群发展机制，促使

岗位链与教学链、产业链深度融合与嵌接，促使高等职业院校的扩招建立在人才培养体系与质量保障体系的基础之上。

4. 深化"三教"改革，突显高职人才培养的职业性

高等职业教育的生命力在于其教育类型特色的彰显，也就是职业性的彰显。高等职业院校与企业、企业工作实践与学生学习之间存在密切联系，此种本质属性决定了高等职业教育课程的"跨界"性质，也决定了职业教育课程的创新与改革的特色。高等职业教育课程应当与普通高等教育的课程有所区别，其内容有相应的特殊结构，实践能力与理论知识的结合是高等职业教育课程创新与改革的重点。面对高等职业教育课程的类型特色，高等职业教育亟须发现课程中职业能力与理论知识的联结点，要侧重于能力，实现实践与理论的统一，并且编写适合实践导向的"做中学、学中做"的教材。当前高等职业院校的一些教师缺乏企业生产的实践经验，高等职业教育课程开发又缺少企业技术人员的参与，就导致了高等职业教育的课程改革无法深入，高等职业教育与企业之间的生产联系不够密切。由于高等职业教育课程的内容或多或少地是按照科学本位来确定的，缺乏一定的特色，进而容易导致学习者在学校学到的知识无法用于实践，掌握的技能也过于单一，造成高职院校的毕业生无法完全满足企业发展需求。

实践导向的高等职业教育课程的创新与改革就是要遵循高等职业教育的发展规律，系统地设计课程体系，既要突出"职业性"地培养学习者的职业岗位的核心能力，又要体现出"高等性"服务于大众的可持续发展，最终形成能够彰显类型特色与层次特征的高等职业教育课程的新体系。

（1）构建体现职业岗位核心能力的专业课程体系。高等职业教育的专业课程建设的内涵和理念与普通的高等教育有所区别。普通高等教育大多依照学科的知识体系来构建课程体系，表现为由学科到知识再到课程；高等职业教育以职业岗位的核心能力为主来构建课程体系，表现为从岗位到能力再到课程。高等职业教育的专业课程要突出其"职业性"，要注重培养学习者就业的核心能力。其中，专业入门课程需要"会"，专业核心课程需要"精"，专业提升课程需要"懂"。

在设置某一职业岗位的核心课程体系时，要邀请相关领域的专家、任课教师以及相关行业的从业者等社会各领域尖端人才，对当下行业内部的问题以及岗位特性等进行分析，最终共同研究与总结出一套符合当下社会发展需求的核心岗位应具备的能力，然后由此推出与之相匹配的专业课程。一般可以开设四

到六门课程，总课时可以为三百到五百个学时。其课程应该满足现下社会行业发展所需要的各项技能，并且能够体现出其不可替代性。例如，建筑装饰相关专业的核心岗位是施工管理员与室内装饰设计师；酒店管理专业的核心岗位是前台高级服务员、高星级酒店基层管理员；机械制造相关专业的核心岗位是品质管理员、机械产品的结构设计师；等等。在该行业的核心岗位课程设置完成之后，要针对该核心岗位的核心技能方面设置与之匹配的课程。例如，建筑装饰工程技术类专业的学生，其基础与核心的技能便是绘图，也会涉及部分美学知识，包括基本的色彩搭配、素描以及计算机制图软件（如 3DS MAX 等）的灵活运用、平面与立体构成、室内设计与表现等；对于那些将来要从事技术管理岗位的学生来说，工程预算、工程的招投标、工程造价等内容是他们应该熟练掌握且具备一定的实操能力的课程。

（2）开发提升学生职业素质和为专业服务相结合的通识课程。高等职业教育要为人类的可持续发展打下坚实的基础，其完整的课程体系要体现出"高等性"。通识课程的设置要体现提升学习者职业素质与为专业服务彼此结合的特点，公共选修课程的设置要为提高学习者的科技素质和艺术与人文修养服务。通识课程的开设不只是面向某一职业岗位，也可以培养学习者的职业通用能力与个人发展的竞争能力，从而实现个体的全方位发展。高等职业院校设置通识课程的目的有两点，一是为学习者更好地学习专业服务，二是为不断提升学习者的职业素质服务。例如，计算机公共基础课程的改革把该课程分成专业模块与基础模块，其中，专业模块的主要内容是学习专业所必需的基础技能与知识，如会计与金融专业的专业模块内容倾向于专业文档编排与五笔输入法，鞋服类专业的专业模块内容倾向于 3DS MAX 舞台效果与 FLASH 动画制作；基础模块则是为了不断提升学习者的职业素质，将对 Office 基础技能与知识的训练设置为内容。此外，还可以对不同区域以及生源的学生在入学之后进行摸底考核，执行优秀者免修基础模块的规定。

（3）构建适应三层次实践教学需要的专业课程。结合高等职业教育教学课程的特点，为了让学习者更好地掌握相关技能，需要运用三层次学习法，该学习方法体现出了由浅入深的教学过程，即在学习探索中学习理论与技能知识，在理论知识的引导下进行实际操作，再从实际操作中学习之前没有掌握好或者未曾接触过的知识。该学习方法可以促使学生快速掌握并学习到相关的技能与知识等。

高职学生要想掌握一门技术，首先要学习其理论知识，如原理、相关概念、知识体系中各知识点的关系等；其次要进入具体的实践阶段，即"学中做"，通过动手操作的具体实践过程使不同的知识点得到巩固，做到边学边做，边做边学，最后将知识融会贯通。当然，针对不同的专业课程，实践的具体内容也要有所区分，那些相对单一的技能课程应当首选在学校内进行。例如，对于建筑装饰课程当中的制图课程，教师先要讲解相关的构图方法以及绘图技巧，在学生充分掌握理论知识之后，再让他们在计算机上进行实际操作，从而使其能够掌握与灵活运用制图技能，最大限度地体现出"学中做"的学习方法。

在完成了上一步的"学中做"之后，学生便进入下一个学习环节，即"做中学"，在具体实践中发现问题、寻找答案并解决问题，最后总结经验进而获得新知。这个环节也可以被称为综合项目的练习。该练习需要学生将理论知识与技能知识串联起来，从而形成真实的技术能力，通常教师会将企业的某些具体项目进行适当修改以供学生进行练习。这个过程既能促使学生接触到真实的商业案例，又能促使其技能水平与理论知识得到提高与巩固。例如，对于建筑装饰专业学生和家装方向的学习者，教师会拿出某装修设计公司的一个装修案例，给出房屋的具体面积、房屋基本结构、客户需求等相关条件，让学生完成装修的相关设计作业，然后对学生的作业进行评价从而使其专业水平得到提高。

高等职业院校在教书育人中的一项创新活动便是教师通过应用型的课题指导学习者的毕业设计。这种应用型的课题通常来自企业的真实项目，能够将本专业的主要专业课的知识与技能技术联系起来，达到技术技能与知识"连线成面"的良好效果。这表明"做中学"的教学方式对培养学习者的创新能力、综合能力以及创新意识具有显著的实效性。与此同时，也把实践教学的模式改革提高到了一个全新的高度，呈现出了高等职业教育的高等性。

（4）建设适用于实践导向的高职教育校本教材。高等职业院校的教材建设是不断提高其教学质量的根本环节，也是高等职业教育课程创新与改革的落脚点之一。高等职业教育的实践导向的课程创新与改革的教学成果需要固化为教材，校本的教材是高等职业院校不断推进课程建设的关键载体。适用于实践导向高等职业教育的校本教材要以培养学习者的实践操作技能为目标，既要注重知识与技能的完美融合，又要强调一定的技能技术操作训练与技术知识介绍的内容，将两者内化为职业能力的主要内容，展现出高等职业教育的校本特色、专业特色与课程特色，满足高等职业教育的课堂教学对"学中做、做中学"的要求。在教材的编写中，一方面，要不断鼓励行业企业中专业的技术人员参与其中，实现生产实践与教材内容的对接；另一方面，高等职业教育的教师要具备编写教材所应该具备的研究能力、教学经验以及实践能力。高等职业院校教师要不断深入到企业中去，研究实际的职业岗位的能力要求，组织相关教材内容；企业的专业技术人员要将企业的发展诉求反馈到校方，或是直接参与相关教材的内容编写；等等。

（5）建立实践导向的高职课程改革与创新的保障体系。高等职业教育的课程创新与改革是一项相对复杂的教学活动，执行实践导向的高等职业教育的课程创新与改革成效，与高等职业教育院校的产学研融合的程度、师资队伍的建设以及实训条件等具体情况密切相关。所以，在进行实践导向的高等职业教育的课程创新与改革时，高等职业院校应当依据本身的地域优势与办学条件，整合各类优质的资源，从研发平台、师资建设、激励机制等领域着手建立较为完善的保障体系。

以研发平台为依托，建立与实践教学体系相匹配的实践基地。校企合作共同创建的研发平台是产学研结合的产物，其以项目为载体，为实践导向的高等职业教育的课程提供具体教学平台，特别是对于应用型课程当中的"做中学"，应该建设教师的技术应用平台以及专业的工作室，由企业提供研发项目，或者企业研发项目与人员共同进入该研发平台。在具体实践导向的高等职业教育的课程创新与改革中，温州职业技术学院创建了包括温州家具工程技术服务中心、浙江省温州轻工机械技术创新服务平台、温州市材料成型工艺与模具技术重点实验室、温州市服装行业科技创新服务平台在内的42个服务平台，这些服务平台对于培养学习者的创新能力与综合能力起着至关重要的作用。

以建立"三能"的教师队伍为重点，为实践导向的高等职业教育课程的创新与改革提供人才支持。所有课程改革的执行者都是教师。高等职业教育重新构建了实践导向的全新课程体系，但若是教师缺乏一定的工作经验与实践动手能力，课程的创新与改革也只能是"换汤不换药"。适应高等职业教育实践导向的课程创新与改革的执行者需要是"既能与企业合作展开应用研究活动，又能胜任理论知识的教学工作，还能指导学习者的实训活动"的"三能"教师。针对当前部分高等职业院校教师的实践应用能力缺失的情况，要加大对高学历的行业企业技术能手的引进力度，建立教师定期到企业进行锻炼的管理制度，以项目为载体，使教师参与企业技术的创新、生产技术的革新、成果的咨询与管理等一系列活动，从而锻炼教师的工作能力，不断提高他们的技术应用能力。

构建激励机制，为实践导向的高等职业教育的课程创新与改革提供一定的政策保障。高等职业教育应借助开展课堂的专项教学改革与实践项目、建设教学队伍等具体措施，不断激发教师参与课改工作的主动性，促使教师在课堂教学与教学团队改革中持续地提高自身的教学能力，从而不断提高课程创新与改革的效果。

总而言之，高等职业教育的课程创新与改革应当满足学生"全方位发展、职业发展、个性发展"的愿望与诉求，针对学生的职业精神、职业能力与职业道德进行全方位培养，使所有学生都能有自主选择课程的权利，为学生就业与其终身发展奠定坚实的基础。

二、高职教育质量观

(一) 教育质量

所谓质量本质上是对于一种客体能否满足特定的主体需求及满足的程度所给出的肯定性的价值判断。质量的高低取决于特定的主体需求与客体形态特征。质量不仅是指服务与产品，还包括人员、过程与环境。质量是某种不间断变化的状态。一方面，质量不是一成不变的，它是伴随主客体的时空转变、时间流逝展现出来的一种与时俱进的发展状态。另一方面，质量也反映出"客体性状"对于"主体需求"的满足程度。

质量除了在产品等领域被广泛运用，在教育领域同样适用，即教育质量。

所谓教育（education）主要是指社会有意识地把积累的行为、信息、价值、知识、技艺、能力、态度以及理解代代相传的过程。教育涉及学习中的交流。[1]《国家中长期教育改革和发展规划纲要（2010—2020年）》中指出，教育是民族振兴、社会进步的基石，是提高国民素质、促进人的全方位发展的根本途径，寄托着亿万家庭对美好生活的期盼。由此可见，教育是一种基本的社会活动，是一种传递过程，是人类文明创新与继承、薪火相传的重要渠道。

教育实质上是培养人的社会性活动，呈现出的是一种服务类活动。教育质量是对教育这一"社会性活动"进行的价值判断，是对教育这一"传递过程"的有效反映。《教育大辞典》对于教育质量的定义为"教育质量是对教育水平高低和效果优劣的评价""最终体现在培养对象的质量上""衡量标准是教育目的和各级各类学校的培养目标。前者规定受培养者的一般质量要求，亦是教育的根本质量要求；后者规定受培养者的具体质量要求，是衡量人才是否合格

---

[1] 王军红. 职业教育质量生成及其机制研究[D]. 天津：天津大学，2013.

的质量规格"。需要注意的是，在理解本概念时，不可以"窄化"理解，不可以只是将教育者与受教育者作为客体与主体来看待。教育服务是在受教育者与教育者，以及各类教育环境与教育资源的沟通交流中进行的，此类活动是整个社会系统、教育系统的集中表达与反映，相关投入过程结果、利益主体以及环境资源保障等一起构成了其具体内容。相关国际组织曾指出，教育质量是多角度、多层次的概念，其标准需要规避使用一种统一的标准对其进行衡量。

除此之外，教育质量还要关注素养、知识、能力等多种综合素质的获取。例如，经济合作与发展组织（OECD）曾经指出人类在21世纪应该具备如下能力：有目的地运用相关知识、语言、技术、信息等工具的能力；跨文化交往的能力；争取与维护自身权利、诉求与兴趣的能力；处理和解决问题的能力；与他人合作、沟通的能力；制定人生规划的能力；自主决策、判断与行动的能力；等等。

联合国教科文组织提出，学习的四支柱为学会生存、学会认知、学会共处与学会做事。"学会生存"展现出了学习与教育的根本目标，其超越了单一的伦理、道德意义方面的"为人处世"，还包括了适应社会与个人需求的批评精神、情感、审美、想象、创造、合作、体能、精神交际等方面相对充分且全面的发展，彰显出了教育质量的目标与实质便是促使社会全体与所有学生个体的个性与全面的发展。"学会认知"主要是指需要掌握认知的工具，具体为"学会学习"，其超越了从课堂教学与学校教科书中汲取知识的方式，具体表现为变成"终身的科学之友"，个体在社会化进程中了解不同的社会关系，学会遵守社会行为规范，培养追求真理的科学精神，习得民族文化的价值观念。"学会共处"代表着个体了解与学习，尊重与发现他种文化、他人、他国，学会分享与关心，学会运用协商或者平等对话的方法去解决各种冲突与矛盾，在观念中构筑"和平的屏障"，学会在参与目标一致的社会性活动的过程中获取具体实践的经验。"学会做事"不仅代表着所学的职业技能与知识的应用的养成，还注重为适应知识经济与"智力化"而学习的适应世界改变的综合能力，如交流能力、合作精神与创新精神，注重在人际交往与工作实际中培养社会行为的技能。[①]

---

① 毕斯塔,何培,李萍.联合国教科文组织对教育质量的解释[J].教育理论与实践,2013(20): 22-23.

（二）高职教育质量

职业教育（vocational education）主要是指促使学生获取某一行业或职业或者数种行业或职业特定的能力、知识、技艺的教育。高等教育主要是指建立于中等教育基础上，在专业化的学科领域出现的学习活动，是高度专业化与复杂化的学习。高等教育具体有高级专业或职业教育、学术教育。在国内，高职教育是我国教育改革中出现的高等教育的全新类型，其横跨职业教育与高等教育两个领域。高职教育从教育层次角度分析，属于高等教育；从教育类型分析，属于职业教育。其一，从教育的层次分析，高职教育应当建立于中等教育之上，并且强调专业化；其二，从教育的类型分析，教育要面向职业与行业，传授能力、知识与技艺。

结合教育质量的本质与内涵，可以全方位地分析高职教育的质量，先能够从"主体需求"与"客体性状"两个维度进行高职教育特性的解析。

维度一："主体需求"，高职教育具有社会性、教育性与经济性。

①社会性。服务社会是职业教育的根本宗旨，我国教育家黄炎培曾说过，职业教育"从其本质上来说，就是社会性；从其作用上来说，就是社会化"。之前，大众更多是从"机会均等""社会平等、公正"等角度出发进而发展职业教育的，职业教育可以促使社会中的弱势群体获取一定的谋生技能，进而改变他们在社会中所处的劣势地位。②教育性。高职教育最本质的功能是立德树人、培养人才，促使每个个体均有条件最大限度地发挥其潜能，均有出人头地的机会。高职教育是一种良好的政治哲学与公共政策。③经济性。职业教育和经济产业的发展密切相关，经济性是职业教育的重要体现，服务行业、服务地方正成为我国高等职业教育的根本特征。

维度二："客体性状"，高职教育具有高等性、职业性与技术性。

①高等性。高职教育要求立足高层次教育，追求"学术发展"的作用，推进职业科学与技术科学的发展，在彰显技术性与职业性的基础上更好地展现高等性。②职业性。职业是职业教育的根本基础，是规范职教评价、专业与课程的标准。只有依照职业的逻辑、规范、要求与过程而不是依照学科对技术与知识进行重组，职业教育的基础才可以稳固。③技术性。技术的演变决定着职业教育的方法、结构、规模、课程与结构等的发展，职业教育的教学需要体现出技术属性，体现出技术传递过程中的要求与规律。

从教育哲学视角出发，"主体需求"视角的教育性、经济性与社会性体现出了高职教育的政治论基础;"客体性状"视角的高等性、职业性与技术性体现出了高职教育的认识论基础。

综上所述,高职教育的质量是对教育能否满足有关主体需求以及满足的程度所给出的肯定性的价值判断,彰显出了高等职业教育的效果优劣与水平高低,反映出了高等职业教育传递职业以及高度专业化行业的能力、知识与技艺的高效性。要全方位认识高职教育的质量,就要从多个维度和角度全方位且立体化地进行综合分析。

第一,高职教育的质量展现要兼顾现代实用主义、人文主义等的价值诉求。从社会视角分析,高等职业教育的质量要注重产出与投入间的关系,要体现出市场经济环境下的工具性的价值。从个体视角分析,立德树人是高等职业教育的落脚点与出发点,高等职业教育要尊重"人性",高水平、高质量的教学活动要满足学习者的发展需求。

第二,高职教育的质量要反映政治论与认识论的教育哲学思想。一方面,高等职业教育要提升服务能力,满足相应主体需求,在服务个人、社会与国家的政治论的指导下持续发展;另一方面,高职教育作为客体,要提升自己的水平与能力,形成"合理性""合法性"存在的认识论的基础。

第三,要从"主体需求"与"客体性状"两个维度来认识高职教育的质量,注重客体、主体一体的高职教育的质量。其一,从客体性状的视角看,要注重高等职业教育的投入、产出与过程,要全方位地反映高等职业教育的水平与能力。其二,从主体需求的视角看,要考察高等职业教育的教育目标(学习者的发展、人的发展)、经济目标(服务经济产业的需求)、社会目标(提供教育机会、教育分流与推迟就业)的实现程度。

第四,高职教育的质量是一种持续变化的发展状态。高等职业教育并非一成不变的,而是伴随着主客体的时空变化、时间的推移展现出一种能与时俱进的状态,需要运用发展的眼光去看待。依照马克思有关"生产力决定生产关系""人的本质在其现实性上是一切社会关系的总和"等论述,当社会的生产关系与生产力持续变革时,个体的社会关系与其相关的教育质量与教育需求判断一定会发生某种变化。第一次工业革命由于蒸汽机的发明而出现了由手工劳动向机械化生产的转化,第二次工业革命由于生产线的应用而出现了标准化与劳动分工,第三次工业革命由于信息化的出现而发生了重大的社会变革,当前交互技术与信息的同步发展正在孕育第四次工业革命。不管是从服务经济的产业视角还是从服务学习者发展的视角分析,这四次工业革命对于教育的质量及价值判断均会带来翻天覆地的转变。

(三)高职教育质量观

教育的质量观是大众在一定的历史条件下对教育的价值选择,与社会文化、经济关系与政治生活等均有着紧密的联系。马克思主义的认识论指出,改造主观世界与改造客观世界是相互联系、彼此统一且缺一不可的。不同时期对于不同的问题要建立对应的教育质量的观念,这也是对哲学中"经济基础决定上层建筑"的表现。可以说,教育的质量是在持续变化的,其经历了从学校的教育到终身的学习,从以教师为主体到以学习者为主体,从传播讯息到知识的建构,从填鸭式学习与死记硬背到包含应用、创新、分析、综合、创造与解决问题的综合能力的提升,从只强调单一知识的灌输到素养与能力的提高与培养的过程。[1] 具有中国特色的高职教育源于 20 世纪 80 年代。起初中国高等职业教育更多体现的是"拿来主义",具体表现为借鉴普高教育的质量观。从这一层面分析高层次教育的质量观的演变历程可以发现,它在 20 世纪 80 年代之前更多呈现出的是旧有的知识的质量观;20 世纪 80 年代之后,逐渐变为能力的质量观;进入新世纪后,随着高层次教育的大众化,促使综合素质的质量观逐渐进入大众视野。[2]

同时,在政策的指引下,高职教育逐渐形成其特有的价值观。20 世纪 80 年代以来我国高职教育得以发展的因素与时代背景通常体现为以下几个方面:其一,发展教育,高职教育的改革发展经历了教育内涵的提升、结构的调整与规模的发展等阶段;其二,立德树人,这是教育自始至终都应该坚守的一条底线;其三,服务国家,具体表现为"培养服务区域发展的高素质技术技能人才,重点服务中小微企业的产品升级与技术研发,加强终身学习与社区教育的服务";其四,服务国民,具体有劳动就业与素质提升等。通过以上内容,高职教育的政策范围与内涵持续扩大,从强调直接培养劳动者,到提升全体国民素质,再到借助政策指引与人才红利逐渐扩大到全国的人力资源的范畴。

从学术探讨与理论研究的层面出发,能够形成众多高等职业教育的质量观。适应需求质量观指出,职业教育应该将是否能够满足地区经济发展需要和

---

[1] 毕斯塔,何培,李萍.联合国教科文组织对教育质量的解释[J].教育理论与实践,2013(20):22-23.

[2] 潘懋元.新时期中国高等教育的质量战略[J].中国大学教学,2004(1):4-8.

顺应市场进行调整的能力强弱作为衡量其质量高低的基本标准。学生发展质量观指出，职业教育应该强调满足学习者教育的程度并以其为根本。全方位的质量观指出，职业教育的质量不仅包括生源质量、教学提高与过程、创新方法，还包括输出的指标，以及职业教育机构的属性与教师的职业地位等。

  总的来说，高职教育的质量观是大众在一定的历史条件下对高等职业教育的价值抉择，是对高等职业教育质量的系统认知与反思，其与社会文化、经济关系、政治生活等均有着紧密的联系。高等职业教育的质量观具有发展性与多样性的基本特点，发展性体现的是其应对市场与时代变化的综合能力；多样性具体反映在高等职业教育的跨界属性方面，其既要满足大众的发展需求，满足经济发展需求，又要依照技能型人才的培养规律去育人，要依照技术的发展规律进行教学活动。

  目前，职教人才的培养仍然在一定程度上要面对"用不上，下不去"的结构性的矛盾。要想解决技能型人才的供需结构性的矛盾，亟须建立起全新的高等职业教育的质量观。

  其一，政策的保障。由于国内的职教在同一层次的学校教育中的吸引力与回报率相对较低，市场很难调节技能型人才与高素质劳动者短缺这一矛盾，因此政府的政策助推就成为高等职业教育质量的保障性指标。面对目前我国新时代的职业教育的国家意志，要特别注重政策的保障，将政策的落地作为极为关键的凭借。

  其二，服务社会。服务地区与国家的发展战略是高等职业教育顺应社会发展需求的关键使命，能否服务地区与国家的发展战略是衡量高等职业教育质量高低的贡献性的指标。高职教育是服务国家和社会的教育，这种服务具有中国特色的新型农业现代化、工业化、城镇化与信息化同步发展的特点，是高职教育在新时期下的使命。对于服务社会，先要提到的便是大学毕业生的就业服务的贡献，具体有到国家骨干企业的就业服务、留在当地的就业服务、到基层单位与中小微企业的就业服务等。与此同时，纵向科研服务技术交易、科研服务、培训服务、横向技术服务等均是高等职业院校对社会的服务的关键组成部分。

  其三，发展环境。这是衡量高等职业教育发展环境的质量的关键评价维度。目前，技能宝贵、劳动光荣、有助于高等职业教育发展的社会氛围尚待进一步完善，企业行业参与职业教育的主动性不够高，劳动薪酬制度、职业资格证书制度以及劳动准入制度尚待健全，技术技能型人才的社会认可度不够高、缺乏话语权。面对此种情况，不断优化高等职业教育发展的大环境，完善全体社会的人才观念就显得至关重要。

其四，学生发展是教育质量的根本，是衡量高等职业教育质量的结果性的指标。要不断鼓励高等职业院校树立以学习者为主体的教育质量观。第一，向社会与政府公开高等职业院校毕业生后续发展情况，如高等职业院校的毕业生在毕业三年后的收入增长情况。第二，在严峻的就业形势下，家庭与学习者，特别是城乡中低收入人群面临着"读高等职业院校能否就业"的思考，他们最为关心的是学习者毕业后的发展前景，能否找到一份理想工作，收入的水平如何，等等。高等职业教育的质量要展现出大众最为关注的问题，要使大众对结果或者现状能够一目了然。

其五，教学实施包括教学过程与办学资源，它是衡量高等职业院校教育质量的描述性指标，在传统的教育评价中具有尤为重要的地位。依照大学教育质量评估的一般假设，此类复杂问题常常被简单化为生源、成本、声誉与资源优势的评价。然而，高职教育所要面对的问题，一方面是高等职业教育发展的时间并不长，它不仅面临着资源与投入等问题，还面临着转型发展带来的各种挑战；另一方面是培养怎样的人才的问题尚待解决，相关文件中明确的高等职业教育的使命还没有细化成每一个院校的使命。注重教育实施，便是要提倡不断优化院校的专业结构与布局，要建立起能够多方参与的教育质量保障机制，以实现高等职业教育目标。

在当前高等职业教育的质量观的前提下，要不断加快明确服务地区发展的高等职业教育教学质量的评价观。要转变单一以就业率与升学率等作为评价指标的旧有的质量观，紧紧围绕中共中央有关服务现代农业与城镇化的发展需求，不断鼓励所有职业学校的大学毕业生在农村地区与县域以及三线城市就业，逐渐建立起大学毕业生的专业对口率等的评价指标；紧紧围绕"培养怎样的人"以及评价"怎样培养人"，形成全新的职业教育的评价制度，以解决大学毕业生无法顺利就业的结构性的矛盾，指引职业教育为当地农业现代化、工业化、城镇化服务，突破全面建设社会主义现代化国家中的人才瓶颈，抓住职业教育的改革红利。

第三节 高职院校教育质量管理

一、高职院校教育及其质量管理概述

近些年，高职教育的迅猛发展为国内的经济与社会发展做出了应有的贡献，也为我国的高层次教育的大众化普及做出了贡献，顺应了社会发展的需求，也紧跟了世界的职业教育发展趋势，并且具有迎头赶上的趋势，这些都是有目共睹的。然而，高等职业教育院校在其教育的质量管理上仍然存在部分问题，如以上所罗列的问题。此类问题是由高职教育飞速发展导致。大众在观念上认可与接受它仍然需要时间。长期以来，大众追求高层次的教育水平，对于职业教育存在一定的偏见，这对高职教育的发展带来了挑战。高等职业教育的质量管理中存在问题的因素从深层次角度能够总结为如下内容。

纵观高职教育的发展历程，职业教育在国内的起源能追溯至清朝末年，而其真正的飞速发展却比西方国家要晚很多年。国内的职业教育在1949年之后受到苏联的影响，直至今天仍旧存在一些问题。在此类情况下，近些年我国高等职业院校的大规模发展使从事该领域的教育者有些"措手不及"，他们适应这一发展情况仍然需要一段时间，其教育质量观的形成也需要一段时间，要对他们开展培训与宣传。

在高等职业院校，行政权力与学术权利的关系是不平衡的，管理支撑教学与管理为教学服务的理念尚待提高。教育的质量管理对校方而言是全方位的质量管理。所以，校方的所有工作均与教育的质量有关，无论是为学习者服务的各大窗口还是为教师服务的职能部门，乃至管理学习者公寓的从业者均应当有质量意识，做好相应的本职工作。

如今，对于教育质量管理，大众通常强调高层次教育的质量管理当中的宏观理论的探索。而现实生活中的高职教育活动是复杂多变、生活与活泼的，是由基础课程、学习者、教学方法、专业课程、教学模式等多种微观层面的要素共同组成的。教育活动当中的此类微观的要素处理不好的话便会造成一定的质量风险，注重标准、规范、数字的宏观的质量保障与管理体系在此类微观问题的面前显得不知所措。

总而言之，高职院校应当引进相关教育质量的管理理念，注重教育文化的

创建工作，重视微观问题，重视教学中心的地位，培养高等职业院校的精神文化，进一步扩大办学的自主权，注重培养教师的创新思维。

二、高职院校教育质量管理需求分析

近年来，伴随在国内的迅猛发展，高职教育为我国的国民素质提高、经济社会发展做出了突出贡献。其间，大众对于教育的需求一直在发生着变化，由最初的渴望高层次教育，到期望实现大众化的教育，再到对教育的质量提出更高的要求。对高等职业院校而言，提高其教育质量不仅是校方生存发展的需要，还是家长、学生的需求以及提供相应工作岗位的单位的需求，所以对高等职业院校而言，教育的质量管理显得极其重要。

（一）高职院校自身生存发展的需要

高等职业院校的生存发展要经历一个由全面成立到达到规模化的发展，再到稳定期规模以提高质量与发展内涵为主的过程，高等职业院校如果想要获得可持续性的发展，便要注重就业与招生，实现就业与招生的良性循环，不断增强教育的质量管理。只有不断提高高等职业教育的质量管理水平，才可以确保学习者的职业技能与职业素质获得提升，如此才能够使高职教育获得社会的认可，这才是高等职业院校得以发展与生存的关键所在。

（二）高职院校人才培养目标的需要

高职教育培养的是高端的技能型人才，强调培养其应用与实践能力，使其运用已发现的定理与规律为社会提供更为直接的服务。能力本位是职业教育的关键。高等职业院校的发展是市场发展的需要，其毕业生能否在竞争中脱颖而出，院校教育质量的高低是关键。要达成人才的培养目标，就应当不断加强高等职业教育的质量管理。只有加强质量管理，学校根据市场需要开设相应的专业，才能培养出符合市场需求的合格人才。

（三）行业企业人才需求的需要

职业教育极具行业性与职业性特色。每家企业、每个行业对于自身需要怎样的人才认识最透彻，他们往往能够透析行业发展趋势，以及企业对于人才的技能需求，因此对于人才素质的需求最有发言权。所以，办好职业教育要最大限度地考虑企业与行业需求。教育的质量管理要以企业、行业的发展需求为己任，全力培养符合企业与行业发展需求的高素质人才。

(四)高职院校师资队伍建设的需要

有人说,学校内,教学行为是天大的事情,教学是最为关键的事情,但是从事教学工作的是教师,教学质量的好坏也取决于教师。教师队伍建设是高等职业院校的人才队伍建设的关键所在。开展教育质量管理有助于教师队伍的建设。教师队伍建设可以端正教师的教学态度,促进教师教学水平的提高,使其适应教育质量管理。教育的质量管理也包括对于教师的管理,其实质便是人力资源的管理,可以促进校方加大对教师的培训力度,推进教师职业生涯的发展,教育质量管理会促使教师不断提高其业务水平与职业素质,从而使其教学活动更加顺利。教育质量管理实施可以使教师意识到自身的重要性与价值,这是由教育质量管理的全员性来决定的。具体体现在使所有教职员工明确各自的质量权限与责任,并且正确地行使其职权,第一时间解决各类问题,持续增强教职员工的能力,进而培养出一支包括拥有高端"绝技"特色的技能师资、彼此结合且实力强大的基础课师资与实践技能突出的专业课师资的教学队伍。

(五)提高高职院校教学质量的需要

教学质量的好坏是衡量其教育质量好坏的关键,要想提高其教学质量,便要实施教育质量管理,向管理要质量。依照全方位的质量管理的理念,高等职业院校教学质量的管理主要是指对影响其教学质量各大因素的管理。实现其教学质量的标准化、规范化取决于教育质量的管理。这当中,标准化是指教学成果的标准化评估,规范化是指教学过程中不同程序的规范。高职教育已然进入大众化的时代,其教育的质量成为各大学校间彼此竞争的核心要素,谁不注重质量便会被时代淘汰。所以,开展教育质量管理是不断提高高等职业院校教学质量的需要。

三、高职院校教育质量管理及模式的发展

近些年,高职教育经历了由过去的规范化发展到规模化发展、稳定办学规模、强调内涵建设,再到注重全方位提高层次的教育质量的发展过程。为了进一步提高高等职业院校的教育质量,各个高等职业院校均在教育的质量管理上展开了许多有益的探索,在高等职业院校内部运用全方位的质量管理,并引入相关的 ISO 9000 质量管理体系,建立起在质量功能展开(quality function development,QFD)基础上的高等职业院校教育教学质量的管理体系,等等。除此之外,各大院校还主动地构建教育质量评价体系,采取部分质量的评价

方法，用来确保高等职业院校教育质量的提高。比如，对于高等职业院校展开ISO 9000质量管理体系的认证以及人才培养工作的水平评估工作。

从当前的情况来看，高等职业院校为适应高层次教育的发展需求，特别是高层次教育的大众化时代的需求做出了很大努力。根据高等职业院校的生源情况，未来高等职业院校不会再像以往那样采取终结性的教育质量管理模式，校方也没有过多的选拔余地，只要学习者有学习需求，高等职业院校便为其提供职业技能培训的机会。就像之前所讲，高等职业院校已经开始向大众化教育与过程性的教育质量管理模式以及全方位的质量管理模式发展，各大高等职业院校在今后的发展中必将勇往直前，战无不胜。西方发达国家的职业教育之所以发达，是因为其已经发展到教育的全面质量管理模式的阶段，强调教育要以人为本，学习者群体不分年龄阶段，只要是有需要的，职业院校便依据其需求设置相应的课程让其进行学习，直到他们获取了相应的职业技能资格证书，再到实现就业。比如，澳大利亚在依据某一行业的特点与性质，行业、企业、学校、政府参与和制定各类的培训包，其具体内容便是某一行业上岗需要具备的相应技能。培训包的能力标准制定需经过大量的磋商，并且经过本行业的利益相关方的审核，审核通过后，此类能力标准再由领地政府、联邦、州批准，最后在整个澳大利亚洲使用。

近些年，在实施外部认证与内部评估相结合、共同作用的相应的质量评估的基础之上，我国高职院校教育的质量管理发展呈现出从监控模式到教育质量管理、从技术操作到质量文化研究、元评估以及绩效化管理的发展势头。

教育质量的管理模式在逐步转变，从以往的质量评估转变到如今的质量管理，高等职业教育质量只有在广义上的质量管理的理念指引下，才可以实现持续改进。进行评估不但可以促进其高层次教育的质量的提高，而且可以改善高层次教育的绩效与成本。若是没有健全的质量管理体系、质量组织与相应的质量文化相匹配，只是单纯地依靠评估，那么就会是死路一条。高职院校教育质量管理模式的发展经历了以下几个阶段。

（一）绩效化管理

"绩效"一词，"效"便是方式、方法、效率、效果、态度、行为；"绩"便是业绩。具体包括组织绩效与个人绩效，从管理学视角来看，绩效是组织为达成某一目标而呈现在不同视角上的高效输出。绩效化的管理最早出现在企业领域，20世纪80年代开始，全球大范围开始发展高等教育。近些年，国内的部分高等职业院校在开展教育质量管理时引进了绩效化管理，即数字化目标的管理，强调绩效指标，其目的主要是对教育的质量展开监控。开展绩效化管理能够通过具体要求对员工的工作进行督促，促使其工作任务顺利完成。例如，教师论文数量要求、科研项目的要求、授课的课时要求，这些都是极为有益的探索。绩效化管理在高等职业院校最主要的表现便是全面的质量管理与ISO 9000族标准的运用。绩效化管理过于注重数据，但是，能力、道德、人品不太可能实现数据化。因此，绩效化管理仅适于教育质量管理方面的过渡阶段，作为一种技术措施，最重要的还是人的运用。

（二）从技术操作到质量文化研究

对教育质量管理的研究不会停止，由于仅将教育质量管理看作某种手段、措施或方法，只从技术的层面开展管理与控制不能解决较为长远的持续发展问题，并非长效机制。对于质量文化的研究便开始了。欧洲的相关组织成员曾指出，"全方位的质量管理正在逐渐从注重全体成员的参与管理，注重最高管理者的亲自领导，向注重质量文化发展的方向演变"。为了创建质量保障长效机制，各国学者在管理实践的基础之上，开始研究较为深入的高等职业院校中的师生的质量文化。若是文化领域出现问题，那么，即使工具再好，也没有用武之地。质量文化并非行政指令，研究行政指令并不能促使人们团结一心，最好的方式便是促使全员共同讨论与参与，具体表现为让学习者与教职员工均参与到相关问题的协商与探讨中，只有这样，才能够充分激发其主观能动性，从而实现从"个体的人"向"整体的人"转变的管理。

（三）从监控模式到教育质量管理

在国内，一直以来，大众对教育质量实施管理主要通过监控，认为监控便是管理，由此形成了"上有政策下有对策"的局面，陷入不监控便不能展开管理的境地。全球范围内，高层次的教育质量的相关概念是在20世纪80年代末期出现的，而我国是在大学扩招，特别是高职教育大范围发展之后产生的。由于近年来大众对于教育质量问题的重视，专家学者开始广泛研究世界上与教育质量管理相关的经验，并且实践与借鉴此类理论。正如前文所述，对教育质量实施管理是高层次教育大众化之后所要解决的问题。王建华指出，借鉴企业有关质量管理的做法能够对教育质量展开经营；而对质量展开经营能够为高校赢取众多优势，获得越来越多的资源。比如，香港科技大学的具体实践便印证了这一点。以上所提到的发展趋势均能够在一定程度上提高教育的质量，国内的高等职业院校的质量管理发展当前还处在评估的阶段,但接下来必将随着发展逐渐走向教育质量的管理。绝大多数的高等职业院校尚未建立起内部质量保障体系,其内部的质量体系的建立是高等职业院校未来的发展方向与目标。

(四)从人才工作水平评估到自我诊断与改进

1. 人才培养工作水平评估:进一步深化高职教育评价机制改革的标志

20世纪末21世纪初,国内的高等职业教育实现了跨越式的发展,但是,仍有众多高等职业院校从理论到物质的准备均不够充分。所以在高等职业教育大力发展初期,众多进行高等职业教育的院校甚至对于高职的概念、发展高职的原因以及如何发展高职等一系列根本问题均不明白,亟需相关指导。国家相关部门进行的高等职业院校人才培养及其工作水平的评估便应运而生了。

从以往的"水平评估"到如今的"工作评估",看似仅仅是字面上的差别,其实却是对其评估范围与内容的拓展。若是仅仅注重"水平",那么,就会侧重于对以往的成绩与当下发展情况的评价,但评估的范畴却远不只是"水平"两个字便能概括的。它既关注高职院校人才培养工作的水平与今后的发展潜力,又重视高职院校人才培养工作的现状与发展历史。校方能否设计出既符合实际又具有新意的可持续发展的规划、思路、战略与目标,是高等职业教育能否实践科学发展观的重要一环。所以,全新的"工作评估"方案不仅提出了动态与静态相结合的评估原则,还明确规定既要强调人才培养工作的过程,又要关注高职院校的发展潜力,还要考察其人才培养的效果,继续强化高等职业教育"以就业为导向、以服务为宗旨,共同走向产学结合"的发展道路的办学要求以及"重在建设、以评促建、以评促管、以评促改、评建结合"的评估方针。工作评估的根本任务是紧紧围绕制约高等职业院校人才培养质量的重要因素,借助人才培养工作状态的数据采集平台的数据分析,再结合重点进行现场考察,全方位地了解高等职业院校的具体情况,对其工作的具体内容做出评价与分析,提出改进建议与意见,促使其加大对于工学相结合的模式改革的支持力度,促使不断提高人才培养的质量变成校方的自觉行动。

由此可见,在高等职业教育跨越式发展的前提下,进行人才培养工作的水平评估的意义在于把国家的相关政策法规大众化、显性化与标准化,并借助主动的引导语宣传,将规范化文件转化成易于接受的评估指标,促使高职院校明白高等职业人才培养应该如何进行,并转化为具体行动。可以借助此套指标,使高等职业院校明确应当如何办学,教师明白应当如何进行教学工作,使公众明悉开办高等职业院校应该具备哪些条件，使国家规定的此类院校的开设原则与标准可以转化为具体的教学与办学条件实践指导，在高等职业教育大范围发展初期对校园建设，尤其是对新开办的高等职业院校的校园建设进行高效引导。然而，我们又应当看到，在当前借助示范性的院校建设能够使高等职业教育的质量提升到一个新水平，以往的"水平评估"对于进一步完善人才培养与评估机制的新要求便已经远远不够了。

2. 依托"数据平台"的自我诊断与改进

"数据平台"是专家进校评估与校方自评的关键依据。但是，"数据平台"的运用在高等职业评估中时间很短，经常会出现很多不足的地方，应该不断地推动平台建设，突出平台的支撑与基础作用。优化工作可以从如下几方面进行。其一，注重平台自身建设。选择合适的时间持续地向平台融入部分有证明力、实用性强的指标。比如，以就业为例，现有平台仅可以看到相对单一的就业率信息，如果可以加入一些诸如"创业情况""毕业生平均工资"等衡量就业质量的指标，就更有利于反映出问题的实质。其二，强调表格书写的规范性。一方面，在其平台中加入"即时信息"的非结构化数据与原始数据。加入"即时信息"并以非结构化的数据作为佐证，能够有效遏制数据"泡沫"。另一方面，对于各类填表项，引入相应的概念，明确其定义，确保各类数据采集的精准性。还可以编写《数据平台的工具字典》，对物资、教职工以及专业等独特的信息实施统一编码，形成标准代码体系。其三，完善该平台的反馈功能。开发高效的数据分析工具，采取大数据统计分析与数据挖掘的方法，对各种数据信息设定预警功能，检索分析出办学过程中遇到的以及遇到的问题，开展自我诊断，以促使自我改进与完善。

全新的高等职业院校的人才培养评估工作及其方案的执行在某种程度上标志着我国高等职业教育的人才培养评价机制正在逐步走向成熟与完善，其最为显著的特征就体现在不断强化高等职业院校的人才培养特色，促使其有别于普高的教育特色得以凸现。从某种意义上说，特色便是生命，便是竞争力，便是质量。所以，最大限度地体现与正确认识高等职业教育的特色，并且在高职院校的人才培养实践与工作评估当中再次强化该特色是全方位提升高等职业教育人才培养质量的基础，也是高等职业教育不断健康发展中的核心要点。

第二章 高职教育质量保障体系构成要素

第一节 高职教育质量保障的理论基础

新时代,我国全面深化改革的总目标是完善和发展中国特色社会主义制度、推进国家治理体系和国家治理能力现代化。对高等职业教育质量保障体系进行研究的根本目的在于提高高职教育质量,实现高职教育质量治理能力以及治理体系的现代化,它涉及质量治理的方式方法、价值观念以及有关主体等。所以,下面重点对中外治理理论及其发展过程展开实践探究,以构建新时期高职教育质量治理的基本框架。

一、西方治理是理论借鉴的外部参照

治理是在西方国家兴起的,是指通过某些途径调节政府行为的机制,使之与社会、经济等方面的发展相适应。在得到了发展与丰富之后,治理的目标、理论内涵等变得更加明确,逐渐产生了一定的借鉴价值。作为一个兼收并蓄的民族,中华民族在长时间的历史发展过程中始终坚持学习与发展的原则,持续学习他人之所长,并将其进行转化与吸收,最终形成了具有本民族特色的理论与实践。所以,我们也可通过探讨西方在治理方面的相关理论分析新时期高职教育质量保障的构成因素。

(一)治理兴起的原因

治理的兴起是各种不同的环境和力量共同努力、彼此叠加的结果。从整体角度来看,西方治理的兴起、发展和西方国家的文化、社会、经济、政治等方面存在着密不可分的关系,是国家发展螺旋式上升、周期性和阶段性的结果。西方资本主义自近代开始,经历了古典自由主义、新自由主义、新保守主义等发展阶段,并于20世纪的90年代探索出了"第三条道路",于是治理随之诞生。

首先，在西方近现代社会的发展过程中，古典自由主义对近代西方社会思想与制度的变革产生了重要影响。近代的自由主义源自洛克提出的"生命、自由和财产权"，他非常注重人们的经济自由并提出了分权学说。继洛克之后，孟德斯鸠立足反对封建专制，提出了三权分立学说，并强调政治自由。此后，约翰·密尔等人提出了政治自由主义思想。同时，大卫·李嘉图、亚当·斯密等人提出了经济自由主义理论，强调完全的市场经济与经济自由制度。至此，古典自由主义的三大核心内容便诞生了，即自由、政治以及经济三方面的自由放任主义。[①] 古典自由主义理论及与其相关的制度安排为西方国家的发展注入了新的动力，在很大程度上推动了西方国家的发展。然而，古典自由主义存在着显著的局限性，这一点也在西方国家后来的经济大萧条中得到了凸显，并促成了新自由主义的诞生。

其次，新自由主义是在古典自由主义的基础上发展而来的，它强调实施国家干预。虽然其思想源自古典自由主义，但强调让"积极自由"取代"消极自由"，借助国家的调控与干预来解决自由市场中产生的经济社会问题，维护公民应有的权利，使社会中的冲突与矛盾得到缓解。比如，罗斯福的"新政"、凯恩斯主义以及霍布豪斯的"社会有机论"等。新自由主义的出现大大促进了西方国家的发展，但到20世纪六七十年代，由于政府的过度干预等问题，西方国家又出现了新的社会问题、矛盾，于是在1973—1975年的世界经济危机中诞生了新保守主义。

最后，新保守主义倡导降低政府干预的程度以及采取完全自由放任的市场经济等。新保守主义诞生于西方"福利国家"经济滞胀、政策困境的背景下，属于古典自由主义在新的历史阶段的再回归。新保守主义强调自由主义市场经济，反对国家对经济社会生活进行干预，如英国的撒切尔主义、美国的里根主义等。尽管新保守主义在一定程度上对新自由主义进行了修正，并为当时西方国家的发展起到了推动作用，但由于其自身存在的"问题"——完全自由放任的市场经济显然无法促进生产关系和生产力和谐匹配，因此20世纪90年代以后，新保守主义又出现了新的冲突与问题。

20世纪90年代，英国的吉登斯在保守主义与反思自由主义的基础上，提出了"第三条道路"的观点，该观点强烈反对"政府无限"与"市场万能"等思想。

---

① 代华琼.在权利与秩序之间：新自由主义与新保守主义政治哲学批判[M].北京：生活读书新知三联书店，2016：23-27.

吉登斯强调要超越或摆脱市场和政府非此即彼的一元化观点，积极探索两者间的平衡。"第三条道路"主要包含以下观点：政府应该从管理型转型为治理型；组建可以团结和调动各方政治力量的新政治中心，并与企业在经济方面形成良好的合作关系；等等。[①]至此，西方社会发展的阶段性和历史性为治理的诞生奠定了坚实的基础，其经济社会的需求也在一定程度上促进了治理的兴起。

（二）治理的要义

1.治理的发展

经济社会环境为治理理论的兴起和发展提供了基础条件，此外，治理作为一种理论，是在新公共管理理论与公共行政理论不断发展与演变的情况下诞生的。其中，公共行政理论诞生于19世纪后期，它注重官僚制在政策的颁布与实施方面所起的重要作用，以及法治的主导地位、指导方针和规则的重要性等。而新公共管理理论则是在20世纪70年代末80年代初兴起的，它重视政府职能的优化、调整，以提升效率与效能为主要目标，将竞争机制融入公共管理中，重塑政府流程，打造"企业家政府"，强调对产出和投入进行控制和评估，主张实施审计与绩效管理。在斯蒂芬·奥斯本看来，新公共管理时期是传统的公共行政与新公共治理的过渡阶段。在时间的流逝以及社会的持续发展下，新公共管理与公共行政也暴露出了各自的不足之处，但不可否认的是，其思想内容与理论成果为治理理论的产生起到了关键的促进作用。

现代意义上的治理诞生于20世纪90年代前后。在其主要创始人罗西瑙看来，治理属于一种用来填补规章制度空白、缝隙的规范、原则，只有当相互竞争的利益主体之间需要调解或两个及两个以上的规制出现重叠、冲突时，它的作用才能够得到充分的发挥。治理兴起以后，被广泛应用在社会、经济、政治等诸多领域，从而产生了很多指向不同的形态。罗茨作为治理理论的主要代表人物，对治理的各种形态进行了总结，主要分为以下六种。[②]

（1）作为最小国家的治理。这种用法较为普遍。它将公共干预的形式与范围进行了再次界定，并以市场或准市场的方式提供"公共服务"。无论实际结果如何，强调更小国家的意识形态得到了广泛的宣传。虽然这种偏好包含在治理范围内，但是，它并未体现出治理的本质。

[①] 罗重谱."第三条道路"理论与参与式治理模式的构建策略[J].中共四川省委党校学报，2008（2）：53-56.

[②] 王诗宗.治理理论及其中国适用性[M].杭州：浙江大学出版社，2009：38-39.

（2）作为公司层面的治理。该用法属于治理在狭义层面上的用法，特指"指导和控制组织的体制"，但其在适当修改之后，也能够用于公共部门中。该用法提醒我们，私人部门的管理方式对公共部门能够产生非常重要的影响。

（3）作为"善治"的治理。善治是世界银行针对发展中国家所实行的贷款政策的主导思想，它包含着非常广泛的内容，如行政管理意义中的有能力的官僚队伍以及高效率、开放、负责的公共服务体系，政治意义中的（在民主授权机制里得到的国家的权威性与合法性）以及系统意义中的内、外部全部政治经济权力的划分。

（4）作为新公共管理的治理。它包含了两个方面的含义，分别是新制度经济学与管理主义。其中，新制度经济学是在公共服务中融入激励机制，它倡导减少官僚机构，从而达到更加有效的消费者选择与竞争；而管理主义则是在公共部门中融入私人部门的管理方式，注重清晰的结果导向、评估标准以及绩效标准。近几年，前者的观点更为鲜明。

（5）作为社会调控制度的治理。政府尽管拥有调控制度的权利，但并不能单独决定政策的结果，而要和私人部门、援助机构以及地方政府之间进行互动，使社会形成一个多中心结构。在不具备绝对权威的情况下，管理者就会受到相应的限制；各个政策领域都存在着很多彼此依存的行动者；私人部门、援助机构以及公共部门间的界限更加模糊；控制、干预、行动的方式变得更加多样化。

（6）作为自组织网络的治理。自组织网络指的是提供服务的组织之间彼此依存，为了在最大程度上发挥自己的影响力，需要彼此间进行技术、信息以及资金等资源的交换。需要注意的是，自组织网络除了涉及公共部门，组织内部各个部门之间的关系也是自组织网络管理的重点所在。对此，在自组织网络管理活动中，通常不是将市场和等级制融于一体，而是对两者进行某种程度上的替代。

2. 治理的特点

社会学、经济学以及政治学等为治理理论提供了理论基础，而治理理论在形成的过程中也实现了对传统意义的超越，变成了普适性与现代性色彩鲜明的理念性词汇。如果只从公共管理的层面上看，治理便早已变成和传统统治完全不同的新范式。研究表明，治理具备公认的核心理念，它主要包括以下几方面的特点。

（1）多中心架构。即政府不再是唯一的权力中心与治理主体，私人的、公共的行为者与社会机构都可以得到公众的认可，成为各个社会层面上的权力执行者，这也使得治理主体更加多元化、多样化以及多中心化。

（2）权力转移与平衡。政府将自身的部分责任转移到公民与社会身上，如公民自愿性团体与私人部门等，这也使得私人部门和公共部门以及社会和政府之间的责任与界限变得更加模糊。此外，治理中的权力发生转移，并形成了新的平衡，权力的运行从自上而下的单一式路径变成了上下沟通、彼此协商与合作的多元性互动。这也将授权理论的要求展现了出来。在授权理论中，适当的激励能够得到预期的效果，而建立合理的授权机制是实现有效治理的重点。

（3）组织依赖与自主网络形成。从治理的角度上看，社会公共组织机构间有着一定程度上的权力依赖，如果要实现集体行动的目标，各组织就必须共同完成环境营造、资源交换、规则制定、目标协商等。所以，建立多样化的社会网络组织，打造共享、共治、共建的治理格局就成为治理的永恒追求。就像网络理论所提出的那样，治理过程是众多组织、主体共同组成的网络运作，因此网络不具备完全的独立性和自治性，治理的任务之一便是对网络进行有效管理。其间，相关的组织会形成一个自主协调的网络，而互惠互利与信任等共识便是该网络的基础。

（4）管理创新与政府服务能力彰显。要更好地迎合治理的要求，就要从两方面入手：一方面，从技术、策略方面进一步革新政府协调与管理职能的方式与手段，以实现对公共事务的高效管理；另一方面，进一步彰显政府的服务职能，使其从原本的管制转变为提供公共服务，在政策激励、制度供给以及外部约束等方面加大投入。其中，政策激励指的是政府将某些公共事务治理领域开放后，大部分的社会力量会处于观望状态，这时，政府就应该在经济、行政等方面进行引导与鼓励；制度供给指的是政府通过制定相关的制度，来决定社会力量是否可以以及如何进入公共事务治理领域，并定期监督检查其他治理主体的资质与行为；而外部约束指的是政府结合相应的法律法规，对其他治理主体的行为进行监督、惩罚或仲裁。[①]

从整体角度上讲，现代治理源自西方国家对市场和政府间关系的反思，它的目标在于实现社会、市场以及政府之间的互动、协调，并通过这种方式来解决政府过度干预与完全自由市场中的问题。在现代治理的影响下，公民的社会主动性与积极性得到了更好的激发，形成了真正意义上的自主协调的治理网

---

① 王诗宗.治理理论及其中国适用性[M].杭州：浙江大学出版社，2009：44.

络,实现了市场和政府的最优功能组合;不仅使市场的调节功能得到了充分发挥,还使政府的公共服务职能得到了进一步发挥,将其自身的职能合理地转移给社会与市场,并通过环境支撑、制度保障以及宏观调控的方式,保证其有效运行。

3. 治理的技术

现代治理非常注重多中心的参与形式以及治理体系,可将其分成多种方式的治理、多种水平的治理与多个领域的治理,但是,在这个过程中,一定会涉及治理的技术与工具方面的问题。部分学者认为,在实践的过程中,发展忠诚和信任的纽带、回应利益的联合、签订市场合约等都可以作为治理的工具。而治理技术指的则是治理的手段及策略,一方面是治理必须具备的操作规则和体制规定,另一方面则是科学技术在治理方面的应用与迁移。从类型学的层面来看,治理技术主要包括规则型技术、行为型技术与科技型技术。

规则型技术强调对微观程序、制度方面的关注。在微观层面上的关注能够使宏观政策和制度更加丰满与精细,并采用程序设计理顺制度间的关系,从而化解权力主体之间的冲突,取得良好的治理效果。

行为型技术指的是重视培养各个治理主体所必备的操作技术和实践技能。从主体行为的角度上提高治理参与者的实践能力、操作能力能够对治理效果产生极大的影响。行为型技术属于人力资源领域的变革,唯有把人力资源管理放在重要的战略位置,才可以进一步深化机构、文化和观念改革。

科技型技术指的是借助各种先进科技与原有的物质方式来使治理过程中的生态环境得到优化,制度设计的弹性空间得到进一步拓展,从而成为一种解决治理方面难题的思路。从某种角度上讲,科学技术并不属于中性的存在,它能够在无形之中塑造人的生活情境以及社会的发展形态。

从整体角度上讲,尽管治理技术看似朴实无华,但在行为型技术的辅助、规则型技术的嵌入以及科技型技术的引介下,为深度改革奠定了坚实的基础,使治理能力在动态过程中得到了更加充分的展现,推进了治理能力与体系的现代化。

(三)治理及善治

1. 治理的不足之处

基于反思理性的现代治理在实践与理论上都取得了很大的进步,但它也存在着很大的不足,即有失效的可能性。它无法代替市场来合理配置资源,更无法代替国家而实行监管。公民自治的社会基础、良好的市场经济以及宪政民主的政治制度都是现代国家治理系统能够正常运行的必要条件。而在分析当代西方国家与治理有关的理论时，也要依托于此。倘若没有这些条件，治理理论便会成为无源之水、无本之木，不但无法实现预期效果，而且可能产生相反的结果。因此，应该从客观的角度来看待治理理论，尽管它能够带来一定的治理效果，但不能对它寄予过高的期望，原因是归根结底它也仅仅是公共事务管理的一种模式。①

就像鲍勃·杰索普所认为的那样，国家、市场以及治理都存在着失败的可能性，"治理的要点在于：目标定于谈判和反思的过程之中，要通过谈判和反思加以调整。就这个意义而言，治理的失败可以理解成是由于有关各方对原目标是否仍然有效发生争议而未能重新界定目标所致"②。既然治理可能会失效，那么，怎样避免治理失效以及提升治理效果就成为亟待解决的问题。针对这一点，有很多学者都提出了自己的观点，如"善治""有效的治理""健全的治理"以及"元治理"等。而在这些理论中，"善治"的影响力是最大的。

2.善治及其要素

实现公共利益最大化的社会管理过程便是善治。善治的根本特点在于它是公民和政府对公共事务的合作管理，是公民社会和政治国家之间的一种最佳状态。从本质上看，善治属于国家权力向社会的回归，善治的过程就是还政于民的过程。善治代表的是社会和国家或是公民和政府间的良好合作，从整个社会的范围上看，善治需要政府，更需要公民。其原因在于，公民社会为善治提供了现实基础，如果公民社会得不到发展与完善，那么，就无法实现真正意义上的善治。以俞可平的研究为依据，我们将善治的基本要素概括为以下六点。

（1）法治。这一点的基本含义在于，法律是公共政治管理中的最高准则，所有的社会民众与政府工作人员的行为都要在法律范围之内，他们拥有着同等的法律地位。法治的直接目标是管理社会事务，使全体公民的行为得到规范，营造良好的社会生活秩序；而法治的最终目标是维护公民的平等、自由等各项政治权利。从这个层面来看，法治和人治两者之间处于对立的状态，法治不仅

---

① 张小劲，于晓虹.推进国家治理体系和治理能力现代化六讲[M].北京：人民出版社，2014：203-211.
② 鲍勃·杰索普，漆燕.治理的兴起及其失败的风险：以经济发展为例的论述[J].国际社会科学（中文版），1999（1）：3148.

能规范公民的行为，还能对政府行为起到约束作用。法治为善治提供了前提条件，倘若法律得不到尊重，法制建设不够完善，且不具备以法律为基础的良好的社会秩序，那么，善治也就无从谈起了。

（2）责任性。人们能够对自己的行为负责便是具备责任性的体现，而公共管理中的责任性主要指的是某个机构或职位所对应的义务，它代表管理人员或机构因其所处的职位而一定要履行的义务、职能。如果没有履行其应尽的义务，便构成了失职行为，或是责任性不足。善治的程度随着公职人员以及公众的责任性的增强而提升。对此，善治要将道德、法律两种方式充分利用起来，不断提升机构和个人的责任。

（3）回应。它与责任性有着非常紧密的关系，从某个层面上看，回应是在责任性基础上的延伸。其基础意义在于，管理机构及公共管理人员一定要对公民所提出的需求负责并及时回应，不可以冷漠对待甚至毫无作为。如果条件允许的话，还应该定期地对公民进行问题解答、政策解读以及意见征询。公职人员的回应性越大，善治的程度也就越高。

（4）合法性。合法性指的是社会的权威与秩序能够得到大众的充分认可及主动遵守的状态与性质。它和法律之间不存在直接的关系，从法律的层面上看，合法的东西并不一定具备合法性，唯有被人们真正认可的秩序与权威才具有合法性。合法性也是决定善治程度的因素之一。合法性越高，那么，善治程度也就越高，而增强合法性的关键在于不断提升公民的政治认同感与共识。对此，善治需要能够有效协调公民和政府之间、公民和公民之间各方面的利益冲突的相关的管理机构与管理者，并通过这种方式来获得公民的认同。

（5）有效。它代表的是管理效率，包括两个方面。其一，使管理成本缩减到最低。如果善治程度得到了提升，那么，管理的有效性也会随之提升。其二，管理活动具备灵活性，管理程序科学合理，管理机构设置得当。

（6）透明性。它代表的是政治信息的公开性。所有的公民都应该享有获取公共支出、行政预算、政策实施等涉及自身利益的政府政策信息的权利。透明性要求政府将以上的政治信息进行公开，并让公民知晓，以便于公民更好地行使对公共管理的监督权以及更积极地参与公共决策。

二、中国治理的理论依据及特征

现阶段，我国所实行的治理体系源自于经济社会、文化传统以及历史传承的持续发展、内生性演化以及不断完善。我国的治理传统与当代的治理实践是理解现代治理的重要方面与重要维度，从古至今，我国的治理改革理论都于实践蕴含着强大的生命力以及巨大的创新活力，因此它在现代治理的研究过程中处于至关重要的地位，也为我国高职教育提供了质量保障以及不断完善升级的基础条件。

（一）古代的治理

治理在我国古代代表的是良好的统治秩序及管理状态。其思想在我国由来已久，通过查询可以得知，"治理"一词最早出现在我国的春秋时期，在《老子河上公章句》里出现了百次以上。从整体上看，"治理"在当时主要代表的是治国理政，古人非常看重"修齐治平"，也就是所谓的"修身齐家治国平天下"。例如，《荀子·君道》第十二，"明分职，序事业，材技官能，莫不治理，则公道达而私门塞矣，公义明而私事息矣"；《康熙起居注》康熙二十四年，"朕夙兴夜寐，勤求治理，无非欲使小民遂其生计"。通过这段话，可以总结出以下经验：第一，善治就要重视道德的作用。如马融的《忠经·政理》"德者，为理之本也"，魏征的《群书治要·政要论》"政善于内，兵强于外"；第二，风清气正，如李筌的《阴符经注》"治国之术百数，其要在清静自化"；第三，强调核心价值，如王符的《潜夫论·德化》"不务治民事务而务治民心"；第四，需要综合施策，如《太平广记》（卷二百四十一）"文德武功，经天纬地"；第五，注重公平，如《吕氏春秋·贵公》"昔先圣王之治天下也，必先公。公则天下平矣。平得于公"，郭嵩焘的《送吴之官浙江》（诗之四）"天下求治见治难，群邑得理天下安"；第六，重视强国，如《墨子·非命下》"强必治，不强必乱"；第七，强调和谐，如《尚书·尧典》"克明俊德，以亲九族。九族既睦，平章百姓。百姓昭明，协和万邦。黎民于变时雍"；第八，重视民本思想，如刘安的《淮南子·诠言训》"为治之本，务在于安民"；第九，重视法律法规的作用，如朱熹的《四书集注·孟子集注》"治天下不可以无法度"。

上述内容皆是对"治理"的直接表达。除此之外，我国还具备了深厚的"治道"思想，就像《史记·太史公自序》中提到的那样："夫阴阳、儒、墨、名、法、道德，此务为治者也。"接下来，我们围绕王阳明学说、道家、儒家、法家以及墨家的主张来展开论述。

（1）王阳明学说。他的主张主要是"致良知""知行合一"等。例如，"仁者以天地万物为一体，不能一体，只是己私未忘""破山中贼易，破心中贼难""未有知而不行者，知而不行，只是未知""夫万事万物之理不外于吾心，而必曰穷天下之理，是殆以吾心之良知为未足，而必外求于天下之广，以裨补增益之"。通过学习他的观点,我们能够得出以下几点治理方面的启示:第一,应该怀有一颗仁爱之心,关爱自然万物;第二,应该注重人心方面的治理,以及道德与教化所起到的作用,积极维护良好的社会环境;第三,应该强调实践和理论的统一,在"知"方面做到明觉精察,在"行"方面做到真切笃实,努力维护社会公平,切实改善民生等。

(2)法家。该学派的主张有"以法为教""不法古,不循今"以及"富国强兵"等,如"时移而治不易者乱""废先王之教""事在四方,要在中央"等。该派主张对治理方面的启示如下:第一,应该坚持法治,通过法律手段来为社会带来稳定与和谐,让全体公民做到知法、守法、畏法;第二,应该做到革故鼎新,紧跟时代发展的步伐。

(3)儒家。该学派的主张有"礼治""德治""仁治"等,如要"克己复礼""仁政爱民"等。该主张对治理方面的启发如下:第一,应该将法治与德治进行有效结合,树立契约精神和规则意识;第二,应该构建所有人共同遵守的精神准则,进一步贯彻社会主义核心价值观;第三,应该重视广大人民的根本利益。

(4)道家。该学派的主张主要有"人道与天道""非战""无为而治"等,如"顺其自然而无容私""君无为,则民自治"等。这些主张对治理方面的启发如下:第一,应该重视和谐,以国富民安为不懈追求;第二,应该依法治理,简政放权,减轻赋税;第三,应该注重民主与科学,在处理事情的过程中遵循事物发展规律。

(5)墨家。该学派的主张有"尚贤""兼爱""非攻"等,如"选贤举能""大不攻小也,强不侮弱也,众不贼寡也""爱人若爱其身"等。该主张对治理方面的启发如下:第一,应该善于选拔、任命人才,构建科学的用人机制,打造出高水平的人才队伍;第二,应该做到互利共赢、平等相处;第三,应该对各方利益进行兼顾,特别是要重视底层群体以及弱势群体的诉求。

(二)当代的治理

随着时代的变迁以及社会的进步,治理的含义在现代语境中得到了发展与演变,尤其是在我国的政治实践过程中,取得了良好的成效。在我国刚刚成立之时,"治理"一词代表的是治国理政,体现在民族区域自治等方面;除此之外,它还被用在自然环境保护与水患灾害防治等方面。直至改革开放以后,治理才逐渐被用在政治文件当中,这表明治理的内涵得到了丰富与拓展,而基层群众自治以及社会治安综合治理等治理词汇已经得到了广泛的应用。

改革开放后，我国的治理变革了方向，由一元治理逐渐发展为多元治理，这也促进了党内民主向社会民主的发展，使社会与政府在保障民主方面达成了政治共识；由集权发展到分权制度，国家将部分权力移至社会，而产生了社会自治和一批独立的民间组织，政府将部分权力下放至企业，形成了企业法人的治理结构；由人治发展到法治，注重建设社会主义法治国家等。我国在治理改革方面的主要内容包括基层民主、社会和谐、公共服务、社会公正、生态平衡等领域。①

从整体角度上讲，现代治理为我国的改革提供了可靠的理论依据。在实行改革开放之后的很长一段时间里，我国的改革主要倾向于解决问题。而解决问题往往都会伴随功利性与短期性，这导致在解决一些问题时没有兼顾利益协同、整体目标以及长期效果。在改革不断深化的情况下，协同改革、统一思想变成了我国在改革理论与实践方面的探索中无法回避的问题，而将治理理念提升至国家战略层面，便可以很好地解决该问题。因此，现代治理成为国家现代化以及中国特色社会主义事业从理论到实践的集结点。

（三）治理的特征

我国的治理不但具备深厚的历史文化内涵，而且在马克思主义的指导下取得了一系列实践成果。从传统的治理角度看，古代的治理源自当时社会的政治需要，所以带有鲜明的善政色彩。①在组织方面，基层自治与政府治理这两种治理形式互相补充，在自给自足的情况下，百姓都聚族而居，家庭成为最基本的社会单位，熟人社会变成基层社会的最主要特点，而基层自治在不断强化的基础上，变成了与政府治理相互补充的一种重要的治理形式。②在个体方面，出现了公私难分的治理局面，"修身齐家治国平天下"变成了个体所要承担的责任：于"公"，不仅要胸怀天下，还要肩负着家国的嘱托；于"私"，不仅要不断完善自身，还要为国家的目标而奋斗。②③在技术方面，注重文化与制度的统一，治理的主要职能主要体现在意识层面的教化中，政治层面的制度与道德文化层面的礼法相统一。治理思想在百家争鸣的局面下，主要表现为"简政""致良知""重视法度""尚贤""富国强兵"以及"以民为本"等。

从当代的治理实践的角度看，我国逐渐形成了一种新的治理模式。中国特

---

① 俞可平.中国治理变迁30年（1978—2008）[J].吉林大学社会科学学报，2008（3）：5-17.
② 张小劲，于晓虹.推进国家治理体系和治理能力现代化六讲[M].北京：人民出版社，2014：20-21.

色社会主义国家治理现代化模式近几年的中国治理实践主要具备以下四个显著的特点：①稳定的核心价值观；②人治和法治相结合的治理形式；③在党组织领导下的多元治理结构；④条与块相统一的治理体系。这四点不但使我国和西方在治理模式上出现了显著差异，而且进一步衍生出了当代治理改革实践的目标：民主、廉洁、和谐、高效、透明、责任、公平、法治。①

需要注意的一点是，我国已经将结构转型和治理现代化纳入全面深化改革的任务中。此外，《中共中央关于全面深化改革若干重大问题的决定》明确提出，全面深化改革的总目标是完善和发展中国特色社会主义制度，推进国家治理体系和治理能力现代化。必须更加注重改革的系统性、整体性、协同性，加快发展社会主义市场经济、民主政治、先进文化、和谐社会、生态文明，让一切劳动、知识、技术、管理、资本的活力竞相迸发，让一切创造社会财富的源泉充分涌流，让发展成果更多、更公平、惠及全体人民。在社会层级结构理论体系中，只有充分结合"文化—体制—结构"这一构架，才能够更全面地思考与认知中国的问题。思想文化取决于体制，而体制取决于社会结构。自近代起，全体国人便将实现中华民族的伟大复兴作为坚定不移的奋斗目标，它是我们整个民族的伟大理想。因此，国家要推进"四个全面"的战略布局以及结构的优化与转型，即"结构转型"。我国古代采用了"金字塔式"的社会结构，主要体现为政治、社会、经济这三方面的权力比重不均衡，政治权利比重过高，社会、经济权利比重过低，且在通常情况下，社会与经济权利依附于政治权力。这样的社会结构一定会出现逐级管制、缺乏权力制衡的弊端。而我国在实行改革开放之后，逐渐形成了"三维"社会结构，即公民社会、公共服务型政府以及市场经济三者在党的领导下彼此制约、相对独立、相得益彰的社会结构。该结构形式的出现与应用为我国历史带来了深刻且根本性的变革，导致我国社会结构逐渐从传统步入现代。要更好地应对这种结构转型所引发的多元化、多方面、多层次的变化，就必须更加深入地推进治理能力与治理体系的现代化。

三、现代治理与高职教育质量保障

（一）理论借鉴的必要性

（1）从理论范式层面来看，治理主要是为了解决社会科学研究过程中出现

---

① 谈潇.中国传统治理的制度结构[J].学习与实践，2012（1）：82-87.

的问题而产生的，它能够对高职教育质量保障中价值冲突的解决起到一定的促进作用。

20世纪80年代，由于学术界在解释、描述国际关系中的混乱无序时，对主权以及经济学中的市场对等级制广泛采用已有的范式，如非此即彼的二分法，使社会科学出现了一定程度上的范式危机。从某种角度上看，也正是由于这次范式危机，治理才得以诞生，且治理源自社会学、经济学以及管理学等多学科的共同作用，作为治理的理论基础，这些学科治理理论提供了相关的发展资源。高职教育质量保障涉及学生终身发展的育人性与教学和岗位无缝衔接的功利性以及就业与升学等诸多方面的价值冲突，但从本质上看，这些冲突的根源在于共同价值与利益相关者的个人诉求不同，即公平与效率之间的矛盾。而在这种冲突中怎样进行选择就成为高职教育质量保障中非常重要的问题。现代治理不但为高职教育质量管理带来了新的形态，而且其自身多学科综合作用的范式对高职教育质量管理具有重要的借鉴意义，带来了深刻的启示。

（2）从文化社会层面上看，治理能够在一定程度上解决全球化以及公民社会在发展过程中所遇到的问题，而在高职教育质量保障中融入现代治理，能够使质量保障的公开性以及高职教育的公共性得到更好的体现。

现代治理符合公民社会在发展与进步方面的要求。公民社会也被视为企业和政府间的"第三部门"，原因是它是社区组织、协会以及非政府组织（non-governmental organizations，NGO）等民间关系或组织的统称。它具备以下五大特点，分别是志愿性、相对独立性、非营利性、非官方性以及组织性。[1]公民社会和市场、政府不同，它是社会管理方面的关键力量。公民社会的兴起促进了治理的高速发展。除此之外，现代治理顺应了全球化发展的方向，如安东尼·吉登斯（Anthony Giddens）所说，"全球化不仅是经济的全球化，还是政治的、技术的和文化的全球化。它主要是在20世纪60年代后期世界传输体系发展的影响下产生的"。从近代史的角度来看，全球化共经历了三次浪潮，分别可以称为全球化1.0时代，即大航海时代；全球化2.0时代，即英国和英镑时代；全球化3.0时代，即美国和美元时代。如今，全球化4.0时代也将在"一带一路"建设的带动下，得到升级与推动。从现代世界体系的层面来讲，全球化仍然存在着许多变动因素，随着全球政治经济一体化时代的到来，走私犯罪、全球性的生态危机等大量的世界级公共问题也随之产生，这些问题的最显

---

[1] 俞可平.民主与陀螺[M].北京：北京大学出版社，2006：31.

著特征便是不可分割性与共同性，即在这些问题的面前，没有任何一个国家能够独善其身，或是独立解决这些问题。在这一系列由全球化引发的变化中，全球治理逐渐产生并发展。现代治理组织体系的基础内容便是打造公民社会、市场、政府三者之间的新型关系，而彰显公开性与公共性也变成了高职教育质量保障在现代治理背景下的合理诉求。在高职教育质量的管理过程中，可以借鉴近几年教育公共治理改革实践的基础逻辑，即打破官僚制度，激发学校间的正向竞争，对程序化、模式化以及标准化的教育生产体系进行革新，赋予学校更大的自治权，构建公民社会、市场与政府共同生产、治理教育的体系，进一步达成学生、教师与家长等共同参与教育治理的目标，等等。

（3）从政治经济层面上看，治理理论是对市场、国家局限性的有效应对，它对解决高职教育质量保障所遇到的问题有很大的帮助。

如同在治理兴起原因中所论述的，自20世纪90年代起，政府与市场的局限性及其在其他领域里的失效情况使得国家提升了对治理的重视程度。很多管理学家、政治学家认识到可以利用治理机制来应对这种情况，他们强调用治理来代替管理。其原因在于，他们意识到只凭借国家的命令与计划或是单纯的市场手段是无法达到最优的资源配置的。作为随着中国市场经济体制的不断成熟而发展壮大的高等教育新类型，高等职业教育是在我国信息技术与经济快速发展中慢慢成长起来的，是一种职业教育的新类型。它在近二十年中取得了巨大的发展。在我国经济步入新的发展阶段的同时，高职教育领域也出现了新的矛盾，主要体现在社会和民众对多样化、优质的职业教育的需求与职业教育发展单一化之间的矛盾。此外，高职教育在质量保障和管理的过程中存在着相关利益主体的作用没有得到充分发挥、学校缺乏办学活力等问题。要使以上问题得到有效解决，不能完全依赖市场与政府，而要积极迎合新时期的发展需要，不断反思传统的管理与行政理论，调整并完善利益相关者的权责利关系，而这一点也与治理的最初目的相契合。

不得不提的是，治理可能会出现失效的情况。就像上文所论述的那样，一方面，治理的相关主体之间还存在着协调与控制以及分工与合作方面的不足，无法回避组织间的管理经营和体系运作问题；另一方面，治理要以共识达成以及理性反思为基础才能够发挥作用，有效的市场运作、自治的公民社会以及优秀的制度设计这三点对治理来说至关重要。所以，从该层面上说，市场与政府对高职教育质量保障具有非常重要的作用，实施现代治理这一手段，只可以补充、完善市场与政府的作用，却并不能起到代替的作用。除此之外，在保障高职教育质量的过程中会牵扯到社会第三方机构、高职院校以及政府部门等主体，尤其是会涉及体制改革、管办评分离、政府转移职能等诸多较深入的问题，所以在对现代治理的合理要素进行借鉴、吸收的过程中，应该充分结合实际情况，不仅要避免传统观念的影响，还要避免故步自封、因循守旧的行为。

（二）理论借鉴分析框架

从实质上看，治理属于一个由多元主体在共治基础上达到善治的过程，它呈现出了一种运行机制和权力平衡关系，它具备着专业化、智能化、社会化以及法治化的现代性特点。在新的阶段中，现代化治理能够给教育质量与治理提供新的价值，可以在现代治理的层面上审视高职教育质量保障，现代治理拥有多极化合作与网络式互动、多元价值理念以及多中心治理架构等，这些都与高职教育的跨界属性及办学方向高度契合，这对进一步理解新时期背景下高职教育质量保障的保障手段、分析单位、参与主体以及基础任务等内容非常有帮助。

1. 现代治理和高职教育质量保障的基础任务

现代治理的任务和目标在于使公共利益达到最大化，其有效方式是共治，追求的结果是善治。就像部分学者所认为的那样，教育治理所具备的价值目标主要体现在为教育营造出一个有序、自由、公平以及高效的新环境，而"高效"指的是高效率与高效能。从这个角度讲，高职教育质量保障的基础任务不仅是达到效益的最大化以及质量的最优化，还是打造有序、自由、公平以及高效的教育格局，进一步促进可持续发展。这也要求高职教育质量保障既要具备一定的前提条件，即掌握高职"质量"的要求、内涵，又要服务于改革发展的阶段特点、教育综合改革的根本要求以及促进就业的价值理念，努力满足治理重心下移与政府职能转变等时代新要求，进一步推动高职教育治理能力及体系的现代化。

2. 现代治理和高职教育质量保障的参与主体

在治理体系的现代化进程中需要考虑两个基本问题，分别是治理的基本运行机制与治理的主体。而这个过程中最关键的便是使各个主体之间在义务、责任以及权力方面的结构性得到良好调整。从现代治理的角度看，高职教育质量保障的主体应该朝着多元化的方向发展，如政府的元治理及主导作用、学校的自治、社会组织的智力支持、利益相关者的各种利益表达等。与此同时，质量保障服务所提供的结构应该从"垂直部门的整合"发展为"横向部门的联合"。

"垂直部门的整合"主要表现为政府内部具备着层级分明的组织体系,质量保障服务大部分情况下是政府职能的延伸或履行;而"横向部门的联合"则表现为学校、政府以及第三方等主体的融入,多元质量保障服务是由它们联合提供的。

3. 现代治理和高职教育质量保障的分析单位

现代治理强调要在具备开放、自然条件的系统里实现其目标,组织与组织环境变成了聚焦的重点,而治理体系中各元素间的网络关系是其最基础的分析单位。高职教育高质量发展的"架构制度和运行机制要求大平台协同",其"治理现代化致力建立多元主体协商、政策规制保障的现代职业教育治理网格,整合社会职业教育大平台的资源有序运行"。所以,高职教育质量保障的分析单位应该从其教育发展的大系统入手,充分结合影响质量的条件,关注社会和市场资源的利用,重视社会环境,坚持自然且开放等原则。除此之外,高职教育质量保障系统在运行过程中应该同时兼顾进展、效果以及价值共建、多元价值互动。

4. 现代治理和高职教育质量保障的技术手段

治理技术是推动治理现代化的关键途径,原因是它可以促进共建、共治、共享、共识的实现以及现代治理体系共同协作、上下互动的有效运转。除此之外,现代化的治理进程和信息技术革命之间基本实现了同步发展,支持高职教育质量保障的技术力量正处于持续更新、迭代的状态中,这也使得治理能力得到了一定程度上的提高,特别是在现阶段,大数据已经演变成国家所拥有的重要战略资源,并起到了贯穿始终、统领全局的关键作用,进一步推动了各资源价值的充分发挥,在这样的情况下,也就更应该具备能够快速健全质量保障的技术手段,并促进其在治理保障中的使用与转化。

第二节 高职教育质量保障的主体

从过程的角度说,高职教育质量保障属于一种由不同的价值主体为了实现质量诉求以及教育利益而展开的实践活动,而其主体主要是以满足自身教育质量需求与利益为目的,而参加高等教育质量保障活动的个人、组织或团体。[1]

---

[1] 田恩舜.高等教育质量保证模式研究[M].青岛:中国海洋大学出版社,2007:42.

而院校、社会（市场）以及国家是其中最主要的价值主体，他们各自代表的利益都是不同的，这就导致每个主体在高等教育价值的评价与认知方面产生分歧，进而引发各个主体间的价值矛盾。此矛盾主要在各主体的高等教育质量保障主张以及观念中进行体现。之所以会产生这样的价值矛盾，主要是因为不同的主体在价值观方面存在一定的局限性。而这种局限性恰恰证明了协调多元主体间的价值矛盾是非常有必要的。① 而为了更好地缓解这种矛盾，使高等教育质量得到进一步保障，就需要具备更加强大的力量。

实际上，高等教育质量保障体系存在三种力量，它们分别是来自三大价值主体的国家权力、社会（市场）自治权力和院校自治权力。其中，国家权力指的是国家通过调控资源的方式，让法人、公民以及各类组织服从其意志的一种特殊力量与影响力。② 它需要通过政府才能完成。对此，学术界与教育界充分结合了这三种力量在质量保障体系中发挥作用的形式及所能达到的程度，以质量保障主体的视角为立足点，把现阶段各个发达国家实行的高等教育质量保障模式划分成了美国的社会中介组织型、英国模式以及政府部门主导型或大陆模式这三种类型。

作为高等教育领域中的关键构成因素，高等职业教育的质量保障活动也被归纳在了高等教育质量保障的系统之中。但是因为其具备的显著特点，如实践性、行业性以及职业性等，让高等职业教育和普通高等教育之间产生了一定的差异。所以，发达国家在进行质量保障的过程中，会对普通高等教育和高等职业教育采取不同的质量保障机制，而这种差异集中表现在质量保障主体上，所以此处基于高等教育质量保障体系，并进一步结合高等职业教育所具备的本质特点，将高等职业教育质量保障主体划分为政府官方型主体。民间、非官方型主体以及多元型主体。

一、政府官方型主体

这种主体指的是国家权力在高职教育质量保障过程中发挥着主导作用，且由政府部门或是相关评估机构来组织进行高职教育的质量保障。政府在质量保障的过程中处于主体地位，教育行政部门拥有着决策权、监督权以及审批权，可以直接控制高职的教育质量，而在这个过程中，高职院校的自主权利十

---

① 林正范.高等教育评价中多元价值取向之间的协调原则[J].辽宁高等教育，1999（4）：32.
② 胡玉鸿.市场经济与国家权力[J].政治与法律，1997（4）：45.

分有限,它只负责对教育行政部门下达的各项行政命令、政策以及相应的法律原则进行落实。政府在质量保障活动中的主体地位贯穿于质量保障体系的各个方面。

在采用政府官方型主体模式的国家中,最具代表性的是法国与德国。

(一)法国

从政治层面看,法国属于一个典型的中央集权制国家,教育在该体制的影响之下,成了国家大事,需要教育部门来进行统一的管理。

1. 法国高等职业教育简介

在法国,实行高等职业技术教育的机构共有两类,分别是依附于大学的短期技术学院以及高级技术员班。

短期技术学院源自社会经济部门对专业技术人才的迫切需求以及法国经济高速发展所带来的现代化生产的需要,它通常开设在综合性大学里,所以具备着公立性质,实行两年的学制,其主要的培养目标在于为社会塑造高级技术员。尽管法国大学采用自治式教学,但是在管理方面短期技术学院隶属于教育部,所以它在考核制度、实际训练、学习安排、招生办法等各个方面都必须遵守教育部的统一规定。

而高级技术员班是法国政府于1954年在那些条件相对优越的技术高中(大体上等同于我国的中专)建立的。从实质看,它是一种短期的高等教育,其培养目标与短期技术学院一致,也是培养高级技术员。

2. 质量保障机构——国家评估委员会

国家评估委员会是1984年成立并于1985年正式运作的。其地位及使命在1987年所颁布的法律中得到了确立,即国家评估委员会属于具备独立性的国家行政权力组织,它肩负着评估法国教育部与其他部委所属的全部文化、科研以及职业高教机构的质量,并将相应的评估报告移交给总统的重要使命。其运作经费来自财政拨款,其成员由总统来进行提名,政府可借助国家评估委员会来对国内的高等教育评估活动进行统一控制。这一点也在1984年所颁布的高等教育法律中得到了明确的规定,即所有的高等职业教育组织都必须接受国家评估机构的评估。而国家评估委员会的评估工作主要分为院校专业评估和整体评估两类。

合同制是法国政府和各大高职院校间实行的主要制度,它是一项把评估和拨款进行密切关联的制度,这个合同需要政府和高职院校围绕学校发展计划展开共同探讨且达成一致后进行签订，每隔四年重新签订一次。国家评估委员会将在合同临近期限时，代表政府评估高职院校履行合同的实际情况，而政府将凭借这次的评估结果对是否和高职院校续签合同及其给高职院校拨款的额度进行判断。而国家评估委员会在此过程中将严格执行合同中规定的评估标准。

3. 特点

其一，执行的质量评估标准具备统一性。国家评估委员会所执行的质量评定标准是将政府和高职院校在签订合同过程中一起探讨并商定的计划指标体系作为基础，从而制定的全国统一的质量标准体系，它不仅能够在最大限度上保留高职院校的自身特点，还能够进一步推动高等职业教育水平的不断提升。

其二，法律规定，高职院校必须参加教育质量评估，所以也使得此过程具备了强制性特点。在法国，高职院校需要履行参与质量评估的法律义务，这一点是法律所要求的，而并非高职院校的自愿行为。

（二）德国

德国是一个由16个州共同构成的联邦制国家，所以它在管理高等教育方面也实施联邦制度，除了联邦行政专科大学、联邦国防军的大学以及一些教会创办的、私立的大学之外，全部的高校均属联邦各州。[①]

1. 德国高等职业教育简介

在德国，主要有两大类机构实行高等职业教育，分别是职业学院以及高等专业学院。

职业学院是由德国南部巴符州的经济管理学院与当地众多知名企业于1974年共同创办的，它属于校企联办的新型高等学校。[②]这类院校实行三年的学制，并在教学模式方面选择了"双元制"，也就是通过校企合作的方式共同完成教学任务。其最主要的培养目标便是为企业提供优秀的工程师。

而作为德国高职教育的主体，高等专业学院属于本科层次。德国科学评议委员会于1981年将其定位成和大学等学术型高校"不同类型但是等值"的高等院校。随后，在1985年进行修订的《联邦德国高等教育总法》中，也对其性质进行了再次明确，即"不同的高校形式作为不同类型的高校体系中等值的要素而相互存在"。高等专业学院实行四年学制，而基于艺术与科学对学术展

[①] 高剑秋．德国概况[M]．南京：南京大学出版社，1992：43．

[②] 康乃真．一种富有成效的高职教育模式：德国职业学院[J]．南京工程学院学报，2001（2）：26．

开实际和理论相结合的教育便是其最基础的使命,因此接受这种教育的学生必须具备艺术创造以及运用科学知识、技巧方面的能力,只有这样才能够为将来所从事的工作打下坚实的基础。其培养目标与职业学院相同,也是培养专业的工程师。

2. 质量保障组织——各地区性评估中心

德国的联邦政府主要负责在宏观层面上颁布高等教育的法律法规,而德国各州的政府需要在此基础上制定更加具体的法律法规并对该法律法规在本州的落实情况进行监督,其主要的监督部门有高教局、州文教部等。除此之外,为了更好地评估本州的高等教育质量,德国各州还专门建立了本州及跨州教学评估组织。

德国在全国各地设置了评估中心,并以此来进行高校教育质量的评估。作为第一家高校教学评估机构的北德大学联盟于1994年成立,它是由梅前州、不来梅州以及汉堡州等六所高校所组成的大学评估网络。随后,德国的下萨克森州的大学联席会议于1995年建立了专门负责评估本州高效教学质量的下萨克森州高等学校评估中心等。1997年成立了北莱茵 - 威斯特法伦州评估站,这个评估站还包括两个分支机构,分别负责评估高等专业学院以及大学的教育质量。而每个评估机构在评估过程中所使用的评估标注都是在认证委员会(负责新学位课程认证,是德国大学校长联席会议的下属分支机构)的统一质量标准以及高等学校校长会议的质量保障计划的基础上,充分结合本州高校的实际情况而制定的。

评估主要包含以下内容:毕业生的就业情况、课程、对学生的监督情况、学生的建议、考试的组织、教研情况、专业培养计划的结构与组织、机构背景、远期和近期目标、院(系)的使命等。除此之外,基础设施、毕业生与论文数量、新生数量、入学条件等基本数据也可以被纳入考虑范围。

3. 特点

其一,评估内容非常广泛,既包含了专业培养计划、课程教学科研管理以及院校的整体评估,又包含了新生的入学质量以及毕业率等可能会对高等职业教育质量产生影响的因素。

其二,在按照政府统一标准的基础上,地区评估认证组织能够从本州的高校特点出发,制定出与之相符的标准。这一点对各州认证、评估机构对本地高校教育进行有针对性的质量监督有很大的帮助,它同时也使各州的质量管理工作更具灵活性。

(三) 两国之间的比较

通过将德国和法国这两个国家的高职教育进行对比能够发现，虽然它们的质量保障主体都是政府，但是德国是州政府，法国是中央政府。与法国相比，德国高职教育质量评估的内容更广泛，除了法国质量评估所具备的院校专业评估与整体评估，德国质量评估还包含了科研、学生质量以及课程等方面。在法国，所有的地域及该地的高职教育组织均采用全国统一的质量标准，从而严重忽略了各个地区的高职教育所具备的不同特点；而在德国，所有地区性评估机构能够以统一的质量标准为基础，并充分结合本州的实际情况而制定相关标准，且每个地区的评估机构都具备一定的自主权，所以质量评估也带有地域特点。在法国，所有实施质量保障活动都必须在由政府建立的国家评估委员会的主导下进行，德国的质量保障活动则是由本州政府建立的地区评估机构来负责。两国都具备着统一的质量标准体系。

二、民间、非官方型主体

这种类型的主体指的是社会、高校以及政府在高职教育质量保障的过程中，通过市场来满足它们各自在质量方面的需要。其质量保障主体主要是将市场作为中介的社会力量，而具体进行质量保障活动的组织则是民间专业组织或社会的非官方组织。而政府只需在宏观层面上对高等职业教育质量进行间接性调控。

在采用民间、非官方主体模式的国家中，最具代表性的有美国、澳大利亚以及新西兰。

（一）美国

在美国，高等教育体制最显著的特点便是多样化与分权化。如今，美国的高等教育已经演变为世界上最大的多元化、竞争性、非中央集权管理且多层次的体系。美国的学校拥有很大的自主权与独立性，它们可以结合社会对人才的需求自行决定办学方向。其中，克拉克明确提到了："在世界上几个主要的先进国家的高等教育系统中，美国的系统是最缺乏组织的，几乎完全是一种相互之间自由竞争的机构。"[1] 由此可知，美国的市场竞争机制已经贯穿了其整个高等教育体系，尽管政府通过立法、拨款等方式对其进行了一定的调控与干预，但美国的高等教育在国家和市场之间，更倾向于后者。

---

[1] 克拉克.高等教育新论：多学科的研究[M].王承绪，徐辉，郑继伟，译.杭州：浙江教育出版社，1988：117.

1. 美国高职教育简介

在美国，作为负责实施高等职业教育的组织，社区学院有着100多年的发展历史，目前，大约40%的美国学生就读于社区学院，其总人数达到了1 000万之多。它实行两年学制。

2. 质量保障机构——教育行业自律的、民间的各类认证机构

联邦政府与州政府在美国高等教育的质量保障体系中起到了间接且有限的管理作用。从联邦政府的角度看，为了使高等教育质量得到保障，它可以采取财政拨款以及发布相关教育规定等方式，如美国国会于1965年所颁布的《高等教育法》，是美国历史上与高等教育相关的第一部法律条文，其中诞生了多项制度，如联邦学生贷款计划等。[①] 而从州政府的角度看，它可以借助审核创立者的办学资质并为合格的办学者签发特许证的方式，来保障高等教育质量。而州内的全部高校都必须在得到特许证后，才有权向学生授予证书与学位。这两个政府都不会对具体的评估活动、评估标准的制定与评估政策进行直接参与，而真正对质量保障活动进行主导的则是那些非营利的、民间的认证组织，就像部分教育家所认为的那样，这些组织起到了"相当于其他国家官方管理教育的部门"的作用。[②] 作为美国高等教育质量保障系统中的关键构成因素，认证制度属于一种基于同行评估与高校自评的管理模式，它也是使高校教育质量得到保障与提升的重要手段。它主要包含两种形式，分别是"专业认证"与"院校认证"，而认证的机构又可进一步划分成专业认证机构、全国性认证机构以及地区性认证机构。

因为某些行业对从业人员提出了必须具备专业资格证书的要求，而这一类型的证书只能发给通过专业认证的专业毕业生，所以那些开设了此类专业的高职院校就必须接受专业认证机构的认证。而专业认证机构指的是在得到高等教育认证委员会或美国教育部许可之后成立的私营、非营利性机构，它的主要职责就是对高校所开设的某个学科或专业进行评估。通常情况下，高校在提出地区性认证的申请以前需要完成专业认证。

现阶段，美国已经具备了培训认证委员会、独立院校认证委员会等8个全国性的认证机构。

地区性认证机构指的是以西部地区、西北部地区、中北部地区、南部地

---

① 王英杰. 美国高等教育的发展与改革[M]. 北京：人民教育出版社，1993：39.
② 符娟明. 比较高等教育[M]. 北京：北京师范大学出版社，1987：541.

区、中部地区、新英格兰地区为依据而设立的单位认证机构。这些地区的学院、大学分别按照地区建立了6个地区院校协会，而这些区级院校协会之下又开设了西部院校协会的社区与初级学院认证委员会、新英格兰院校协会的技术与职业学院委员会等8个院校认证委员会。

全国级与地区级认证机构的认证对象均是院校，且所有的认证机构都具备其各自的具体认证标准，从这些机构得到的认证结果还能够作为凭证被用于获取联邦政府补贴方面。

上述的三种认证机构都属于非营利的、民间的机构，大部分都是由各专业协会与高校自主创办的，该机构的主要成员为各高校的雇主代表，研究机构的学者、校长、教授以及学科专家等，其运作经费需要由进行认证的高校来承担。

3. 特点

其一，美国的认证机构是由高等教育行业自主建立的民间组织，从本质上说，它属于一种中介机构，它既不隶属于政府部门，又不受控于高校，更不属于某个团体或个人。它不仅能够服务于高职院校的质量保证与政府决策，还能够借助行业协会管控其自身质量，从而体现出显著的教育行业的自律性。

其二，在美国，参与认证是高职院校的一种自愿行为，而不是教育部门的强制性要求。此外，高职院校主动参加质量保障活动的关键原因在于，通过资质认证能够使其在教育市场中获得竞争优势，如得到更广泛的资金来源、被社会及同类院校认可、获得更多的生源等，从而推动高等职业教育的持续发展。

（二）澳大利亚

联邦政府在澳大利亚的高职教育管理体系中的职能，主要是在下列几个方面进行展现：对新学徒项目奖励基金及培训中心的管理；由联邦政府部门负责管理的项目；参与完成国家职业教育及其培训政策的制定；为各个地区及州进行财政拨款。而地区与州的政府的主要职责在于对本州的培训体系和职业教育进行管理，以及领导、督促培训工作与职业教育。地区与州的政府是继续教育学院和公立技术的拥有者。

1. 澳大利亚高职教育简介

技术与继续教育（technical and further education，TAFE）学院是澳大利亚负责实施高职教育的重要组织。它存在两种设置模式：一种是在大学中开设的TAFE部；另一种是单独设置的TAFE学院，且大部分都采用了此模式。它是澳大利亚最大的职业教育与培训机构，它采用了以行业为主导的学校、行业以及政府三者相结合的形式，多层次的综合性以及相对独立性是其非常显著的特点。

TAFE 学院遍布全国，这也为学生入学带来了很大的便利性，其在课程设置方面非常灵活，拥有企业学习日课程、函授课程、工读交替制课程、全日制课程以及部分时间制课程。TAFE 学院在开发与设置课程的过程中一定要严格遵循国家培训局颁发的行业培训包。

澳大利亚在职业教育中融入了市场竞争机制，其主要目的是使职业教育质量得到持续提升，使职业教育得到更多的资金支持，进一步促进职业教育的发展。

2. 质量保障机构——国家培训局全国培训质量委员会

作为国家法律授权的职业教育与培训的管理主体，澳大利亚国家培训局的主要职责是推动职业教育与培训质量制度的落实以及对全国质量体系进行完善。其理事会成员由包括理事会主席在内的 7 个行业代表组成，在成员中既有雇员代表，也有雇主代表。

国家培训质量委员会是直接隶属于澳大利亚国家培训局理事会的，它的主要职能包括：①对职业教育与培训系统的整体教育质量以及职业教育与培训机构进行监督；②对职业教育与培训学历的设置进行审批；③为保障职业教育与培训满足岗位需要而制定相应的政策。

其实施的质量标准需要按照澳大利亚质量培训框架制定。2001 年，为了使职业教育的办学质量得到持续提升，更好地服务于经济，霍华德政府决定制定出一个统一的职业教育与培训办学的标准，并以此来提供优质的培训服务与职业教育，所以在国家培训局的任命下，国家培训质量委员会联合了职业教育管理机构与各州政府和行业、企业间达成了合作，从根本上对其原本实行的职业教育质量控制体系——澳大利亚认证框架（Australia recognition framework，ARF）进行了修订，并将修订完成的体系更名为澳大利亚质量培训框架（Australia quality training framework，AQTF）。

AQTF 共包含了两套质量标准：一套是注册培训机构（Registered training orginisation，RTO）审核标准，这个标准主要是用来保障职业教育与培训、考核的质量水平，以及全部注册培训机构及其颁发的学历证书得到全国范围内的认可；另一套是地区或州注册/课程认证机构（Registering/ course accrediting bodies，R/CAB）审核标准，这套标准主要被用来审核注册培训机构的办学资质、调查机构的运营状况以及课程设立的审批。该标准要负责培训机构的注册登记，监督其创学情况，使其在运行的各个方面都能符合 RTO 标准；还要负责评估 RTO 的办学质量，在整个评估过程中，评估的具体内容由 R/CAB 来确定，而评估专家由 R/CAB 进行选派。除此之外，R/CAB 还需要对 RTO 在课程认证方面的工作负责。

3. 特点

其主要特点在于行业在高等职业教育质量保障活动中处于主体地位。不管是国家质量培训框架、课程认证标准、机构注册标准的制定还是课程设置标准（行业培训包）的制定，都是由行业企业协会或由其代表构成的机构和高职院校共同负责完成的。如此一来，不仅能让高职院校培养的人才质量更加符合社会、企业的标准，还能使高职院校和行业、企业间的联系得到进一步的强化。

（三）新西兰

1. 新西兰高职教育简介

在新西兰共有三类组织实行高等职业教育：其一，私立培训机构，这类机构必须要进行注册登记，且为了使教学质量得到保障，它的课程设置一定要得到新西兰学历权威机构的批准才能够开课；其二，私立高等教育机构，这类机构虽然教学质量很高，但是学费相对昂贵，它在安排课程以及开课时都要达到严格的质量标准，只有这样才可以获得新西兰学历权威机构的许可；其三，多科技术学院，这类机构属于国有院校，它的运行资金来自政府的财政补贴，它能够让学生接受到非常广泛的职业与工业方面的高职教育，并且大部分的多科技术学院还为学生提供学士学位的相关课程。

在以上三类机构中，规模最大且在校生最多的就是多科技术学院。它在课程安排与入学条件方面有着很强的灵活性。在课程方面，它开设了全日制与非全日制的课程，且具备颁发国家毕业文凭、国家职业证书、研究生证书及毕业文凭（研究生课程适合已学过大学课程或有与所学课程相同或相关领域经历的人）、学士学位以及职业证书等学历证书的资质。

2. 质量保障机构——多科技术学院协会

多科技术学院协会一个能够代表全国 19 所多科技术学院的民间机构，它还开设了质量委员会，受新西兰学历资格署（它是为政府提供咨询的法定机构，受教育部委任，向议会负责。其最高管理机构是教育部委任的董事会，董事会代表企业界、教育界和社会各方的利益，其主要是负责国内外的学历资格认证，保障学术资格的质量水准）的委托，负责对多科技术学院进行质量审计、机构认证以及课程审批。

多科技术学院协会为多科技术学院的评估制定了一套学术质量的最低标准,这个标准主要倾向于学术质量,如课程教学、科研、成绩报告和证书以及内部的检查与审计、教师的选拔任用、发展及评价、财政、教育计划与学历资格的制定与检查、学术质量管理等。

3. 特点

在新西兰多科技术学院的质量保障工作中,政府并不会直接参与,而是由多科技术学院协会全权负责的。该协会在遵循统一的新西兰学历资格体系的基础上,可以对质量认证、评估的标准与规则进行自主制定,这一点将行业协会的主体地位充分体现了出来。

(四) 三国之间的比较

其一,在这三个国家中,新西兰与澳大利亚的高职教育质量框架均为全国统一的。其中,新西兰的框架是由多科技术学院协会基于国家学历资格框架制定出来的质量标准手册;而澳大利亚则是由国家质量培训框架来统一规定,这种方式对保障高等职业教育质量的基准有很大帮助;而美国则不同,因为其质量保障活动是由各地区的认证机构完成的,相应的标准也是由其自行制定的,所以有可能出现因为地区不同、质量标准不同而造成的高等职业教育水平有所不同的现象。

其二,以上三个国家的高职教育质量保障的实施主体都属于民间且非官方的,所以其质量保障机构也都属于民间机构。但不一样的是,新西兰与美国的质量保障主体都是许多高职院校共同构成的教育行业机构,它们的质量保障活动体现出了很强的行业自律性;而澳大利亚的质量保障主体是能够代表高职院校、企业以及行业共同利益的民间行业协会,其认定与评估标准都需要由行业代表机构来制定,其主要目的在于使行业企业和高职院校间的联系得到进一步强化。

三、多元型主体

多元型主体指的是政府、高校以及社会力量都加入了高职教育质量保障的活动中,高校与政府在彼此达成共识的基础上,以协商的方式在高职教育质量活动中建立合作关系。也就是高校对其自身的教育质量负责,并将主动地承担起提升、保障教学质量的义务;政府需要对高职教育的外部质量保障负责;而社会力量需要做的则是站在民间的立场上,借助民间组织、新闻机构等途径对高校进行评估、监督,以此提升高职教育质量。

在采用多元型主体模式的国家中,最具代表性的是英国和日本。

(一)英国

英国的高等教育是从最初的"双轨制"逐渐演变为"单轨制"的。英国的高等教育自20世纪60年代起实现了高速发展,在教育规模持续扩大的情况下,为了能够使高等教育的质量得到保障,英国在1965年正式实施了"双轨制",即把高等教育划分成了自治大学以及"公共控制"非大学高等教育。但在实行过程中,"双轨制"的弊端日益显现,因此英国政府在1988年颁布的《教育改革法》中规定,包括多科技术学院和其他学院在内的众多"公共"部分的高等院校,今后要脱离地方教育当局的管辖,取得与大学同等的独立法人地位。这同时也象征着英国的高等教育由"双轨制"变成了"单轨制"。

1. 英国高等职业教育简介

在英国,实施高等职业教育的组织主要是非大学类的公共高等教育机构,这属于"公共控制"非大学高等教育。在实施"双轨制"的过程中,主要是由多科技术学院实施高等职业教育的。多科技术学院的培养目标是为社会塑造技术工程师。为了实现这一目标它对课程进行了灵活的设置,从课程形式的角度看,可分为夜间制、部分时间制、工读交替制以及全日制的课程;从课程层次的角度看,可分为文凭课程和学位课程。多科技术学院需要接受地方当局的领导以及教育部的监督,其教育经费由地方当局提供。

英国议会于1992年颁布了《继续教育和高等教育法案》,该法案明确提出对高等教育的"双轨制"进行废除,并把多科技术学院升级成大学等。自此之后,所有的多科技术学院都变成了大学。

随着多科技术学院被升级成了大学,高等教育学院也就变成了高职教育的主要实施机构,其大部分都是大学改组后教育学院以及继续教育部分中的一些少数高水平继续教育学院、个别技术学院以及专业学院进行合并而成的。

2. 质量保障机构

在实施"双轨制"高等教育的过程中,英国的高职教育经历了多科技术学院、高等教育学院与大学两个发展阶段,而质量保障的主体也表现出了"双轨制"阶段的政府主体以及"单轨制"阶段的多元主体这两种形式。

第一阶段:多科技术学院的质量保障机构为皇家督学处与全国学位授予委员会。

英国在1988年颁布了《教育改革法》,这项法律中要求建立多科技术学院与其他学院基金委员会,这两大组织的主要职责是对公共高等教育体系进行质量评估与拨款。而作为该基金委员会的协助组织，皇家督学处主要负责对"教"与"学"的过程进行直接观察，并对其质量标准进行评价和预判。

全国学位授予委员会（CNAA）是在1964年成立的。其中，1963年高等教育委员会所发表的《罗宾斯高等教育报告》为其诞生提供了基础条件。作为英国首个高等教育质量保障机构，它采取了审批课程的方式来为多科技术学院的学术标准与教学质量提供保障，且它所授予的学位和大学授予的学位具备相同的含金量。

第二阶段：在实行《教育改革法》之后，英国政府便对高等教育质量保障体系实施了全方位的革新，而质量保障活动也交由社会民间组织、高等院校以及英国高等教育质量保证机构（QAA）一同负责。

（1）社会民间组织。一方面，像《金融时报》《泰晤士报》等专业团体以及工商企业新闻机构与民间组织加入了高等教育质量的外部监督队伍中来，其中新闻媒介发挥了非常重要的评估作用，它基于民间角度，组织相关专家对高等院校展开评估，且凭借着可靠的数据来源以及合理的指标设计等，产生了一定的科学性与较高的社会可信度，这也是其减少公众、政府甚至是国际社会对英国高等教育质量进行评价的关键依据。另一方面，像会计、法律与工程等专业的毕业生，通常在其毕业后需要得到普通职业或专门职业的资格证明。所以，这些专业需要得到法定团体或专门职业团体的认定，这种组织大部分都是行业协会或职业学会，它们非常重视本行业的学术水平及特点。

（2）高等院校。在英国，所有的大学都实行自治，各个院校都要对本校所授学位的标准与质量以及课程的设置负责，对此，每个学校都拥有其自身的内部质量保障机构，凭借着评估学生以及在审查、监控、审批、设计课程方面进行严格的质量把控的方式，来使本校课程与学位质量得到更好的保障。

（3）QQA。QAA是在1997年3月成立的，它的全称是高等教育质量保障机构，其成立的主要目的在于替代高等教育质量委员会，保证英国高等教育质量。QAA属于政府资助成立的一个自治且独立的组织，它和高等教育拨款机构签订了相关合同，不仅可以得到合同中所承诺的款项，还可以得到高等院校的捐赠。使高等教育资格标准的完善性得到保障，并使高等教育质量管理工作得到不断健全是其最重要的使命。在对高职院校进行评估以及质量监控的过程中，这个机构需要自主制定评估的标准与要求。

3. 特点

其一，尽管英国政府参加了高职教育的外部质量把控，但这种参与并不是直接性的，而是借助设立的 QAA 这一中介机构的形式来保障高职院校教育质量，对高职教育进行宏观层面上的调控，如此一来，可以避免因政府直接参与而引起的侵犯院校自治、评估的垄断性以及官僚主义等不良情况的发生。

其二，高职教育质量保障的主体从政府掌控高职教育质量逐渐演变为社会民间组织、高等院校以及政府一起参与质量保障活动，也就是社会民间组织与政府对高职教育质量进行外部的控制，高职院校在内部对教学质量进行保障，从而产生了内、外结合的质量保障模式。这样的方式既可以进一步完善高职教育质量保障体系，又可以更高效地完成教育质量保障工作。

（二）日本

1. 日本高职教育简介

高等专门学校与短期大学是日本最主要的高职教育组织。

其中，高等专门学校是日本文部科学省在 1961 年创立的，这类学校大部分都是公立的，私立所占的比重很小，其教学目的为传授专业知识、培养职业能力。其采用五年一贯制教育，面向初中毕业生进行招生，以塑造中级技术人才为主。

短期大学是在 1950 年创立的，为高中毕业生提供专业的高等教育是其最主要的使命，短期大学的培养目的在于塑造出符合产业标准的技术人员，其采用学分制度，学生需要在校完成 2～3 年的学习。这类学校大部分都是私立的，主要教学内容为专业技能与专业知识。

2. 质量保障机构

第一，社会民间机构——JABEE 与短期大学基准协会。

JABEE 的全称是日本技术者教育认定机构，它是专门对那些毕业于专业性强的高职院校的学生进行资格认定的民间机构，以及对高等专门学校、大学等教育组织的技术课程是否达标进行认证的组织，凭借着这种职业资格认定的方式使高职的教育质量得到保障。

短期大学基准协会属于一种民间评价组织。它是由各个短期大学自发创建的，其对短期大学教育质量的评价标准，主要来自《短期大学设置基准》，评价合格的短期大学可以加盟。短期大学基准协会是在各短期大学体系质量管理协会的基础上发展而来的，对那些有加盟意向的学校以及盟校进行评估是其最主要的职责。

第二，高职院校。

文部科学省在 1991 年所修订的《短期大学设置基准》中明确规定："为了

实现大学的目的和社会使命,对教育研究活动等状况必须努力实施自我检查和自我评估。"这是日本首次将大学自检自评的义务通过法律方式进行明确,也正是从这之后,自检自评制度开始正式应用于日本的高职教育组织,这也为其教育质量的提高提供了内部保障。为了能够更加系统化地进行评估工作,每个高职教育组织都在充分结合自身特点的基础上,制定了评估项目并成立了对应的评估组织,而短期大学的评估内容主要包含自检自评制度、校内配套设施、师资团队、学生条件、教学条件及方法配备、教育研究的内容、教学的目标和理念等方面。

第三,在日本对高职教育负责质量保障的政府机构——大学评估·学位授予机构与文部科学省。

大学评估·学位授予机构是学位授予机构更名而来的,其运作经费由政府提供,该组织的成员是来自诸多领域的有识之士,如企业人士、大学学者等。除此之外,大学评估·学位授予机构还附属于与大学评估事业相关的高等专门学校认证评估、短期大学机构认证评估、大学机构认证评估等各委员会,而这些委员会大部分都是凭借着大学评估·学位授予机构所得出的评估结果来展开审议的,这样不仅能够使评估工作更具完整性与连续性,还能够让整个评估工作变成一个有机系统。大学评估·学位授予机构主要围绕科研、教育、院校整体这三方面来对高职教育进行评估。

文部科学省借助颁布各种高职教育机构设置基准的法律条文的方式,来完成对高职院校的设置认可。例如,其在1961年颁布的《高等专门学校设置基准》以及在1975年颁发的《短期大学设置基准》,就明确规定了在创办学校时必须达到的要求,其中包含学校设施设备标准、学校教育编制标准以及学校教育的组织规模标准等,全体高职院校必须都要通过相应的设置认可。

3. 特点

其一,评估的内容非常广泛,且评估存在一定的周期性。评估内容广泛这一点主要体现在,评估内容包含了专业、课程、学术质量标准、学历资格标准以及院校整体水平等。此外,这种评估是按照一定的周期进行循环的,这样也可以使高职教育质量得到长期保障。

其二,日本已经具备了由多元主体共同参与质量保障活动的模式,也就是政府、民间机构以及高职院校站在各自的立场上,具有各自的关注点,如政府关注院校的学位学术以及最初设置的质量,这两者都属于外部质量保障;民间机构关注学生质量与行业标准;而高职院校则以本校的发展及利益为立足点,通过认证、评估、认可以及再认证等途径为其教育质量提供内外兼顾的保障，并以此来获得国家、行业以及社会各界的广泛认可。

(三) 两国之间的比较

不同之处：因为文部科学省在教育质量保障过程中的直接参与，使得日本政府在质量保障中所占的比重大于英国政府；同理，英国高校的自主权要大于日本。此外，日本短期大学基准协会的质量保障活动具备自律性。

相同点：日本与英国都实现了多元化主体共同参与高职教育质量保障的局面，具备了内、外结合的质量保障系统，且政府都没有在质量评价活动中进行直接参与，而是采用了财政与立法等方式来对质量保证的发展方向进行引导，并借助中介机构来完成对高职教育质量的宏观调控。

综上所述，因为各国在文化背景、经济以及政治方面存在着一定差异，尤其是在高等教育管理体制上有所区别，所以它们在质量保障中产生了不同的质量保障主体形式，即政府、高等院校和社会力量共同参与的多元型主体，以社会市场力量为主的民间、非官方主体，以及以政府官方为主体。其中，最符合高等职业教育发展规律的便是以多元主体型参与质量保障的形式。高职教育所具备的时代性、实践性以及适应性特点要求它不仅要使学生接受教育的需求得到满足，还要使其培养出来的人才与市场及社会的需求相符。作为质量保障活动的主体，市场、高等院校以及政府处于不同的利益角度，具备各自的价值观，所以它们对质量的评价也存在着差异。从市场的视角来看，可以使市场对人才的需求得到满足的高职教育就是高质量的；从政府的视角看，倘若高校能够在社会服务、科研成果以及人才培养方面满足社会与国家的发展需求，就是高质量教学；而以高校的视角来看，其自身应用、发展以及传播知识的能力越强，教学质量就越高。以上从素质、能力以及知识三个层面分别对教学质量进行了定义，而事实上，唯有把素质、能力与知识这三方面进行有机结合，才可以提高高职教育的整体质量。所以，市场、政府以及高校在高职教育质量保障活动中缺一不可，只有三者齐心协力才能从根本上提高高职教育质量。

除此之外，随着知识经济时代的来临，高职教育逐渐走向了社会的中心，市场、政府以及高校三者的力量需要进一步结合，彼此相辅相成、相互依赖与相互制约，才能满足高职教育发展的内在要求。在此基础上，质量保障主体慢慢由一元发展为多元，即评估主体由单一的高校、社会或政府变得更加多元化。那些将非官方作为质量保障主体的国家，将对政府职能进行强化，加强其对评估活动的间接控制；将政府官方作为质量保障主体的国家逐渐开始赋予院校更大的自主权并利用社会中介组织的力量；而那些具有多元评估主体的国家，将对三大主体间的价值冲突进行协调，使其地位与权力处于平衡状态，彼此间形成良好的协商与合作关系，最终实现对高职教育质量的有效保障。

第三节 高职教育质量保障的内容

高职教育的质量保障内容十分广泛，不仅包含了高职院校的办学能力及办学水平，还包含了师生质量、课程、专业教学计划与专业设置等。质量保障主体应根据不同的角度，选择不同的策略与措施，全面保障与提升高职教育质量。下面将从院校、专业、教师与学生四个角度，对发达国家的高职教育质量保障内容进行介绍。

一、院校办学水平的质量保障

院校作为一个整体，其办学水平会对教学质量产生极大的影响，正是因为这一点发达国家积极采取各种方式来保障院校的办学质量，对整体办学水平进行全面监控，并取得了一定的进展，比如美国采用的院校认证与英国采用的院校审计。接下来将分别介绍美国和英国的院校质量保障方式。

（一）美国的院校认证

1. 认证与院校认证的概念

认证属于质量评估类型之一，它和质量保障有着紧密的关系，国际上常将它与质量保障混淆。然而，美国不存在质量保障这种说法，通常只有认证。在美国，认证是保障与提升高等教育质量的方法之一。关于认证的含义不同组织间存在着一定的分歧。美国高等教育认证委员会认为认证是一种检查各个院校、专业项目，保障并提升教育质量的评估过程。[1] 欧洲大学协会在2001年给出如下定义：认证是根据公认的标准，通过周期性的评估，对一所高等教育机构或课程质量所作的正式的书面形式的表述。[2] 而联合国教科文组织发表的报

---

[1] EATON J S. An overview of U. S. accreditation [EB/OL]. (2006-6-26)[2007-3-22]http://www.chea.org.

[2] ENQA. Quality procedure in european higher education: an ENQA survey[M].Helsinki: ENQA occasional papers 5,2003:9.

告则是这样定义的：政府（非政府）或私立机构评估高等院校或某一特定的专业质量的过程，以便正式确认其已经达到预先确定的最低标准，该过程的结果通常是授予一种资格（肯定或否定结论），或给予认可，有时是给予一定时间范围内的有效办学证书。该过程也可以是由外部同伴进行的初步的和周期性的自我研究和评估。[1] 综上所述，认证是一种评估类型，会采取相应的标准，以促使高职院校的办学能力符合基本要求。

院校认证把高职院校看作一个整体进行认证，认证的内容包含院校的教学方式、教学场所以及专业等，这样做的目的在于检查学校所提供的教育质量与学习环境是否达标。

2. 认证标准

认证标准是衡量院校教育质量的标准，它是发现院校不足之处、评定高校教育成绩的重要凭证。该标准是经过各个区域认证委员会、成员院校的行政人员与教师以及一小部分社会公众共同探讨形成的。该标准涉及的内容十分广泛，其中包含了学校管理、配套设备、财务状况、招生情况、教职员工、课程配置、专业设置、整体战略规划等。此外，虽然每个区域认证委员会的认证标准存在着一定的差异，但它们都将教育效能与院校实力作为核心要求。

3. 院校认证实施机构

在美国，院校认证由各区域认证委员会来完成（其认证周期为5～7年一次），如美国西部地区社区与初级学院认证委员会。委员会的主要成员为高校各阶层的工作人员及公众代表。此外，认证的基础是同行评估与自我评估。

（二）英国的院校审计

1. 审计与院校审计的概念

审计是一种评估方式，它的主要作用是评估教育质量保障机制的优势与弊端。审计是一个基于证据与同行评估的评估过程。

院校审计是通过同行评估进行的，在证据的基础上对有关高校确保本校的教育质量以及不断提高教育质量所采取的措施和机制进行审查，它所关注的是院校层面的、整体的质量保障。

2. 审计的标准及其涉及的主要方面

英国高等教育质量保证机构在对院校进行审计时，需要参考以下标准：[1]

---

[1] CIASCEANU L, GRUNBERG L, PARLEA D. Quality assurance and accreditation: a glossary of basic terms and definitions[M]. Bucharest: UNESCO-CEPES, 2004: 20.

高等教育学术质量和标准保证的实施细则；②课程界定；③学科基准声明；④高等教育学位资格体系。

院校审计非常注重以下三方面内容：其一，保证院校所发布的与资格标准及课程质量相关信息的可靠性、完整性以及准确性，也就是保障院校所发布的资料的可信度；其二，充分结合与高等教育标准、学术质量有关的具体细则，通过采用评估资格标准、课程质量，来保障院校质量保障机制与组织的有效性，进而向大众提供院校的完整信息；其三，保障内部评估的合法性，对学生的学习体验、学生的期望、学生应达到的学术标准、学科/课程层次的内部质量评估及其评估结果等方面也非常关注。[1]

3. 院校审计机构

英国高等教育质量保证机构负责所有高等院校的审计工作，这项工作每6年开展一次，且配备了专业的审计小组，小组成员主要有专家顾问、审计秘书以及审计员。他们大部分由高校提名选出，并由英国高等教育质量保证机构进一步确认，全体审计人员必须具备扎实的专业知识以及相关的工作经验。

（三）两国之间的比较

尽管"院校审计"与"院校认证"是两个不同的概念，但在本质上，它们都把院校当作一个整体进行评估，属于同一种评估类型，两者的基础都是同行评估与自我评估，可以将其理解为同一种资格认证。此外，"院校审计"和"院校认证"都把保障以及提升高校教育质量作为主要目的。

因为这两个国家的高等教育管理体制存在差异，所以"院校审计"与"院校认证"的实施过程具有较大差别。这种差异主要体现在以下方面。第一，"院校审计"是由QAA负责实施的，其审计过程采用QAA制定的全国统一审计标准，这样便能保障所有高职院校的办学质量处在统一的水平上；"院校认证"是由美国各区域认证委员会来实施的，各区域认证委员会及其成员院校会根据各地区的具体情况协商制定认证标准，所以每个地区的认证标准都是不同的，并未产生全国统一的认证标准，如此跨区域院校难以进行对比，从而导致各高职院校之间办学质量差距较大的情况。第二，为了保证质量这一目标，"院校审计"主要对院校质量评估的可信性、合法性、有效性与准确性，质量标准以及质量保障机制等进行审查；而"院校认证"的认证内容非常广泛，其

---

[1] QAA. Handbook for institutional audit:England and Northern Ireland [R]. Gloucester: QAA, 2006.

中包含了教学的软件及硬件、院校内部的管理、院校的整体规划以及院校的使命等，它主要通过评定院校的教学效能与实力来实现教育质量这一目标。

二、专业的质量保障

作为学校教学的基础单元，专业是社会需求和国家需求的重要体现。专业水平可以体现出学校的育人水平，也可以展现学校的办学效益、质量以及水平。所以，专业质量在质量保障中处于非常重要的位置，并引起了发达国家的重视。保障专业质量的有效方式是专业认证，接下来将对英国、美国以及荷兰所实施的专业认证进行论述。

（一）专业认证的概念

专业认证指对某个具体专业的认证，它由专门的职业协会及与之相关的教育工作者共同实施，它可以为学生开始工作前的预教育提供质量保障。它是凭借相应的认证标准，通过一定的认证手段以及定性、定量的研究，对高校的专业价值进行评定的。

除了能对学校依据规定培养专业人才的过程进行督促与监管之外，专业认证还能够让学生在选择时更有针对性，并凭借在此校拿到的学位与学分得到行业与社会的认可以及该行业的资格证书。

（二）英国高校的专业认证

在英国，高等教育质量保证机构自成立起，便承担起各行业协会的专业认证工作。职业协会或学会基于QAA学科基准，站在培养专业人才的立场上，制定合适的标准，并通过认证的方式，来保障专业教育质量。在英国，参加认证活动的法定组织与专业团体已有240多个，在这些团体中，具有认证资格的法定组织或专业团体共有56个，其中包括英国机械工程师协会以及英国医学会等。

各行业协会普遍采用三个专业认证标准，它们分别是认证机构的特殊标准、行业协会的一般标准与QAA的学科基准。例如，鉴定工程师资质的工作由英国工程委员会（EC）负责，它需要以QAA制定的学科基准为基础，制定以工程注册为导向的高等教育专业认证标准。而具体的专业认证则由其下属的工程学会完成，工程学会要基于QAA与EC制定的标准文件，结合专业特征，制定出针对专业的特殊标准。

英国的专业认证大部分集中在专业性较强、与人类的安全和健康密切相关的领域，其中包括法律、医学、建筑以及工程等。

（三）美国的专业认证

在美国，专业认证主要由行业协会演变而来的专业认证机构开展，其以行业为基础，以行业专家为核心，目的在于推动院校教学质量的提升，对专业教育质量进行审核，推动专业教育的持续发展。每年通过认证的院校都会被认证机构刊印在公报上，这样一来，学生及大众就可以更加方便地掌握、挑选适合自己的专业。此外，所有的专业都具备其专属的认证机构，如美国营养与饮食教育认证委员会（ACEND）、美国心理学家协会（APA）以及美国工程与技术认证委员会（ABET）等。

在美国，各专业认证机构需要自行制定认证标准，以美国工程技术认证机构为例，其工程专业的认证标准主要包含以下几个方面：①学校管理；②课程设置、实验室设计以及图书馆等教学设施；③学生方面，主要包含学位授予、入学条件、毕业条件；④师资队伍方面，主要包含教学经验、对学生的热心程度、学术水平等方面。

美国的专业认证范围非常广泛，涉及农业、工程、医药卫生等众多领域。

（四）荷兰的专业认证

荷兰于2002年颁布的《高等教育与研究法案》将认证制度引入高等教育，荷兰成为欧洲首批在高等职业教育与大学中引进认证制度与外部评估制度的国家之一。专业认证具有强制性，荷兰《高等教育与研究法案》明确规定全部高等职业教育与大学所授予的本科、硕士学位都要得到认证，唯有如此，其毕业生所取得的学位才可以得到国家的认可。由荷兰和弗兰德地区认证机构（NVAO）负责认定高校现有课程和新设课程的标准，高等教育外部访问与评估机构（VBIs）在NVAO的政策框架下制定针对性的评估准则，并在院校的邀请下进行评估。

（五）三国之间的比较

英国、美国和荷兰三个国家的专业认证机构都属于社会中介组织，专业认证在英国是由QAA授权的职业机构或相关行业协会来完成的；在荷兰是由得到NVAO许可的评估组织来完成的；在美国是由得到美国联邦教育部（USED）或高等教育认证委员会（CHEA）许可的行业协会构成的专业认证组织来完成的。这些国家的认证标准都结合了行业要求、专业特点，但它们之间也存在着一些差异。第一，英国的认证标准包含了行业标准、专业的特殊性标准以及学术标准，比其他两个国家的认证标准更加科学与全面。第二，在这三个国家中，荷兰的专业认证范围是最广的。第三，荷兰的专业认证具备显著的强制性，已被法律法规明确规定，而在另外两个国家则属于自愿行为。

三、教师质量保障

在教学过程中，教师发挥着主导作用，良好的师资质量能为人才培养及教育质量提供保障，因此受到了发达国家的普遍重视。它们纷纷建立相关机制，大力建设师资队伍，推动教师素质的发展，以实现提升师资质量的目标，其中包括对教师进行定期培训、实施严格的教师聘任制度与教师任职资格准入制度等。

（一）教师任职资格

教师任职资格指教师从事教学工作必须具备的知识、技能、能力等方面的要求。而每个国家都有着不同的教师任职资格标准，接下来将围绕美国、澳大利亚以及德国的高职教师任职资格进行论述。

1. 美国高职教师任职资格

美国社区学院的教师不仅要具备美国各州政府教师资格证书所规定的基本条件，还应该具备一定的教学经验。据美国相关规定，所有高职教师必须拥有学士或学士以上的学位，且具备一年以上有关该学科的最新经验与工作经验，或具备5年以上该领域的实践经验，此外还需要具备单独谈判、研究以及当顾问的能力。

2. 澳大利亚高职教师任职资格

澳大利亚TAFE学院中共有三类教师，分别是教学辅导员、教师（包含临时教师、合同教师、专职教师）以及主讲教师。

专职教师必须具有教育（教学）学士或硕士学位证书以及本科专业学位证书、四级技能等级证书与4~5年的企业工作经验，并取得相应的教师资格证书。

作为主讲教师（教研室主任）一定要拥有较强的教学能力与实践能力，且可以对学生进行授课以及指导实训。

而实际操作课的教师必须是那些接受过师范教育，且拥有该行业5年以上工作经验的优秀人员。

3. 德国高职教师任职资格

德国的高职教师主要由兼职教师、其他教学专业人员（讲师以及管理人员等）以及教授组成，而教授在其中处于主体地位。

在德国，一个人要想成为一名讲师，就必须具备大学学历以及博士学位；拥有 3 年以上的工作经验，且其中一年半以上的时间从事与专业有关的企业工作，此外应具备一定的教学经历。

要想成为一名教授，那么就必须具备下列条件：大学学历以及博士学位，2 年以上培训经验或教学经验；具备较强的科研能力；5 年以上的工作经验以及 3 年以上的相关专业的工作经验（或在社会、企业担任 3 年以上的领导工作）。此外，高等专科学校也会要求教授具备教学方法、心理学与教育学等专业知识，以及能够使用现代教学媒体。

4. 三国之间的比较

通过上述内容可以发现，这三个国家对实践操作教师、讲师、教授等提出了不同的任职要求，在拥有基础的学历文凭的同时，更需要具备指定年限的企业工作或实践工作经验。为保障教学质量，教师还需要接受过师范教学训练或具备一定的教学经验与教学策略。而它们之间的不同之处在于以下两点：第一，德国在整体素质与实践工作经验方面，对教师提出了比另外两国更加全面且严格的要求；第二，德国对教师在学历方面的要求也比美国与澳大利亚高。

（二）教师聘用机制

教师聘用机制指高职教育学校聘用教师时采取的录取办法、程序与标准等。这样做的主要目的在于牢牢把好教师入口关，来实现保障教学质量的目的。此外，完善的教师聘用制度为高职教育获得高质量师资提供了基础条件。

1. 美国社区学院教师聘用机制

校外招聘与校内调剂是美国社区学院在聘用教师时经常采用的手段。那些需要聘用教师的学院会让人力资源办公室结合系主任或副主任递交的岗位需求发布教师招聘广告。这些学院通常会先进行校内招聘，如果校内没有与该职位相符的人选，便会开展校外招聘。校外招聘时，本学院的审查委员会结合岗位标准进行初步筛选与评估，其面试的主要内容为两篇文章的写作以及 20 分钟的试讲，通过后便由分管教学的副校长进行最终的审批。

刚被聘任的教师往往都需要进行一段时间的试用，在此期间如果教师无法达到一定的教学标准，将会被辞退，而试用期的期限会结合教师的具体经验来决定,一般为4~7年。除教授可以实行终身聘任制之外,所有的教师都采取任期制,在聘用期或聘期结束时倘若没有得到提升,就必须离开学校。

2. 德国高等专科学校的教师聘用机制

在德国,高等专科学校聘用教师的主要方式便是在互联网或全国性的报纸上刊登招聘信息。而负责甄选工作的专业委员会需要在正式招聘教师前,组建专门的招聘委员会,该组织在充分结合专业需求的基础上制定正式的招聘标准。符合标准的求职者需要进行两次专业试讲以及面试,以进一步评定应聘者的各项品质、教育教学水平以及专业能力,在此过程中学生也需要参与听课并对应聘教师进行相应的评价。面试环节结束之后,招聘委员会会筛选出前三名候选人,并在得到学术委员会以及专业委员会的许可后由该院校的校长将候选人信息递交至州文化部部长手中,让他来决定最后的录用者。对这种方式聘用的教师实行终身聘用制度。

3. 两国之间的比较

这两个国家的教学聘用机制各有千秋,且都在教学质量的保障方面取得了良好的成绩。这两者的相同点在于它们的招聘活动都是公开的,都遵循了相应的筛选、评定标准,对应聘者开展了较严格的审核,且对教授实行的都是终身聘任制度。而这两者的不同之处在于以下两点。其一,负责对聘任工作进行审定的主体不同,美国由学院自主负责,德国则由州政府负责。其二,德国在审核教师教学及专业能力时,采取了多元评价方式,其评价的主体不仅包含管理者与专家,还包含了学生,如此一来,便能更加全面地评价与审查应聘教师,进一步实现保障教师教学质量的目标;美国采用的试用期制度重在对新任教师的教学水平进行持续评价与考察,也有利于对教师教学质量进行动态性评价,这样不仅可以帮助教师在教学过程中找到自身不足并及时调整,还能使教学质量得到保障与提升。

(三) 教师的职后培训

职业教育的本质特点以及科技的高速发展要求高职教师一定要通过持续进修与学习不断更新自身的知识体系,与时俱进。唯有如此,其所培养出来的人才才能符合社会及市场的需求,并获得行业的肯定。因此,发达国家非常注重教师的职后培训,为了提升教师的整体素质,以及实现保障、提升教学质量的目标,它们采取了多种方式。

1. 澳大利亚的师资培训

澳大利亚政府很注重 TAFE 的教师质量，在他们看来，保障教育质量的关键在于为教师提供高水平的师资培训。

师资培训主要分为在职进修与岗前培训两种。在职进修可通过两种方式来完成，其中一种是专业进修，这种进修需要由劳动部门成立的培训员培训中心以及教育部门设立的大学教育学院来实施，培训内容包括现代教育技能、学历培训等。另一种是企业培训，为了更好地满足市场需求，职教教师不仅要参加新技术培训以及新知识讲座，还需要定期参加企业培训以及技术实践。

岗前培训的对象主要是新教师。在岗前培训阶段，他们需要参加各种教研活动、观摩教学以及接受专家指导，培训的期限是一年。培训结束后，教育部门以及学校对新教师进行考核，并授予通过考核的人教师资格证书。

2. 日本的高职教师职后培训

在高职教师的专业发展方面，日本对新任教师和其他在职教师采取了不同的培训措施，其始终坚持教师的培养不在于学校，而在于整个教育生涯这一基本理念。

新任教师的培训需要按照文部科学省所制定的统一规范，由各都道府负责实施。在培训期间，新任教师不仅要完成本职工作，还要保证每周在校外进修1天，校内进修2天。通常情况下，教学经验丰富的教师会为新任教师的校内进修提供指导，他们会结合新教师的业务水平与个性，引导新任教师观摩自己和其他教师的教学活动，或指导新任教师自己开课，并进行授课分析。参与这种为期1年的进修是每个新任教师应尽的义务。

其他在职教师的进修需要在相关的校长协会、地方教育委员会与文部科学省等各方共同协作的基础上，结合教师的具体教龄来决定。例如，拥有3年工作经验的骨干教师可以参加为期35天的"中央进修讲座"。除此之外，为了更好地对进修教师进行培养，文部科学省会定期召开5～6天的"产业教育指导者养成讲座"，该讲座的主要内容为经济与科技领域的新技术与新知识。

3. 两国之间的比较

由上述内容得知，澳大利亚和日本都非常重视新任教师的培训，且培训的时间都为一年，该做法不仅可以使新任教师的工作情绪更加稳定，使其获得更快的成长，还可以为其终身教育奠定基础；两国的教师职后培训具备持续性，培训的整体内容能不断迎合现代经济发展与科技进步的需求；两国的教师进修计划都得到了企业、高校与政府的大力支持。而两国教师职后培训的不同之处在于以下两点。其一，日本的教师培训更具针对性，它是在充分结合教师的工作经历、年龄以及所教学科的基础上制定进修、培训计划的；而澳大利亚则采用了实践（企业培训）与理论相结合的方式来实施教师进修，让企业和高职教育之间始终维持着密切的联系。其二，日本在培训新教师时，除了培养其管理、教学能力外，还非常重视培训教师在教学过程中的动手能力；而澳大利亚的新任教师培训着重帮助教师取得教师资格证书。

（四）教师工作评价

为了提升教学效果以及教学质量，各国的高职院校逐渐将关注点放在了教师工作评价上。良好的教师工作评价不仅能够帮助教师及时弥补教学工作中的不足，还可以让学校进一步了解教师的工作情况，是保障教育教学质量的关键一环。

1.英国的教师工作评价

在英国，教师工作评价的对象是专职教师，其评价过程是由高职院校来实施的。教师工作评价主要包括两方面，分别是科研工作和专业教学，具体评价内容包含行政工作、发表著作与论文、教学情况等。评价的结果将关系到教师的职业资格以及工资。

2.美国社区学院的教师评价

美国社区学院教师评价的对象是全体兼职、专职教师。而参与评价的人员有学生、管理者、同事以及教师本人。美国社区学院规定，学生在每节课或每个学期结束之后，都要在教师发放的评价表中对授课教师进行评价，评价内容以教学测评、课程观察以及课程提纲为主。同事的评价则以课程设计、教学质量、学科知识等为主。

评价的结果需要反馈给被评价的教师，此评价结果将关系到教师的晋升、薪资以及培训。

3.两国之间的比较

从以上内容不难看出，两国的教师工作评价各具特点。共同点是评价结果都与教师的薪酬、晋升直接相关。而两者的不同在于以下两点。第一，美国社区学院的教师评价形式更合理、更科学，集学生评价、同行评价和教师自我评价于一体。学生作为接受教育的主体，最有权利也最能客观地评价教师的教学（授课）质量，而教师自我评价的过程本身就是教学质量提高的过程。第二，英国的教师工作评价的内容更全面，既包括教学，也包括科研以及行政工作，是对一名教师整体素质的全面评价。

四、学生质量保障

作为高等教育中至关重要的构成部分,高职教育被联合国教科文组织定义为 5B 类教育。这种类型的教育是针对具体职业的,其教学目的在于使学生得到某种行业或职业所必备的理论知识与专业技能,使其在劳动力市场中得以生存或具备一定的竞争力。[①] 通过这一点可以得知,在高职教育中,学生质量主要表现在两个方面,即技能的掌握程度与知识的吸收、应用程度。为了让培养出来的学生符合社会及企业的需求,许多发达国家在对师资团队进行强化建设的基础上,对毕业生与新生录取也提出了一定的要求,以此保障学生的质量。

(一)高职教育的新生录取制度

新生录取制度是由国家或高职院校所制定的一项规定,这项规定中包含了新生的录取比例、入学要求以及录取办法等内容,它是高校在招生过程中的重要依据。因为在教育管理制度与国家体制方面存在着差异,所以各个国家的高职教育新生录取制度也不完全相同。

1. 德国高职院校的入学要求

在德国,高职教育实行了比较严格的招生制度,只有达到相关标准的学生才会被录取。高职院校的类型不同,入学条件一般也会不同。在德国,职业学院的录取条件为拥有中等教育文凭,具备一定的工作经验,接受过 3 年的初等职业教育,并获得了企业的实习席位。想进入高等专科学校就读的学生,除了要得到大学的入学资格外,还要具备半年的企业工作经验。

2. 法国高职院校的入学筛选机制

在法国,高职院校对那些提出就读申请的学生实行了非常严格的筛选制度,其中高级技术员班主要招收毕业于技术高中的持有技术员证书或技术员会考证的学生,在对其平时成绩以及档案进行审核之后择优录取。而大学技术学院在录取学生时,也需要对其成绩进行审核。那些具有高中毕业会考证书或同等学力的学生,会在入学考试之后择优录取,录取人数为全部报名者的 10%。

3. 两国之间的比较

尽管上述两个国家的高职教育机构有着不同的新生录取制度,但它们都有一个共同的特点,那就是都非常重视学生的初始质量,对学生的入口关进行

[①] UNESCO. International standard classification of education: ISCED 1997[EB/OL].[2018-5-2].http://www.unesco.org/education/information/nf sunesco/doc/isced_1997.thm.

严格把控，以此来保障新生符合高职教育的最初要求。它们之间的不同之处在于，在法国，那些符合条件的学生需要再通过严格的筛选与审核才能被择优录取，这样也能够保障学生的质量；德国要求新生在拥有相应学历的基础上，还要具备一定的实践能力，这一点展现了高职教育中的"高"的起点要求。

（二）毕业生质量

高职教育是一种从满足经济与社会现阶段以及未来的需求为目的的教育模式。因此，高职教育培养出来的人才既要具备熟练的专业技巧，又要具备扎实的理论知识。唯有如此，毕业生才能更加符合人才培养的质量标准。

毕业生质量能够在一定程度上体现高职教育质量，倘若毕业生的质量高，那么其就业率以及社会的满意度也会高，也就代表了高职教育质量高。所以，许多国家都非常注重对毕业生质量的把控，他们往往会通过资格考核的方式，来保障毕业生的质量，也就是从高职毕业的学生需要同时获得代表技术水平的等级证书以及代表专业知识水平的学历证书。

资格考核制度不仅能保障高职教育的质量，还能引导学生培养方向，是实现严格化与规范化的高职教育人才培养的基础。

1. 德国的"三证合一"考核制度

德国的高职教育实行"双元制"职业培训模式，学生需要在学校和企业分别接受教育和培训，他们也可以通过毕业考核获得高职学院的毕业证书、培训合格证书以及考试证书。

高等职业学校毕业证书属于学历证书，是高等职业学校颁发给完成学习任务的受教育者的文凭。

培训合格证书是一种由实训教师或培训企业为学生提供的"教学证明"。这种证明是培训企业以及学习场所专属的，它对毕业证书有补充说明的作用。它以培训阶段对学生专业水平、知识掌握程度的考察为基础，能够较全面地将学生的动手能力以及综合素质展现出来。

考试证书是学生在职业培训结束后得到的结业考试证明。它包含了许多不同的类别，如商业助理证书、助理人员证书、技术工人证书等，这些证书都是由行业协会等主管部门进行颁发的。

"三证合一"的模式可以最大限度地避免高职教育教学形式、学生职业素质单一性问题，还能够在多个层面上对学生的能力与知识进行评估。

2. 澳大利亚的技术资格证书制度

1995年，澳大利亚创建了全国统一的学历资格框架（AQF），实施资格证书制度。资格证书既是对个人具备的知识、达到的技能水平的证明，又是对个人在工作体验、培训、学习之后得到的学习能力或结果的肯定。学历资格框架是以相关的协会、企业、行业认定的能力标准为基础的。以TAFE高职院校为例，它授予6个职业教育资格等级证书。其中，1~4级证书的获得者应具备比较强的动手能力；5~6级证书的获得者应在前几级的基础上具备良好的处理问题以及技术分析能力。学生的每个等级的资格证书都是通过相应学分获得的，学生可以结合自己的水平与实际需求选择合适的学习等级与方式。

3. 两国之间的比较

这两个国家都非常重视考核毕业生的实际动手能力、专业技能与学历水平，并与企业、行业建立了非常密切的联系，以此保障毕业生拥有运用时代发展要求的技术能力。两者的不同之处在于以下两点：其一，澳大利亚采取的是累积学分的形式，学生不仅能够结合自己的实际情况选择技术等级，还能基于自身的发展需求升级技术等级，既满足了各个类型与层次的学生需求，又更好地保障了人才培养的质量；其二，德国基于多个角度，采用多种方式对学生的能力与知识进行考核与评价，实现了对学生综合素质的全方位考核。

第四节　高职教育质量保障的方法

一、高等教育质量保障方法概述

质量保障方法涉及"如何保障"质量的问题，它是所有国家使用的质量保障技术手段的总称。为了进一步保障并提升高等教育质量，世界各国采取了一定的技术策略。

世界上现行的质量保障方法分为四种，即评估、认证、审计和基准。

（一）评估

评估是一种价值判断活动，即判断客体对主体需求的满足程度。教育评估是一种判断教育活动对个体、社会需求满足程度的活动，即对教育活动的价值进行评判，并以此推动价值增值的过程。[①] 通常情况下，教育评估指对课程、专业或高校等展开系统评价与分析，并在最后提出质量情况以及改进的判断建议，它是现阶段各个国家普遍使用的保障方法之一。

（二）认证

在《国际高等教育百科全书》中，认证被定义如下："认证是由一个合法负责的机构或协会对学校、学院、大学或专业学习方案（课程）是否达到某既定资质和教育标准的公共性认定。认证通过初始的和阶段性的评估进行。认证过程的宗旨是提供一个公认的、对教育机构或者教育方案质量的专业评估，并促进这些机构和方案不断改进和提升质量。"[②] 总的来说，认证是判断高等教育机构自身及其课程、专业是否符合某一标准的重要依据。

（三）审计

审计检查的不是院校质量，也不是院校某个专业的质量，而是对高等学校保证自身学习计划质量的组织机构和方法技术进行检查和评估，以确定被评院校或专业是否有足够而有效的学术标准和质量管理程度。它主要包括审计准备、短期访问、审计方向和发布审计报告四个阶段。审计关注受审院校的教学质量、学术标准、学习系统和教师队伍等。审计报告关注的是受审院校内部质量保障措施是否健全和完善、各种质量保障措施对学生培养质量的影响。

（四）基准

基准是近年新出现的高等教育质量保障方法，它原本是一种工商管理方法，指将行业组织的一个或几个方面中的最佳行为作为基础标准，展开深层次的对比与分析，并基于自身实践进行创造性学习，从而调整、升级、超越基准对象，持续提升。[③] 作为一种进行自我完善与评估的工具，基准既能应用于高等教育的宏观系统的质量管理，也可应用于高等院校的各个层次和组织的质量管理，其目的主要是获得外部的参考坐标和良好的实践措施，诊断办学实践中的缺点和不足，以便改进。在高等教育领域，基准通常具有以下功能。第一，其是一种诊断性的工具，对质量进行判断；第二，其是一种自我改进的工具（也是质量管理和质量保障的工具），高等教育机构借此工具与其他学校进行比

[①] 陈玉琨.教育评价学[M].北京：人民教育出版社，1999：7.
[②] 张民选.关于高等教育认证机构的研究[J].教育研究，2005（40）：2.
[③] 茹宁：欧美高等教育基准法研究及其启示[J].宁波大学学报（教育科学版），2003（14）：5.

较，找出不足，加以改进；第三，其是一种开放和合作式的服务与过程评估，旨在学习良好的实践；第四，其是一种教会一所院校如何改进的方法；第五，其是一种持续性地与其他办学机构进行比较并改进的系统化过程。

二、发达国家高职教育质量保障方法比较

各发达国家在实施高等职业教育质量保障过程中，均至少采用了一种保障方法，有的甚至同时采用两种质量保障方法，以达到质量保障的目的。以下就以美国和荷兰为例，对两国所采用的具体的质量保障方法进行比较、分析。

（一）美国的认证与元认证

1. 认证

在美国，认证不仅是高等教育管理中至关重要的组成部分，也是保障与维持教育质量的重要方式。认证制度则是高等教育质量保障系统的重要构成因素以及提升、保障教育质量的重要手段，也是一种基于同行评估与高校自评的质量保障机制。在一百多年的发展过程中，美国认证制度产生了两种认证形式，分别是"专业认证"与"院校认证"，认证机构为民间的非营利性组织，分为专业认证机构、全国认证机构以及地区认证机构。其中，专业认证机构共开设了62个，主要负责进行专业认证，而全国认证机构与地区认证机构共开设了19个，负责进行院校认证，美国的各大高校可以自行选择是否接受认证，以及接受哪家机构的认证。

2. 元认证

元认证是对认证本身的再次认证，它是对认证机构实施的认证。此外，元认证也是教育认证制度中用来保障认证质量的重要机制，它能够通过认证认证机构的方式，来保障认证质量以及高等教育质量。

美国的认证机制是由联邦政府教育部部长的官方认证（简称官方认证）和民间与非政府认证（简称行业认证）构成的。

自1949年起，美国对认证机构实行全国性行业认证[①]，并由全国认证委员会负责实施，其目的在于对认证机构的不合理增加进行控制。1975年，美国成立了中学后教育鉴定委员会（COPA），它也是美国认证史上首个全国性的认证机构。它服务于全国范围内的专业性、全国性以及地区性的认证机构，并公

---

① DAVENPORT C A. Recognition chronology[EB/OL].[2004-3-10].http://www.aspa-usa.org/wp-content/uploads/2015/02/Davenport.pdf.

布认证程序以及认证名单。高等教育认证理事会（CHEA）于1998年开始接手COPA也开始对认证机构进行认证，并制定了新的认证程序和政策。[①]认证的主要目的有以下几个：鼓励改进、追究问责以及提升学术质量。从认证的要求及标准上看，它非常注重提升教育质量；从教育质量认证的角度上看，它注重高校的办学宗旨和认证标准的一致性，重视高校的自身特点。除此之外，它也非常重视高校的社会问责以及学生的学习成果。每次认证资格的有效期限为10年。

为了避免美国联邦政府资助学生款项被挪用或出现高校欺诈情况，美国国会要求联邦政府的教育专员将全国认可的认证机构名单进行公示，认可工作则由教育管理机构——教育办公室负责。美国联邦政府教育办公室在1979年被升格成了美国教育部（USED），其建立的主要目的在于保障美国联邦政府资助项目的质量，它只对学校认证机构进行认可。此外，只有那些完成了一次以上的认证活动，以及在第一次申请前至少进行了两年实际活动的认证机构才能够申请认可，对认证机构进行认可的主要目的在于保障认证机构对高校进行认证的质量。

因为USED与CHEA在认可出发点与目的上存在很大不同，所以大部分认证机构都选择了双重认可。

（二）荷兰的评估与认证

荷兰具备非常强的综合国力，它的高等教育体系非常完善，该体系主要是由国际教育学院、高等职业教育学院以及常规大学构成的，其中高等职业教育学院是主要负责实施高等职业教育的机构。荷兰具备全国性的法律与质量监控体系，其高等教育凭借着高质量享誉全球。

荷兰是欧洲首批将认证制度以及外部评估制度引入高等职业教育与大学的国家之一，其教育质量保障体系独具特色。认证和评估是其主要使用的质量保障方法。

1. 评估

评估制度是荷兰在20世纪80年代中期的高等教育管理体制改革中开始实行的。荷兰在1985年发布的《高等教育：自治与质量》中提出高校的责任之一便是进行质量评价，高校进行"自我调节"的关键条件便是形成系统的质量监管体系。高等教育组织要想得到经费以及管理自主权，就一定要使自身教育质量达到相应的标准，即"以质量换自治"。荷兰高等教育质量评估体系正是在这种新的管理模式下逐渐形成的。

[①] Robert G. Accreditation at a crossroads[J]. Education record,1996,66(4):22-24.

在最开始的质量评估中，高校只负责内部评估，而外部评估则是由高等教育视导团（IHO）来负责。随后，在高校和政府共同商议后，政府批准了高校自行制定校外质量评估系统。自20世纪90年代起，荷兰高等职业教育学院协会（HBO-Raad）开始负责高职教育质量的外部评估。它使用了"扇形"质量评估方法，这种方法主要包含内部自我评估、外部考察以及外部再考察等环节，该协会主要负责建立教育活动的信息系统、出版年度评估报告、组织考察小组以及相关评估会议。评估结果将被列入相关议程，以供荷兰教育、文化与科学部参考。教学质量是评估的重要内容，且需要围绕学术前景、学术和社会之间的关系、论文发表数量、学术活动的开展四个方面展开评估。

2. 元评估

元评估是对评估进行的再评估。元评估以评估本身为研究对象，对评估的结论、技巧、内容、指标体系、设计方案、指导思想等方面展开客观且综合的评价。元评估的主要目的在于使质量评估工作更加规范，尽可能避免评估过程中的失误，使评估工作更具准确性与科学性。

荷兰的高等教育视导团（IHO）为官方机构，它隶属于荷兰教育、文化与科学部，最开始的职能是对高等教育质量进行评估，但随着荷兰国内评估机构的多元化发展，它的功能产生了一定的变化。此机构自1990年起不再参与高校教育质量的直接评估，而是对高校的后续评估工作以及高职教育学院联合会与荷兰大学协会的校外评估工作实施再评估，也就是承担了"元评估"的任务。

3. 认证

荷兰的教育、文化和科学部于2000年建立了高等教育认证委员会，该委员会在《激励、实现和提高》中表示荷兰现行的评估制度并未发挥其应有的作用，引入认证制度并非是对原制度进行修改，而是要使其成为一种全新的制度，更好地监控荷兰高等教育的课程质量。荷兰政府于2001年颁布了《高等教育与研究法案》，明确规定了全部高职机构与大学所授予的本科及硕士学位都要得到相应的认证。此外，专业计划是认证体系中最基本的单位，学士和硕士计划、学术和职业计划需要分开认证，认证的有效期限是6年。认证具备强制性的原因在于，只有认证通过的课程才能得到政府的资金支持（只包含公立机构），毕业生才可以取得国家认可的学位。

（三）美国、荷兰两国之间的比较

虽然美国、荷兰两国在高等教育管理体制方面存在的差异使它们选择的质量保障方法有所不同，但是它们都十分关注质量保障工作，这一点主要体现在对质量保障工作的准确性、科学性、公平性以及保障机构的权威性、可信性的关注上，它们分别采取了以"原评估""原认证"为基础的、更高水平的技术手段——"元评估"与"元认证"。

美国实施"元认证"机制的主要原因在于高校可自愿进行认证，且可自主选择认证机构，再加上美国的认证机构设立相对容易，为了避免出现直接出售学历证书的现象，使认证机构的认证质量得到进一步保障，美国便将"元认证"放在了认证制度中至关重要的位置上。荷兰实施"元评估"机制的主要目的在于对评估机构的质量评估工作进行规范，对评估活动实施监控，以此来保障评估结果的公平与准确。

通过以上内容可以发现，尽管"元评估"与"元认证"的表述存在区别，但其具备相同的目的，因此有些研究人员把这两种机制合起来叫作"元评估"。

这两个国家所采用的"元认证"与"元评估"的不同之处包括以下两方面。一方面，在美国，"元认证"采用的是政府监管与教育行业自律相结合的方式，政府机构（USDE）与行业组织（CHEA）分别，通过各自的认证要求为认证机构保驾护航，而在荷兰，对评估机构进行监管的工作仅由政府负责。另一方面，荷兰为了弥补评估制度的不足，引入了专业认证制度，以此来使教学质量得到更好的保障，这种融合了认证和评估的质量保障方法，不仅可以全面、有效地保障教育质量，还可以使质量保障体系更加健全，这也是荷兰区别于其他发达国家的重要不同之处。

第三章 高职院校外部教育质量保障体系

第一节 高职院校外部教育质量保障体系的理论依据

一、影响高职院校教育质量的外部因素

高职教育教学质量的影响因素可分为两种：第一，外部因素，如传统观念和社会舆论、制度与政策、社会需求等；第二，内部因素，如教学内容、教师素质、培养目标等。其中，外部因素和高职教育的质量有着密不可分的联系，因此，本节先从外部因素进行分析，根据相关理论为高职教育外部质量保障体系的构建寻找理论依据。

（一）传统观念和社会舆论

1. 传统观念

传统观念是某个地区或民族的人在长期的生活积累和沉淀中产生的相对稳定的价值取向或心理特点，涉及经济、政治、教育、文化等多个方面。在人类生活中，很多方面都能体现出当地人民的传统观念，这些传统观念是影响人类行为的重要因素。从教育的角度来看，人们教育子女的方式、选择的教育内容等都会受到传统观念的影响，一旦这种教育取向成了教育观念，它就将成为传统观念的一部分，影响一代又一代人的教育选择。传统观念和培养新一代年轻人社会化是一致的，这样的一致性体现了传统观念对新时代发展的适应。在此过程中，传统观念的内涵得到了充实，人文价值也得到了提升，从而引发很多学科领域将其作为重要因素进行研究。

价值取向是传统观念的灵魂，它隐藏在人们的心理结构当中，是人们对事物进行衡量的基本标准，在很大程度上影响着人们如何评价教育的目的、作

用、方式和内容。因此，一个地区或者民族的传统观念也常常从他们的教育取向体现出来。

中国传统教育的教育对象主要是精英人才，并将"礼教"和"德政"作为教育的重点，强调如何做人，而不是做事，重道德教育轻实学教育。在孔子时期，主要的教育内容是"六艺"，还包括一些比较实际的教育内容。到了汉代，虽然独尊儒术，但也只将"礼、乐"这种维护朝纲的内容提取了出来。那个时候的统治者和学者将坐而论道的学问当成君子学的东西，认为生产生活方面的认识是小人学的东西。虽然后来在生活的压力下，这种"小人之学"得到了一定的普及，并对社会发展起到了一定的作用，但是这种教育更多的是流传于民间，靠的是师徒之间的传承和祖祖辈辈的传承，并没有被纳入正规的教育体系中。在当时的上流社会，只有通过科举考试走向仕途的儒家子弟才有机会出人头地，那些"实学之人"很少有被重用的机会。

到了近现代，我国在教育思想上发生了很大改变，随着人们思想的进步，教育体系也日趋完善，并慢慢营造出了科学、民主的教育氛围。不过，当时的社会处于转型阶段，加上政治制度和经济压力等因素的影响，注重完整学科体系的精英教育成了高等教育中的主流，而职业教育无论在生源、资金还是市场需求方面都处于劣势，这在某种程度上提高了传统教育观在人们心中的地位。当前，随着社会经济的发展，各行各业对高职人才的需求量逐渐增多，这就需要加强高职教育。然而，部分人仍然被传统的教育观影响着，往往把高职教育划分为次等教育，在对高职教育的质量进行评价时，其评价标准并不是社会的多元化需求，而是更注重将精英教育的质量观套用进去，这对职业教育的发展极为不利，也会严重影响高职教育质量管理的发展。

2. 社会舆论

高职教育质量评价受多种因素的影响，其中极为重要的一个因素就是社会舆论。社会舆论是通过大众传媒进行扩散的，会对公众的思想产生极为深远的影响，也会对高职教育的质量产生直接影响。社会舆论通常会从宣传与评价上影响高职教育的质量。在宣传方面，社会舆论对国家发展高职教育的制度和政策、高职教育的地位与作用、社会对人才的多样化需求、高等教育大众化阶段的质量观、高职教育的成果和办学特色等的宣传往往成为整个社会对高职教育的认识和支持程度的风向标；在评价方面，从国际高职教育质量保障体系的发展过程来看，社会舆论已成为参与高职教育质量评价的一种重要力量。社会舆论从大众视角反映社会对高等教育质量的期望，同时通过广泛的媒体资源表达出来，影响着公众的教育选择，鞭策高职教育适应社会需求，促进高职教育质量的提升。

（二）制度与政策

教育制度与政策体现的是国家意志，是国家有效地管理教育、实现国家意志、更好地调整教育内部与外部的关系，促使复杂的教育活动走向规范化和有序化的法律、法规、规定以及相关政策的总称。制度建设与政策导向的主体是代表国家意志的各级立法机构和教育行政部门，有时也可以统称为"国家"。

1. 制度是教育质量的基本保障

这里所讲的"制度"，主要指有关教育的法律制度、传统、惯例和规定的总和。高等教育要走管理法制化、决策民主化和科学化的道路。"法的作用不可忽视，我国高等教育要健康发展必须走法制化的道路，这是现代高等教育制度非常重要的一条。对于决策的科学化和民主化，我们做得可能还不够。"[①] 可以说，没有完善的法律制度保证，教育事业就不能顺利发展，更谈不上教育质量的提高。

教育法制是现代社会对教育的一种新型的调控组织形式，是19世纪末，伴随着教育的普及和发展而逐渐形成的一个法律调节领域。教育法制是实现教育国家化的重要手段，同时凭借法律制度来实现国家对教育的协调、指挥和控制是教育走上现代化发展道路的一个标志。教育法制充分体现了国家意志，并通过国家强制力来执行。国家正是通过法律贯彻有关教育目的、教育思想、教育发展方针、教育质量等方面的"意志"，从而对教育质量起到宏观的保障作用，最终使教育能够满足一定时期国家和社会对人才的需求。同时，法制对国家机关的权利、义务范围进行了界定，要求教育行政机关依法行政、依法管理，避免行政机关对其他教育法律主体权利的侵害，使教育的发展和质量接受来自社会的监督，提高教育质量管理的公平性和科学性。

2. 政策是教育质量的引导力量

教育政策往往体现着一个国家的教育指导思想、各类教育的定位、各类教育的比例、办学机制、办学途径、招生政策、就业政策等，影响着人们对各类教育的评价和认识。今天，高等教育大众化过程中数量与质量之间的矛盾突出，人们对高职教育的必要性和意义产生了质疑。那么，如何转变传统的精英质量观，引导高职教育走上特色发展道路？如何保障高职教育质量，充分发挥

---

① 周远清. 中国高等教育的改革与发展[J]. 清华大学教育研究，1997（1）：4.

高职教育对社会经济发展和社会稳定的作用？如何确立高职教育在整个高等教育系统中应有的地位，实现大众化高等教育与精英教育协调发展？这些都需要国家政策的宏观调控和引导。实践证明，国家关于高职教育以就业为导向的发展方针、特色质量观和周期性教学评估制度等政策的制定和实施，使高职教育更为规范，进一步适应了社会发展的需求。

（三）社会需求

这里所指的社会需求主要是社会经济增长对人才的需求，它要求高等教育的发展规模和内容与经济发展对人才的数量、层次、类型的需求相适应。我国高等教育的大众化是在政府主导下进行的，政府的制度、政策、资金支持对高职教育（高等教育的重要组成部分）的迅猛发展起着重要的作用。高职教育的大规模扩张是否适应了社会的需求，这是一个值得深思的问题。早期实现大众化的发达国家高等教育增长的动因主要来自政治民主化的影响以及国家间经济竞争的需要，我国高等教育大众化进程则明显带有政策导向特征。1999年，我国高等教育进行广泛扩招，当时正处于国民经济不景气的时候，人民群众没什么消费能力，就业形势也不容乐观。当时实行扩招政策的原因主要有以下几点：首先，教育年限的延长能够使部分学生延缓毕业，从而晚一些面对就业问题；其次，中国大部分家庭都比较重视教育，发展教育能够达到拉动内需的效果；再次，高等教育的规模扩大能够拉动市场，对经济的发展产生一定的作用；最后，从长远角度看，想要实现经济可持续发展，就必须储备更多的高能力、高素质的人才[①]。

可以看出，除了最后一点，前三点都是为了解决我国经济发展中面临的近期现实问题，是一种国家政策力量的引导，并不是说我国的经济增长真的在短期内需要大规模的教育扩张。这种扩张为我国高等教育大众化带来了一定的隐患。第一，当前就业问题的缓解会带来几年后更多的大学生就业问题，而几年后就业形势是否好转有赖经济发展的具体情况，不具有确定性。第二，高等教育规模的急剧扩大虽可拉动市场，但也需要国家大量的投入，国家在政策和财政上是否有能力确保如此大规模的高等教育质量。第三，新建的高等院校是否能够针对当前有限的人才需求总量、人才需求的层次和结构走上可持续发展之路。

为近期现实问题的解决提供服务是我国高等教育大众化的主要动因，在国

---

① 邬大光，赵婷婷.中国高等教育大众化问题研究[M].北京：高等教育出版社，2004：196.

家政策的引导下，我国大众化的启动比其他国家更为急促，也使高等教育大众化的整个进程面临着更大的挑战和压力。短暂的扩张过后，高等教育或许在一定程度上实现了作为社会子系统解决社会问题的目标，但从自身的发展规律来看，高等教育的长远发展还是主要依赖社会经济增长对人才的需求，并根据社会需求调整自身规模、层次、类型和培养目标。高职教育作为高等教育大众化的产物，在达到一定规模以后，势必要对其发展的动因进行反思，根据社会需求来确定教育的走向。

二、构建和完善高职院校外部教育质量保障体系的理论依据

（一）高职教育与社会的关系理论

教育在社会系统中是一个子系统，也是一种社会实践。教育实践是生产实践和科学实践的重要推动力量和必要的基础性因素，与社会实践的各个方面不是彼此分离的，它们一起共同构成了社会文明。

从高等教育的结构看，高职教育是高等教育大众化进程的主力军，是高等教育不可缺少的一部分。在精英教育阶段，高等教育属于社会稀缺资源，接受高等教育的是少数"社会精英"，高等教育的培养目标是为社会培养精英和统治人物。受教育制度和社会需求的时代限制，高等教育规模小、类型单一。在高等教育大众化阶段，高等教育不再是社会的稀缺资源，也不再局限于为社会培养极少数的精英。接受高等教育成为广泛群众的一种基本需求，这对高等教育的规模和类型都提出了新的要求。高职教育就是适应高等教育大众化的需求而蓬勃发展的高等教育，它为更广泛的群体提供了求学的机会，也为社会培养了多层次、多类型的人才。因此，从某种意义上讲，没有高职教育的发展就没有高等教育的大众化。

从教育与科技、经济发展的关系看，高职教育是传播科技知识，促进科技进步，进而推动经济高速发展的强大动力。科学技术发展推动了社会生产力的提升，促进了经济发展；教育在培养科技人才、传播科技知识的过程中，服务经济的功能日益显著；经济发展对科技创新和各级各类教育不断提出新的要求，并提供物质保障。现代化大生产越来越多地依靠科技进步，而科技进步无论从科技人才的培养来看，还是从科技成果的普及和应用来看，都越来越依靠教育来推动。从长远的社会发展战略看，教育是科技和经济发展过程中最基础的一环。从国外经验看，德国和日本能够走出两次世界大战后的衰败，在短短

的几十年里成为世界科技和工业强国,职业教育功不可没,职业教育一直充当科技进步和经济发展推动力,至今方兴未艾。从国内看,广东、江苏、山东等省自改革开放以来经济发展迅速,既是经济强省,又是职教强省,教育与经济互相促进,共同繁荣。当前,我国的科技和经济发展在地区间很不平衡,经济越落后的地方,教育越落后,人才素质越不理想,进而制约了经济的发展。为了实现科教兴国的战略,完成西部大开发、振兴老工业基地等历史使命,我国亟须培养大批各种层次和类型的包括一线技术工人在内的实用型技能人才,而高职教育无疑是满足这一社会需求的最主要的力量[1]。

从教育与文化、人口状况的关系看,高职教育是提高全民科技文化素质、促进人口结构合理变迁的重要因素。教育的发展必然根植于一个国家或民族的文化氛围当中,文化对于教育的发展理念、发展模式有深远的影响,同时教育将通过其后续的效应对文化产生反作用,丰富文化的内涵和底蕴,促进文化的改良与进步。高职教育的发展与管理是在我国传统文化的基础上进行的,高职教育通过人力资本的增值提高了广大人民群众的文化素养,并通过教育的创新与反思不断地引进新的文化理念,促进文化的开放性与多样性。人口对教育的影响主要表现在人口数量和增长速度可能给教育带来难题,人口迁移与分布制约着教育的规模、结构和层次。而教育对人口状况的反作用主要体现在两方面。一方面,教育事业的发展在提高人口素质的同时可以控制人口数量的增长。研究和试验表明,人口受教育的程度与生育率呈负相关关系。随着人口受教育程度的提高,生育率有下降的倾向。另一方面,教育事业的发展会促进人口的迁移,有利于人口的合理分布。这是因为教育事业的发展在调整人口职业结构的过程中起着重要的作用,可以大大增加人们对职业的选择性和适应性。当前,高职教育以其独特的培养方式正在成为推进我国城镇化建设的重要力量。

总之,高职教育的发展既推动了高等教育大众化进程,又在满足社会对人才的多样化需求、提高全民科技文化素质以及促进人口合理分布方面做出了重大贡献。关注高职教育发展,正确认识其内涵和特点,不断提高高职教育质量管理水平,是促进高职教育健康持续发展必不可少的环节,也关系到整个高等教育的繁荣和整个社会的进步。

---

[1] 胡德海.教育学原理[M].兰州:甘肃教育出版社,2000:359.

（二）教育管理法治理论

法制是民主社会运作的基础，教育管理法制化是现代科学管理的必然趋势。"现代教育行政管理就是一种法律管理。"[1]现代教育法律关系是伴随着现代教育立法的产生而产生的，现代国家对教育的干预主要是通过立法的形式，借助国家行政对教育的介入实现的。有法可依、有法必依、执法必严、违法必究是法制建设的基本任务，也是教育管理法制化的基本要求。

教育管理法制化主要有如下特点。

（1）严肃性。法律法规的制定十分严谨，而且无论制定、颁布还是执行，都要严格依法进行，绝对不允许任意改动和曲解，更不会因人而施。

（2）相对稳定性。法律法规在颁布以后，会在很长的一段时间内适用，并维护社会秩序。当然，其稳定性也是相对而言的，并不是绝对的，随着客观局势的变化，当很多法律法规不适用于当时的客观局势时，就会对其进行完善、修改或者补充，这样做的目的是维护法律的威严，使法律协调教育秩序的作用得到更好的发挥。

（3）强制性。法律法规的实施都是国家强制完成的。所以，不管是谁抑或什么组织出现了违法现象，都会强制执行，不得妨碍执法。

（4）规范性。法律法规对任何人和组织的行为都具有统一的规范性。在法律面前，人人平等。法律法规在言语表述上都是非常严谨的，对它的解释也只能有一种，任何人都不得曲解。

（三）教育供求理论

在现代社会中，供给和需求是时常被提及的两个概念，只要社会存在商品的生产和交换，供求关系就一定存在。在社会发展过程中，劳动力的生产和再生产已经成了必不可少的条件，和社会生产的过程产生了越来越紧密的联系。随着经济的发展，社会对教育提出了怎样的新要求？教育能为经济发展提供怎样的供应？这些新要求与供应又和市场经济又有着怎样的联系？如何根据这些关系构建更加完备的教育供求调节机制？这些都有必要展开讨论。

教育存在供求矛盾，即在市场机制的运作下，教育需求和供给在固定的市场价格范围内存在上下浮动的情况。从教育和经济的角度看，如果教育需求比供给大，市场价格呈上升趋势；反之，市场价格则会降低。如果两者一致，并

---

[1] 劳凯声.教育法论[M].南京：江苏教育出版社，1993：139.

且教育供给的价格可以被教育需求接受时,这个双方都能接受的价格就会成为中介,从而解决供需之间的矛盾。如果市场上的劳动力价格出现了增长,那么教育供给会随之增加,教育需求也会降低,所以就会出现一些受过教育的人没办法在市场实现交换的现象。这样的现象出现后,劳动力的价格就会降低,教育供给也会降低,而教育需求会呈现上升趋势。由此可见,教育的供给和需求之间产生矛盾的原因是劳动力价格变化。

在经济资源的配置上,市场所起到的作用是基础性的。目前,政府干预还无法被市场机制完全替代,还需要政府在经济、政策、法律等方面的干预平衡教育供求之间的矛盾。需要注意的是,这样的平衡调节是从宏观上利用法律与政策进行引导,从而达到管理教育和维护秩序的目的。

通过分析教育供求理论可以发现,在市场经济体制下,加强教育和经济之间的联系是非常重要的,经济的发展离不开教育,同时教育的发展要与社会经济发展的需求相适应,而且要根据经济的发展适当调整教育模式和内容。所以,我们不仅要重视市场对教育资源配置所起的作用,还要重视国家对教育资源配置的干预作用,进而使教育更好地适应社会的发展。在高职教育质量保障体系中,要树立多样化的质量观;在加强国家对高职教育质量把控的基础上强调市场的评价作用,让社会中介机构以及用人单位也进行评价。这样,才能通过高职教育培养出更多符合社会发展需要的优秀人才。

第二节 高职院校外部教育质量保障体系的发展状况与存在问题

一、我国高职院校外部教育质量保障体系的发展状况

中国的高职教育质量管理在很长一段时间里都是由行政部门主导的,办学的主体是教育行政机构,由教育行政机构负责制定质量评价标准,并对质量的高低进行检验。在教育体制的改革下,办学主体呈现出多元化的特点,同时办学模式变得更加多样化,这就使高职教育质量保障制度发生了一系列的变化。在长时间的研究和实践中,政府负责宏观把控,学校进行自我保障,第三方评估机构提供评估服务,根据社会需求进行调整的新的教育质量保障体系慢慢崭露头角。

（一）中国高职教育的管理体制

1. 高校设置办法及标准

在中国，要想建立一所普通的高等学校，必须先向教育行政部门提交审批，审批通过后，才能动工，建设的期限为 1～5 年。这里所说的高等学校指的是全日制大学、专科院校、独立学院和高职院校，其教育对象是通过国家正规考试的高中毕业生。高等专科学校和高职院校的设立要经过得到国务院授权的省级、市级或者直辖市政府的审批。普通高等学校的建立有两个审批阶段，即筹建时的审批筹建和正式招生时的审批。教育部会组织高校筹建评议会，对申报进行评议，然后做出是否允许筹建和招生的决定。审批通过后，将审批通过的时间作为起始时间，然后开始筹建，筹建的时间最少 1 年，最多 5 年。

其中，高职院校的设置办法如下。

在设置高职院校时，要在满足《普通高等学校设置暂行条例》的基础上，达到以下几点要求：第一，任职校长的专业技术职务要达到副高级以上，要有高等教育的管理经验和能力，且对高职教育非常熟悉。第二，建校以后，第一次招生的人数不能少于或等于 5 人。第三，专业技术职务在副高级以上的教师要高于专职教师总数的 15%，且这样的教师在每个专业都要配备 2 人以上；中级职务以上或者"双师型"的教师要配备 2 人；教授与主要专业相关课程的中级职务以上的教师要配备 2 人。第四，要配备与专业相关的教学器材，教学器材的总价值不能低于 1 000 万元；在教学总课时中，实践课时要占其中的 50% 左右，实训课程的开出率不能低于 90%；校内必须建有每个专业所需的技能训练场地和实践基地。

高职院校在校的全日制学生人数不能少于 2 000 人，新成立的学校必须在 5 年之内达到这一规定。

新建立的高职院校通常以 ×× 职业技术学院来命名，而且高职院校的英译名和中文名是统一的。

有关高等职业学校的设置，先由省级人民政府或国务院有关部门申报，经全国高等学校设置评议委员会评议通过后，由教育部审批。

2. 职业教育法

20 世纪 90 年代以后，我国不断推进政治体制改革和教育体制改革，在这样的时代背景下，职业教育在管理上发生了很大改变，主要包括依法执教、管理权下移、学校办学自主权加强等。1996 年，在《中华人民共和国职业教育法》颁布后，高职教育的地位、发展方向以及管理制度都得到了确定。1999 年

6月《中共中央 国务院关于深化教育改革全面推进素质教育的决定》发布，要求加大简政放权的力度，提高省级人民政府发展与管理本地区的权利以及统筹力度，使高职教育和本地经济社会发展的联系更加紧密。2002年8月24日，《国务院关于大力推进职业教育改革与发展的决定》发布，要求推进职业教育管理体制改革，建立并逐步完善国务院领导下的分级管理、地方为主、政府统筹、社会参与的职业教育管理体制。通过立法规范、政策推动和行政落实三步走的策略，逐步形成了中央和省级人民政府两级管理、以省级人民政府管理为主的新体制，并重视教育资源与地方经济社会发展的结合，以提高教育质量和办学效益。

我国的高职院校历经几十年的发展，在高校的总数中已经占有很高的比例，对促进我国经济发展做出了巨大的贡献。很多高职院校由我国独立设置，这些院校取得了很多成果，在社会的发展中发挥了巨大作用，并且形成了一套比较完备的管理体系，总结出了很多有价值的管理经验。此外，如今我国正在扩大高职院校的办校规模，迫切想要实现高职教育普及化以及与国外的优质院校联合办学的目标。为了尽快达成这些目标，高职院校也在不断进行内部管理制度方面的改革，尤其是院系两级管理的改革。

所谓高职院校院系两级管理模式，指的就是高职院校以院系两级机构建制为基础，授予系部一些职能，然后根据这些职能把人权、物权和财权进行下放，转变以往的管理模式，将管理模式的主体由职能部门变成系部。学校对系部进行统一领导，系部在总体的目标框架和发展思路上要和学院相一致，同时学校会给予系部相应的工作权限，使其实现自主管理和自主发展。也就是说，学校要建立宏观调控和微观调控相结合的管理运行机制，实现教育资源的合理配置，使院系的工作热情与活力被激发出来，从而提升管理效率，提高办学水平。

调查结果表明，随着我国教育环境的不断改善、学院教育实践进程的加快，高职院校的两级管理被赋予了新的内涵。在高职院校中，两级管理中的两级分别指的是学院和系部。学院是事业单位的责任方，它可以独立享受民事权利和义务，同时要独立承担法律责任；系部受学院管辖，属于学院的基层单位，无论是在行政管理方面，还是在教学方面，都要接受学院的管理，而且在行使教育管理职能时不能超出自己的权限范围。在管理层次上，处于领导地位的是学院，学院是一级管理，会对管理进行宏观调控，系部要在它的领导下开展工作，而且要在被赋予的权限内行使权利。

对于高职院校内部的管理而言，两级管理属于一种新的管理体制，是以职责为依据来分工的一种组织形式，其内容包含权限划分、分工结构、机构设置、相关制度等。具体来说，设计和划分权力等级是两级管理的重点。不管是什么组织系统，其内部都有着明确的权力等级，而且这个权力等级会提前将决策的范围规定好，然后授予执行者决策权，这样更有利于执行者明确自身的决策范围，以保证决策计划顺利实施。组织系统在执行决策方案时会分轻重缓急，这就要求设计、划分系统内的权力等级，处于不同权力等级的执行人按等级的顺序进行决策。

（二）中国高职教育的质量评估

1. 学校评估开始作为一种重要手段

1985年，《中共中央关于教育管理体制改革的决定》发布，要求把学校评估作为国家及教育管理部门加强对教育的宏观指导和管理、规范学校办学行为的重要手段。20世纪90年代，评估更是成了政府转变职能、扩大学校办学自主权以及在社会主义市场经济管理体制下推行科学管理的重要措施。由于职业教育在国民经济和社会发展中的作用越来越重要，加上职业教育在发展过程中出现了教育质量不高、办学特色不明显、办学形式单一等问题，1991—1996年国家对中等职业学校（包括技工学校、中等专科学校和职业高中）进行了多次评估，包括合格评估、水平评估等。这促进了中等职业教育的改革和发展，也开创了我国职业教育评估的先河。

2. 对高等教育评估工作的具体规定

为了加强对高等教育的管理和调控，使其适应社会的发展，并在办学水平和质量上有所提高，我国于1990年发布了《普通高等学校教育评估暂行规定》，对评估目的、评估任务、评估程序、评估机构等方面做了具体规定。在经过了一段准备期以后，我国在1994年正式开始对高等学校进行教学评估。也是从这一年开始，1976年以来建设的本科院校都成了合格评估的对象。1996年开始对一些办学久、水平高的重点院校开展优秀评估。从1999年开始对处于普通院校和重点院校之间的学校开展随机性水平评估。2002年，教育部将合格评估、优秀评估和随机性水平评估三种方案合并为一个方案，即《普通高等学校本科教学工作水平评估方案（试行）》。自2002年起到现在，对普通高校教学开展评估工作时，依然使用该评估方案。

3. 高职院校试点评估工作的开展

随着高等教育大众化进程的推进，高等职业教育得到了快速发展。然而，在其规模不断扩大的同时，如何提高教育质量成为中国政府和社会关注的重要问题。2003年9月，教育部启动了高等职业院校人才培养工作水平评估的试点工作，完成了对25个省市的26所高职高专院校的评估。这项工作的启动进一步完善了评估方案和操作规程，锻炼了专家队伍，为今后实施五年一轮的评估工作奠定了基础。为了进一步提高高职教育的评估水平，使高职教育评估工作持续健康开展，教育部发布了《教育部办公厅关于全面开展高职高专院校人才培养工作水平评估的通知》（教高厅〔2004〕16号）（现已废止），并颁布了《高职高专院校人才培养工作水平评估方案（试行）》《高职高专院校人才培养工作水平评估工作指南（试行）》《高职高专院校人才培养工作水平评估专家组工作细则（试行）》等一系列针对高职高专教育特点和高职高专院校现状的评估指导性文件。

4. 教育部高等教育教学评估中心成立

2004年10月，我国成立了教育部高等教育教学评估中心，其主要职能就是组织教学评估工作，它由教育部直接领导，具备独立法人的资格，其工作职能具体包括以下内容：第一，按照教育部制定的教育方针、教育政策，以及评估体系对高等院校的教学及专业教学工作开展评估工作；第二，组织和评估与工作相关的理论研究，参与制定相关的法规、政策，参与教育改革；第三，开展和评估工作相关的培训活动及对外交流活动。总之，教育部高等教育教学评估中心必须认真履行自己的职能，做好五年一次的评估工作，并且每年要统计与高等院校教学质量相关的数据同时将其公之于众，还要积极探索专业学科的评估方案，促使高校根据评估的结果增设新的专业，对学位点进行审批，制订招生方案以及与政策相关的激励机制。

自教育部高等教育教学评估中心成立以后，政府的管理职责与管理方法就发生了转变，即摒弃了以往的微观事务管理方式，开始采取更适应当前教育发展需要的宏观决策管理方式。政府不再采用审批式的管理方法，而是转变为通过信息、经济、评估等方式进行管理，从宏观的角度对高等教育进行管理和指导。此外，教育部高等教育教学评估中心的成立势必会对各省、市以及高校起到一定的带动作用，使其更加关注评估组织机构的建设。教育部高等教育教学评估中心的成立以及五年一次的评估制度的制定都体现了我国教育质量保障体系正在不断完善与发展。

5. 综合评估和专业评估共同保障高职教育质量

近年来,随着政府机构的改革和职责的转变,很多专业性的教育评估组织像雨后春笋一样建立起来,目前建立评估组织的省市大约有十几个,还有的省市虽然没有建成,但也在建设的过程当中。国家对这些地方性的评估机构予以肯定,并且积极开展学术论坛,对社会力量参与教育评估在理论与实践方面是否可行的问题进行了讨论。校内结合校外的教育质量评估体系即将诞生。教育部不仅要组织高职院校人才培养水平的评估工作,还要关注专业教学的评估,然后努力探索将其与专业认证和职业认证结合在一起的质量保障机制,调动社会力量,让各行业的协会、学会等参与到评估工作中。这样,综合评估将与专业评估一起为高职教育的质量提供保障。

二、当前我国高职院校外部教育质量保障体系存在的问题

要想使高职教育健康可持续地发展,就要在教育质量上把好关。如今,社会各界对高职教育的质量都有着一定的要求,并且,高职教育本身存在着一些问题,因此,我国越来越重视高职教育的教育质量问题,将保障高职教育质量工作摆在了重要位置,对相关的法律法规也进行了完善,还在此基础上开展了评估工作。然而,因为我国高职教育起步比较晚,质量保障方面也没有很多的经验,加上受到了社会体制改革的影响,所以目前高职教育质量保障体系还存在一些问题。下面对当前我国高职院校外部教育质量保障体系存在的问题展开具体分析。

(一)指导思想问题

指导思想在高职教育中有着十分重要的作用。然而,指导思想在落实上存在着各种阻碍,主要是因为受到了一些传统思想以及社会舆论的影响,从而使高职教育没能按照指导思想来发展,产生了一些偏差。目前存在的主要问题是在高职教育的定位上出现了高移的倾向。出现这一问题的原因有两个方面:第一,由于受到传统思想的影响,人们更加看重传统学科,并追求高学历,一些高职院校为了迎合这一观念,开始盲目攀升,这就使高职教育失去了自身原本的特色,教育功能也由此变得更加复杂。虽然从多样化的高职教育功能角度看,这样的现象符合社会发展的需求,并且在一定意义上实现了教育民主化,但是并不一定有利于高职院校的可持续发展,因为这样的改变并不能展现出高职院校自身的优势,也给教育评估工作带来很多麻烦。第二,由于我国高职教

育的发展时间较短，在评估工作中往往借鉴本科院校的评估方案，直接照抄照搬本科评价指标体系，这就使评估工作受到本科院校评估工作的影响，导致出现了高移倾向。

（二）制度建设问题

我国高职教育在实现评估制度化和规范化的道路上经历了多次探究和实践，制定了很多相关的政策和法律法规，为高职教育明确发展方向和发展定位提供了帮助，为高职教育质量提升提供了助力，教育部高等教育教学为构建高职教育质量保障体系框架提供了帮助。但是，目前制度建设方面仍存在一些问题。

（1）高职教育评估开展的时间较短，一般是借鉴普通高等教育评估的经验，还没有专门针对高职教育评估的系统性法规文件。

（2）随着评估工作的不断实践，以往制定的一些法规条款并不适用于当前的高职教育，同时暴露出了一些问题，需要进一步完善和改进。

（3）对于一些重要问题，目前还没有足够的法律对其进行保障，如推动专业评估、政府职能的变动等。同时，目前的法律法规还不能保证评估市场规范化的实现，也不能保证协会和中介机构能对高职教育发挥重要作用。

第三节　高职外部质量保障体系的构建

一、树立科学的评估观

价值判断是评估的核心，由于每个人、每个评估组织的评估观都存在着异同，因此在评估同一个事物时，可能会出现不同的评价。评价一个教育层次的人才培养水平也就是评价其人才培养的质量。通常情况下，人们认为教育层次越高越好，对教育投资越多越好，向高层次教育进修的学生越多越好，教师的学历越高越好。这样的观念长期存在于我国的教育发展中，无时无刻不对人们产生潜移默化的影响，导致人们将高等教育视为精英教育。但随着我国高等教育的普及，我们不难发现这样的观念是片面的。

我国高等教育向大众化发展的道路上，高职教育起着主力军的作用。可以说，如果没有高职教育，我国的高等教育就谈不上大众化。大众化的实现要以多样化作为前提条件。高等教育的多样化体现在培养目标和培养规格的多样化上，因此对于不同目标和规格的院校要制定不同的评估标准和质量标准。此外，教育质量并不是一个固定的概念，而是动态性的，在不同时代，其质量的要求也是不同的，因此制定的评估标准不能一成不变，应该在不同的要求下不断改进。另外，还要树立正确的评估观，这样才能制定出科学合理的评估标准。正确的评估观包括以下几点。

（一）质量标准多元化的评估观

在评估过程中，对当前高职教育人才培养的层次、类型和多样化的学习需求、多样化的办学主体与形式要有一定的了解和认识，改变以往将是否实施精英教育作为评估高职院校教育质量的旧观念，取而代之的是多样化的、以市场标准为导向的质量评估标准。

（二）评估主体多元化的评估观

高职教育的发展活力受多个因素的影响，其中高职教育与社会、市场需求结合的程度与其有着直接关系。在评估工作中，评估主体是多元化的，要想对市场、社会的需求有一个清晰、实时的掌握，就必须充分发挥用人公司和中介机构在教育评估中的重要作用。在两者的共同参与下，从高职院校的办学条件、人才培养水平等各个方面对其做出客观且全面的评价。

（三）重视办学特色的评估观

对于高职教育质量而言，其重要的衡量因素就是是否具有特色，且培养的人才是否符合社会发展需求。所以，在评估工作中，除了要综合评估以外，也要注重专业评估，促使高职院校办出自己的特色，以符合社会的需求。

二、完善高职教育的法治环境

马克思主义哲学告诉我们，实践是认识的基础，认识来源于实践，同时认识指导着实践的进一步开展。我国高职院校评估工作刚刚起步，相关法规、政策不成熟是可以理解的。完善高职教育质量保障体系的法治环境需要经历一个实践、认识、再实践、再认识的较长的探索过程。

针对高职教育质量保障工作的现状，完善法治环境需要关注以下几方面。

（1）将现存的与高职教育相关的法律法规以及文件进行整合，形成一套比较健全的教育法规体系，使高职教育在任何方面都有法律法规提供指导和保障。在质量保障方面，要根据高职教育的特点制定相应的质量标准和保障方案，完全为高职教育服务，促使高职教育的质量得到更好的保障。

（2）法律法规要对政府以及其他评估主体的职责加以明确，从而为高职教育的质量提供政策和法律保障。此外，要正确处理综合评估和专业评估、内部评估和外部评估的关系，为建立高职教育质量保障体系提供制度保证。

（3）加强立法工作，为政府转移职能创造良好的法律和政策环境。同时，依照社会主义市场经济规律和依法行政的基本要求，参照改革开放以来政府职能在其他方面（如政企分开）转移的经验，进一步探索和总结政府职能在高职教育评估中转移的内容、方法和途径。

要达到以上目标，不仅需要一套完备的静态法律法规，还要在制定过程、宣传、监督、法律文化的建设以及法律的动态发展方面花大力气，使之为不断发展的教育事业提供有力的保障。

三、评估主体多元化

评估主体的多元化是指改变原来政府部门为单一评估主体的状况，强调政府的宏观管理职能，发挥教育评估中介机构和社会各界在评估中的作用，以保证评估的客观公正。高职教育是与区域经济紧密相关的就业性教育，高职教育质量评估更需要政府以外的社会组织参与，开展中介性高职教育评估，以保证其公正性和客观性。中介性高职教育评估是相对独立的评估主体在价值主体的广泛参与下，以多元化价值观为准则，对高职教育活动中形成的实际价值做出判断，它是高职教育机构与政府、社会之间关系的纽带，并对三者的关系起到协调和平衡的作用[①]。由于中介性评估由独立的评价机构承担，兼顾了社会多种价值观，并接受各方面的监督，因而可以克服行政性评估中难以避免的种种缺陷，对教育质量及办学水平做出客观、公正的价值判断。

在我国，随着市场经济体制的发展，高职教育投入的多元化以及高等教育体制改革的不断深入，评估主体多元化已成为社会发展的必然趋势。

（一）改进和加强教育行政部门的宏观管理职能

政府在干预高校内部管理时，要适当降低干预的程度，政府在行使自己的职能时要有法可依，使高校可以根据法律办学。国际和国内的实践经验都告诉我们，政府可通过多种手段对教育加强宏观管理，如制定与评估相关的法律法规、顺利开展评估工作、综合运用评估的结果等。政府要想更好地对高职教育的质量加以把控可从以下几点着手：

---

① 陈玉琨.论高等教育评估的中介机构[J].中国高等教育评估，1998（2）：9-14.

（1）制定并完善法律、法规以保证评估的开展有法可依。同时，明确评估的意义、目的和作用，确立其他评估主体（评估中介机构、行业协会等）的地位和作用，为其他评估主体的成立和发展创造可行性条件。通过委托或授权使其参与到评估中，并及时总结经验，完善各项规章制度。

（2）教育行政部门主要负责对和评估相关的法律的制定、完善和执行情况进行监督。

（3）利用经济手段，通过制订规划、拨款等方式直接或间接地对高等学校进行激励和规范，使高职教育发展与经济社会发展需求相适应。

（4）政府要抓好"再评估"或"元评价"，即按照一定的标准，运用科学方法，对教育评价方案、教育评价结果和获得结果的过程进行分析，从而对教育评价做出价值判断，也就是对教育评价的科学性、有效性和现实性等进行评价。政府通过"再评估"对教育评估中介机构进行监督和管理，以保证其运作的规范性和评估的科学性。

（二）切实发展专业性的教育评估中介机构

教育评价中介机构以其独有的中介性和社会性在高等教育质量监控体系中担负着接受委托、质量鉴定、信息反馈、社会沟通等社会服务职能。因此，要重视教育评估中介结构的发展。

（1）国家要在法律法规、政策方针上支持或授权教育评估中介组织开展活动。国家要赋予其合法的权力和地位，尊重其评估结果，以保证其评估活动的权威性。

（2）教育评估中介机构必须精心组建通晓高职教育规律和富有评估经验的专家队伍，这是影响评估活动质量的关键。

（3）教育评估中介组织只有坚持中立的原则，才能发挥中介功能，提高评估的效度，完成联系政府、社会和教育机构的使命。

（4）教育评估中介组织必须加强自身制度建设，制定工作规范，使评估活动制度化、规范化、科学化，保证教育理论与实践相结合、教育行政管理与学校办学相协调。

（5）教育评估中介机构应注重信誉，视政府、学校和社会为平等的"主体"，在评估过程中要用"超然"的精神对被评对象做出客观的评价，确保评估结果的公平和公正。

总之，教育评估中介组织的运行要充分体现规范性、独立性、专业性、公正性和协调性等基本要求，同时强化内外政策制度建设，保证其有序和高效地运行。

（三）发挥社会评估的作用

社会评估更侧重结果，社会评估就是社会上的一些公司和单位根据毕业生的情况做出评价。高职教育不是封闭的，它不仅和工商界、人才市场有着密切的联系，还与各类投资人和资金会的关系十分密切。社会是教育的权益相关者，所以它有资格对学校的办学水平和教育质量进行监督。

在高职教育质量保障中，社会评估的作用主要如下：第一，以评估的结果为依据，为一些学校提供一些办学资源和设备等，也可以提供资金上的帮助；第二，对社会的需求以及人员的情况进行反馈；第三，参与到相关的质量评估当中，然后由专业的中介或者评估组织来认证；第四，利用大众媒体来评估高校在社会上的名声。

四、评估类型多样化

（一）继续做好综合评估

1. 评估方案

评估方案的制订必须以教育方针为依据，并且其内容要符合对人才培养的要求。同时，评估方案要反映高职教育的一般规律，要体现当前国家相关的改革路线以及发展趋势，并且鼓励学校始终将服务作为办学的宗旨，始终把就业作为办学导向，努力办出自身的特色，走产学研相结合的道路。

2. 评估专家队伍

评估专家不但要熟练掌握高职教育的一般规律，有一定的管理经验，而且在教育评估方面要具有一定的经验，取得过一定的成绩，获得过专业认可。同时，评估专家还要有长远的眼光、端正的工作态度、良好的工作作风，并能用客观、理性的眼光看问题。因此，必须建立一支高水平的评估专家队伍。这就需要对相关评估人员进行培训，其目的是提高评估人员的素质和能力，使评估人员树立正确的价值观，以此确保他们在评估工作中能够给出公正的评估结果。

3. 评估过程

第一，要将学校自评作为评估的基础。评估工作可以分成学校自评、专家组考察以及学校整改三个阶段。在第一个阶段，学校通过自评来总结工作中存在的问题,再针对这些问题提出改进的方法。另外,自评也是鼓励教师和学生共同参与学校管理和建设的手段,在自评过程中有必要将自评内容逐项与指标进行对照,同时注意从整体上对指标的内涵加以把握,防止出现就事论事的情况。另外,在自评时,不要局限于指标的内容,教学工作的方方面面都要考虑周全,这样才能从整体上提高教学质量。第二,要遵守民主公平的评估原则。在评估过程中要尊重每一位专家提出的意见,然后根据学校存在的问题提出切实有效的改进建议。同时,为了确保评估的公正性,对于不符合标准的学校要据实记录。实践表明,严格按照规程办事,根据标准进行评估,是对自己工作的负责,也是对国家高职教育的发展负责。第三,坚持"以评促建、以评促改、以评促管、评建结合、重在建设"的方针。虽然质量保障非常关键,但是建设才是根本需要。学校要以评估的指导方针为依据,结合评估的结果来确定接下来的工作方向,根据教育规律明确办学思想,提高办学水平和管理水平,加强基本建设,从整体上提高办学水平。

4. 完善评估机制

对于学校来说,不竭的发展动力是很关键的,而要产生发展动力,没有机制作为保证是不行的。从宏观角度考虑,制定一套完善的评估机制是非常重要的。要想使评估工作实现制度化,必须做到以下几点:第一,制定五年一次的评估制度;第二,每年将评估数据进行公布,并且把制度和评估紧密联系起来;第三,推动学校加快脚步改进人才培养质监体系。通过以上手段,建立良好的评估体系。

(二)积极推进专业评估

1. 政府的重视

2004年,我国成立了教育部高等教育教学评估中心,想要借此机会带动相关政府部门成立相应的评估组织和机构,积极引导中介组织参与到评估中去,将国家、高校、社会相结合,形成立体化的质量监控体系,逐步探索将专业评估与专业认证、职业资格证书相结合的质量保障体系,鼓励各个协会参与到评估工作中,使评估结果更加全面、科学。为了使评估的主体更加丰富,并为专业评估指明发展方向,教育部颁布了《普通高等学校高职高专教育指导性专业目录(试行)》(以下简称《目录》)、《普通高等学校高职高专教育指导性专业目录管理办法(试行)》,于2005年正式实行。这在我国高校专科层次专业设置管理中第一次填补了我国高职高专教育专业目录的空白。《目录》所列专业是根据高职高专教育的特点，以职业岗位群或行业为主、兼顾学科分类的原则进行划分的，并兼顾了与本科目录的衔接，共分为19个专业大类，下设78个二级类，下分为532个专业。《目录》的制定和颁布不仅有利于国家加强对专业设置的宏观指导和管理，还会帮助高职高专院校更好地行使办学自主权，正确引导人才培养模式，促进教学内容、教学方法与手段的改革，不断提高教育质量。另外，《目录》也指导学生妥善选择专业和用人单位正确选用人才。

当前国家部委以及一些省市针对高职教育的建设和评估工作已经展开了实践，如国家高职高专精品专业建设项目、部级高职高专专业教学改革试点专业、上海高职高专专业教学改革试点、广西高职高专教育专业设置管理办法（试行）的实行、部分地区高职高专精品专业评估活动的开展等。以上项目的开展不仅使高职院校在专业改革方面的积极性更强，还为其以后的发展方向指明了道路，从微观上使高职教育更加符合社会的需要。

2. 发挥社会评估机构的作用

由于专业是学校与社会职业岗位需求相衔接的结合点，因此专业的设置和质量评估除了要参照学校自身的培养目标和办学条件之外，还要接受来自各行业协会和社会团体的监督。当前，我国已有十几个省和地区成立了中介性教育评估机构，比较典型的有江苏省教育评估院、全国高职高专校长联席会议、各类教育学会（协会）、香港学术评审局等。这些半官方或民间的评估机构和团体，通过参与评估、学术论坛等形式为我国新一轮的教育质量评估注入了新的血液。另外，广东管理科学研究院的武书连及其课题组自1993年就开始进行的"中国大学评价"以及网大公司（ww.netbig.com）从1999年开始推出的每年一度的中国大学排行榜等开创了民间团体和大众传媒对大学社会声誉和学术地位等教育质量要素参与评价的先河，丰富了高等教育评估的结构体系。

当前，我国社会评估组织只进行了小范围的实践，在运行规律、自身建设等方面还没有形成完整的体系。不过，对于教育质量管理而言，社会评估组织是不可或缺的，它们始终会参与到质量评估工作中去。原因主要体现在以下两个方面。第一，在设置高职教育的专业时，不只是简单地考虑专业知识或者理论是否完整，而且更加看重知识是否实用且具有针对性，将市场作为导向，以不同地区经济发展的不同要求为依据，所以在专业设置上更具灵活性。如何更好地把握灵活多变的职业需求，这就需要与社会联系紧密的社会组织和机构出谋划策。第二，如今我国高等教育的管理权被下放到各个行政部门，政府职能在慢慢发生改变，在这种情况下，就需要成立一些专业且权威的社会评估组织代替政府行使社会管理的职能，和地方教育行政部门通力合作，并互相监督、互相促进，从而使质量管理的水平得到提升。

（三）发挥大学排行榜的作用

1. 大学排行榜对高等教育质量保障的意义

（1）大学排行的历史。为大学评价并排名始于美国。1983年，《美国新闻与世界报道》率先推出全美大学排名，每两年一次，1987年后每年一次。其主要评价指标有学术声望、录取率、校友捐款数、毕业率、师资等，一共有18项指标，被公认最具有权威性。1986年，英国政府与民间相结合的半官方组织"大学基金委员会"开始对大学选优排序，并由《泰晤士报高等教育副刊》逐年推出其评定的大学排行榜，并出版一册《泰晤士报好大学导引》。英国大学排名的显著特色在于评价指标的多元化，甚至多达200多项。1984年，法国设立"科学、文化和职业公共高等学校国家评估委员会"，代表国家对大学选优排序。此外，日本《钻石周刊》、加拿大《麦克林》杂志、德国《明镜周刊》、中国《亚洲新闻周刊》等每年发布本国（地区）的大学排行榜，而且大都是由民间机构完成的。

在整个世界范围内，通过大众传媒以及社会上的组织给大学排名已然成了惯例。虽然国外的这些排名因为各组织不同的评价标准和计算方法而存在一定的差异，有的评价标准和计算方式与实际情况也相差较大，但是排名机制已经比较成熟了，所以得出的结果能有比较大的认同度，这对国家的教育投资、国家教育政策的制定、学生的择校等方面都有着非常大的影响。

虽然我国对大学排名问题一直没有明确的规定，但是从政府对学校的资金投入上能看出相关教育行政部门对大学进行了一定的排名。1985年，《中共中央关于教育体制改革的决定》提出对高校的办学质量加以评估，我国的一些媒体和机构开始根据国外大学排名进行分析和比较，并基于此经验，根据国内大学的获奖情况、科技论文数量等对其进行排名。中国管理科学研究院科学学研究所最早对中国大学进行排名，1987年9月13日，该研究所在《科技日报》发表了《我国科学计量指标的排序》，文章对国内的87所高校进行了排名。1992年，国务院批转了《关于加快改革和积极发展普通高等教育的意见》，公布了"社会各界要积极支持直接参与高等学校的建设、人才培养、办学水平和教育质量评估"的要求之后，社会开始热衷对大学进行排名，这样的影响也越来越广泛。除此之外，还有一些报纸、杂志等也对中国前100名或者前10名的大学进行了排序。自2000年开始,"网大"借助先进媒体这一优势,使中国大学排名备受社会各界关注。

总体来讲,我国已有的大学排名可以分为三类。

第一,由政府或有关部门选择部分大学进行重点建设或给予特殊政策而形成的排名。比如,在某些大学设立研究生院,审批"211工程"重点建设的大学等。我国政府对大学的评估是只选优不排序的行为,是对重点与非重点、先进入重点和后进入重点的一种行政划分。

第二,由某些研究机构或媒体依据科学计量指标对大学进行的排名。比如,中国科学技术信息研究所自1989年开始每年公布一次上一年度的"中国科技论文统计与分析"简报,高等学校与科研院所对学位与研究生教育评估所进行的一级学科选优评估等。这种类型的评估采用国际公认的科学计量指标等评价高等学校的基础研究实力,其结果是客观的。但是,这种排行所选取的指标较单一,只反映产出等某一方面的情况,不能反映高校的整体水平。

第三,个人或者社会团体对高校进行综合研究,从而形成的大学排名。其中,武书连(广东管理科学研究院研究员)及其研究团队开展的中国大学评价最具代表性,互联网公司的年度中国大学排名也是比较典型的。这种排名具有全面的评价指标,以产出为主要因素,以投入为辅助因素,旨在对高校的综合实力进行全面反映。由于是综合性的大学排名,所以排名结果具有广泛的影响力和争议性。

(2)大学排名的社会意义。虽然我国大学排名在数据采集的准确性、数据处理的权威性和科学性方面并没有得到广泛的公众支持和认可,但毕竟这些排名对一部分人来说还是有一定参考价值的,同时在方法论上有一些创新,所以对大学进行排名对社会的发展还是有积极意义的。

首先,从学生以及家长的角度来说,大学排名对他们选择大学具有一定的参考价值。

其次,可以促进高校的竞争,引导教育资源流动。大学排名可以引入竞争机制,反映学校存在的问题和改进的方向,向社会公布各校的实力,从而使学校勇于进取。

再次,排名会引起对高等教育质量评估体系和高等教育发展规律的探讨,有利于高等教育质量保障体系的完善。

最后,排名能够引起大众对高等教育的关注。每年一次的大学排名往往引起社会公众的焦点讨论。高等院校的名次可以为其争取生源、师资、经费、社会捐助等教育资源，从而促进社会资源向高等教育领域的倾斜。

2. 对高职院校进行排名的建议

中国教育部向来不赞同给大学排名，并且不承认民间组织的排名，被排名的高校也对排名结果提出过很多质疑，使现有的大学排名不具权威性，难以得到社会各界的认可。高职教育是高等教育的组成部分，不过高职教育评价实行的时间比较短，因此排名还没有达成共识。笔者认为，即使当前的大学还没有规范的排名，科学的体系也尚未形成，但它依然是具有一定意义的评价方法，只不过需要恰当的方式开展。

（1）高等职业教育的评价和排名由教育评价机构以及一些非政府组织进行。因为这些机构是独立存在的，并且具有专业性，所以这些机构可以确保评估的结果具有科学性和公正性。

（2）比起综合排名，专业排名的意义更大。由于高职院校的历史、区位和资源条件不同，因此在发展模式以及专业设置上存在较大的差异。专业排名有助于引导高职院校向专业化的方向发展。虽然综合评价也能够对高校的整体水平进行反映，但相较于高职院校应用型技术人才培养的外部教育的专业排名，它的社会参考意义是比较小的。

（3）要分区域进行排名。高职教育和区域经济有着一定的联系，不同的地区在结构与类型上对人才的需求是不一样的。另外，不同地区的教育条件也不同。所以，分地区进行排名才更具现实意义。

第一，高职教育质量外部保障体系与高职院校内部保障体系一起构成高职教育质量保障体系，共同发挥对高职教育质量的监控作用，且外部保障体系起着促进高职教育与社会利益相关人之间信息交流的作用。

第二，正确的质量观和科学的评估观是高职教育质量保障的思想基础，应贯穿内部保障和外部保障活动的全过程。

第三，教育法制化建设是完善高职教育质量保障体系的制度保障，也是当前的迫切需要。

第四，评估主体多元化是提高评估的客观性、公正性的重要途径。政府不是大学评价的唯一主体，学校、社会各界和教育评估中介组织也可以是评价主体，各方应根据自身的优势进行分工、合作，促进高等教育质量保障体系的科学化。

第五，不同的评价主体应根据自身的特点和优势，采用数据信息发布、质量审核、专业认证、大学排行等多种评价方式和手段，并将这些手段有机地结合起来，为公众获取高职教育信息搭建桥梁，为促进高职教育适应社会需求引路导航。

第四章 高职院校内部教育质量保障体系

第一节 高职院校内部教育质量保障体系的构建

我国把构建高职院校教育质量内部保障体系,提高高职院校教育质量作为提升我国综合国力、应对国际竞争的重要手段。我国高等职业教育随着社会市场经济的大发展实现了"量"的跨越式发展,但在我国高职院校"量"扩大的同时没有伴随"质"的显著提升,因此在中国把社会经济推向"以质量求生存,以质量求发展"的时代主题下,构建高职院校教育质量内部保障体系,提高高职院校教育质量仍是我国高职院校当前和未来很长一段时间工作的战略重点。

一、高职院校教育质量内部保障体系的构建原则

研究和探索高职院校教育质量内部保障体系的构建原则在于使相关主体能够自觉地遵守相应的规则或标准。基于我国高职院校的特点以及发展的社会环境,确定构建高职院校教育质量内部保障体系应该遵循的原则有以下四个。

(一) *科学性原则*

科学性原则是指构建高职院校教育质量保障体系必须要在科学理论的指导下,在突出高职院校教学质量保障体系的"高教性"和"职业性"的基础上,运用科学的思维与方法,使高职院校获得最大的发展。高职院校是经济社会发展到一定阶段的产物,高职院校内部教育质量保障体系是高职院校的重要组成部分,构建高职院校内部教育质量保障体系应该遵循职业教育的发展规律。具体来说,主要有以下几点:首先,应该结合我国社会市场经济发展的特点以及当地区域经济的发展特点,以实现成本最小化、收益最大化作为构建高职院校质量保障体系的出发点,科学、合理地构建高职院校内部教育质量保障体系。在构建高职院校教育质量内部保障体系时,如果开展质量保障活动所需要的成

本大于收益，那么质量保障体系的构建无疑是不科学的，因此在构建高职院校内部教育质量保障体系时，应该在合理构建的基础上采用最优的方案，在保障高职院校教育质量的基础上，使高职院校能够实现最大的收益，最大限度地提高教育质量。其次，由于不同社会发展时期与不同区域经济对高职院校的人才培养目标与人才培养类型的要求不同，质量保障体系应该根据社会经济的发展变化、区域经济的发展特点以及高职院校自身的特色来构建，使高职院校培养出来的人才能够适应社会市场需要、促进区域经济的发展。最后，质量保障体系的构建还需要坚持科学的方法与理念，紧跟时代的潮流与发展，这样才有助于提高教学质量，切实落实技术技能型人才培养目标。

（二）系统性原则

高职院校是以就业为导向，面向生产一线，培养既具有理论知识又具有操作技能的综合型素质人才。对于构建我国高职院校教育质量内部保障体系，最应该遵循的原则就是系统性原则，其是高职院校内部教育质量保障体系构建的基础，高职院校教育质量内部保障体系是一个复杂的系统，只有把高职院校教育质量内部保障体系看成一个整体，全面分析高职院校内部教育质量保障系统的各个要素，把影响高职院校教育质量的各个因素进行有效的控制、系统的分析、从整体上进行把握，采取理论与实际相结合的手段，才有可能优化高职院校内部的教育资源配置，才有可能构建由点及线、由线及面的全方位、多层次、多渠道的高职院校教育质量内部保障体系。高职院校教育质量内部保障体系是由许多子系统组成的一个整体，是一个系统，在构建高职院校教育质量内部保障体系的时候应该把提高整体教学质量作为准绳，协调各子系统之间的相互关系，全面考察教育质量保障活动的各要素以及这些要素之间存在的关系，把影响高职院校教育质量的各个因素和各教育环节紧密联系起来，全方位进行把握，把高职院校各个分散、各自为政的部门整合起来，形成一个相互作用、相互促进的有机整体，这样才能够实现整体的教学质量的提高。要落实技术技能型人才培养目标不能仅仅依靠某一个子系统发挥作用，需要高职院校的各个子系统相互协调，形成教育合力，共同发挥作用。

（三）多元主体参与原则

高职院校教育质量是学校各个方面、各个部门、各个环节的综合反映。多元主体参与性原则是指使各相关主体都参与到体系运转的过程中来。高职院校教育质量的提高、技术技能型人才培养目标的落实是各相关利益主体有效参与的结果。在构建高职院校教育质量内部保障体系的过程中，任何一个相关利益主体参与质量保障工作的程度、参与质量保障工作的积极性都会直接或者间接影响高职院校教育质量保障工作的开展。因此，要使高职院校所有利益相关主体都参与到教育质量保障的工作中来，要充分调动他们的积极性，不断加强对他们的思想教育，提高他们的思想素质，要使他们意识到全员参与质量保障工作的重要性，提高全员的质量意识，使高职院校的领导、教师、学生以及行业企业人员等人人关心高职院校的教育质量，人人自觉积极地参与到高职院校教育质量保障工作中。各利益主体有不同的利益需求，如高职院校是为了能够切实落实技术技能型人才培养目标，能够在实现"量"的扩张的同时实现内涵的提升，以求在激烈的竞争中树立自身品牌特色；教师是为了能够提升教学技能与完善教学方式，提高课堂教学质量；高职院校的学生是为了能够提升实际动手操作能力，提高就业竞争能力。由于不同利益主体的目的不同，质量保障工作的开展过程中应该实现让他们在保障自身利益的同时互相监督，以稳定提升高职院校的教育质量。

（四）持续改进原则

随着社会的不断发展进步、综合国力的日益提升，社会市场经济对人才的要求越来越高，高职院校人才培养目标需要随着社会经济结构升级转型而改变，这就要求高职院校的教育质量需要不断提高，教育质量保障体系需要持续改进，切实落实技术技能型人才培养目标。由于高职院校教育质量需要随着社会市场经济的需求不断提高，其内部教育质量保障体系应该遵循的一个重要原则就是持续改进原则。社会在不同的发展时期对人才培养类型的要求不同，如在改革开放时期，我国急需培养一批能够直接面向生产岗位的技术工人；在步入信息时代的今天，需要培养一批能够面向生产一线，既具有一定的理论基础知识又具有一定动手操作能力的高技术技能型人才。鉴于此，高职院校内部教育质量保障体系的构建应对社会市场经济的变化有一定的灵敏性，能够根据市场经济对人才的需求及时对教育质量保障体系进行改进，并从多方面、多层次、多渠道保障教育质量的提高、技术技能型人才培养目标的落实。

二、高职院校内部教育质量保障体系的重要组成要素

在构建与探索高职院校质量保障体系的过程中，高职院校质量保障体系的组成要素是其中一项重要内容，只有清楚了高职院校质量保障体系的组成要素，

才能为高职院校内部质量保障体系的建设与发展提供重要抓手，不断提高高职院校教育质量，实现高职院校的可持续发展。要不断提高教育质量这一高职院校办学的生命线，需要高职院校不断改进教育质量保障体系，需要学术界不断探索高职院校质量保障体系的发展规律，需要政府不断加大宣传与引导的力度。

高职院校教育质量保障体系分为外部保障与内部保障两个方面。内部质量保障体系主要是指由学校自发建立起来的保障教育质量、落实技术型人才培养目标的质量保障体系，外部质量保障体系则主要是指由政府、国家教育部门以及社会等对学校教育质量开展的监控和评估等活动。各高职院校越来越意识到构建质量保障体系在提高高职院校教育质量、落实技术技能型人才培养目标上的战略位置，因此许多高职院校纷纷建立了质量保障体系。

高职院校质量保障体系的重要组成要素包括专业目标定位、课程建设、师资队伍、培养过程、学生就业质量五个方面。这五个方面不是孤立存在的，而是相互联系的。高职院校质量保障体系就是根据最终的培养目标，对这些组成要素进行调节、控制，使活动结果朝着预期的方向发展。

（一）专业目标定位

《教育大辞典》对专业目标定位的解释是各专业对人才培养的具体要求。专业目标定位直接决定高职院校的课程建设、师资队伍、人才培养过程以及学生就业质量，因此高职院校的专业目标定位处于质量保障体系的核心地位。"职业性"是高职院校专业目标定位的一个重要原则，行业企业的要求是制约高职院校专业目标定位的重要因素。在过去很长一段时间里，一部分高职院校为了突出"高教性"的特征，专业目标定位存在高移的现象，照搬普通高等教育专业目标定位，会导致高职院校教育质量保障体系不能切实发挥出有效的作用，不能切实落实技术技能型人才培养目标。因此，制定具有高职特色的专业目标定位是当前急需落实的主要问题。有了科学的专业目标定位，高职院校质量保障体系才能根据专业目标定位的特点，充分发挥保障教育质量的作用。高职院校是为特定岗位培养技术技能型人才，每个专业对人才的要求不同，因此高职院校的每个专业的培养目标存在一定的区别，培养定位应以每个专业为依据，而每个专业又与社会的人才市场需求密不可分。

高职院校作为与市场经济联系最紧密的教育机构，高职院校的专业目标定位应该具有鲜明的职业教育特点，既要根据社会市场经济的需求和特定岗位的需求来设置，又要与行业产业、职业岗位相对应，并且专业目标定位要以区域市场经济的发展需求为导向,把社会市场经济的直接需求与各特定岗位的要求当作高职院校专业目标定位的直接依据,保证高职院校的专业目标定位与行业企业对人才需求有较高的契合度。由于社会市场经济发展较快,社会信息化程度逐渐加快,各行业企业对专业人才的要求也不断变化,高职院校的专业目标需要根据各行业企业的需求进行适时的调整。

高职院校培养高素质技术技能型人才大概需要3年的时间,但由于社会市场经济发展较快,对人才的要求也随之发生变化,例如,在改革开放时期,我国急需培养出一批能够直接上岗,具有实际动手操作能力的技术型工人;随着社会经济的快速发展,人才培养质量不断优化,当今社会需要高职院校培养出一批具有创新思维能力的高素质的技术技能型人才。因此,高职院校专业目标定位需要具有一定的超前性和前瞻性。首先,高职院校应该对每个专业岗位进行深入分析,准确把握各个岗位的需求,对高职院校专业目标进行实时的改进,使高职院校培养出来的技术技能型人才能够符合社会市场经济的需求。其次,高职院校是加快区域经济发展、为区域经济培养特定人才的一种职业性教育。高职院校需要根据本区域行业产业技术的变革和市场发展方向,对人才所需的专业理论知识、技术技能,对相应的岗位规定等进行预测分析,使高职院校专业目标定位能够紧跟区域经济的发展。最后,高职院校要加强对专业目标定位的预测能力,要能够准确分析来自行业、企业的信息,通过分析来自行业、企业的信息提高预测的准确性与针对性。

(二)课程建设

课程是高职院校教育教学活动开展的基础和载体,抓好高职院校的课程建设对形成高职院校的品牌特色、保证高职院校的教育质量、落实技术技能型人才培养目标具有重要的作用。加快高职院校课程建设速度是完善高职院校内部教育质量保障体系,促进高职院校内部的自我发展、自我提高,并保障高职院校可持续发展的重要途径。要使高职院校的课程建设在质量保障体系中发挥出应有的作用,高职院校的课程建设应该注意以下几点。

首先,教学理念、教学方式和课程开发等应该以学生为中心,把学生当作学习过程中的创造者,而不是接收者,同时改变传统的灌输式教育,多渠道、多方面听取学生的想法和建议。高职院校的课程建设应考虑学生的实际需求,促进学生的全面发展,基于促进学生全面发展的落脚点,在教育过程中应充分发挥学生的主动性和凸显学生在教学过程中的主体地位。高职院校的课程开发应该根据学生的实际需求,通过深入分析学生适应职业岗位的一般性需求,以培养符合社会发展需求的具有高职特色的技术技能型人才为目标,把社会进步和学生个人发展的需求有机结合起来,逐渐建立和发展以培养学生实际操作能力为导向的课程,使高职院校的课程开发真正具有高职特色,真正突出以学生为中心。其次,加强高职院校的精品课程建设。精品课程建设是高职院校深入贯彻落实"质量工程项目"的有力举措,也是切实加强高职院校内涵建设和突出高职院校职业性的有力举措,这是高职院校教育质量提高的关键,也是高职院校教育质量保障体系有效运行的关键。高职院校精品课程建设是一项长期的系统性工程,因此在创建精品课程之前需要进行合理的规划,并且前期规划要注意把精品课程建设与高职院校的定位和目标相结合。在申报精品课程成功之后,还需要对建设成果进行后期的追踪、评价与完善,根据社会市场经济需求不断调整课程,使精品课程能够紧跟行业专业岗位的发展趋势。最后,强化对高职院校课程质量的监控和评估。在对高职院校课程进行监控和评估的过程中必须结合高职院校的现状与特点,突出高职院校的职业性特征,不仅要对高职院校的理论课程进行监控,还需要对高职院校的实践课程进行监控。学校相关部门需要在遵循国家宏观政策的前提下制订课程建设方案和课程教学大纲等,并制定相应的课堂管理与建设标准,以文件的形式在全校发布。学校各院系要遵循学校的规定和标准开展课堂教学,学校质量保障的相关部门则对课程进行评价,有针对性地找出课程开展过程中的可取之处和不足,使高职院校的课程建设有科学的依据,从而不断提高课程的质量。

(三)师资队伍

一个国家或地区的经济发展水平、技术能力高低和社会创新能力的高低,与该国家或地区相关教育机构的能力建设、人员素质以及人员的能力高低有着密切的联系。高职院校质量保障体系的有效运行需要数量充足、素质过硬的教师队伍。高职院校教师作为学校教育教学活动的主要承担着、组织者、实施者,作为在构建高职院校教育质量保障体系中的关键因素,自身素质的高低直接影响高职院校整体办学水平以及技术技能型人才培养目标的落实。因此,高职院校需要以提高学生的培养质量为核心内容,在促进高职院校教育质量稳步提高的同时保证高职院校的师资队伍能够同步发展。从某种深层次的意义上来说,高职院校的教师与普通高等教育的教师存在一定的区别性,高职院校的教师更具有"专业性"和"职业性"的特点,要想充分发挥高职院校教师在教育质量保障体系中的作用，就要提高高职院校教师队伍的整体质量。具体应做到以下几点：

首先，需要根据高职院校的特点公布教师的入职标准，优化高职院校教师的来源渠道，提高高职院校教师理论与实践相结合的能力。由于我国高职院校起步较晚，在师资队伍结构建设方面还存在一定的不足。我国高职院校教师招聘依然参照普通高等院校，大多是从"校门"到"校门"，对高职院校教师的工作经验没有硬性的要求，教师准入资格相当宽泛，许多高职院校教师普遍存在的一个问题就是缺乏实际的工作经验与动手操作能力，这在很大程度上阻碍了教师队伍的专业化进程。为保证高职院校教师队伍的质量，制定科学的入职标准已经迫在眉睫。要从源头上提高高职院校教师队伍质量，就需要打破高职院校教师以高校毕业生为主的社会现象，规定高职院校教师需具备一年或一年以上工作经验，并从行业企业聘请有实际操作经验的技术岗位人员担任高职院校的兼职教师，从根本上促进高职院校教师队伍的专业化。其次，深化校企合作，使高职院校和企业进行全方位、深层次的合作，建立产业与企业对接制度和教师定期到企业进行实践的制度。企业操作技术娴熟的工人定期到职业院校进行指导，疏通高职院校和企业之间的双向流通通道，有计划地提高教师实际动手操作能力和理论联系实际的能力，使教师能够了解企业一线最新的生产技术。高职院校的教师也要带着教学中的疑问到企业进行实践，通过在实际的操作过程中把自己平时在教学过程中遇到的问题在实践的过程中进行有机结合，解决自身疑问的同时不断更新自己的知识储备，真正有效地提高高职院校教师实际动手操作能力，从根本上解决高职院校教师实际动手能力不强的问题。最后，完善高职院校教师队伍的激励机制。高职院校要建立一支用得上、留得住的优秀教师队伍，要建立一支凝聚力、向心力较强的教师队伍，就需要建立一套能够吸引优质人才的激励机制。高职院校的教师与普通高等院校教师相比，在福利待遇等方面稍差，这在很大程度上导致高职院校留不住优秀的人才。因此，要提高高职院校教师的福利待遇和社会地位，提高他们成为职业院校教师的积极性，从而建设一支稳定的师资队伍。学校还应该增加投入，改善学校的硬件设施、实验环境等，为高职院校的教师提升自己的专业能力提供物质基础。

（四）培养过程

制造业是我国国际竞争力的直接体现，是我国社会市场经济发展的根本动力。当前，我国制造业面临的两个突出问题是环境和资源方面的制约以及国际社会的激烈竞争。在这样的社会背景下，我国提出向制造强国迈进。要实现这一战略目标，需要大批能够面向生产一线的创造型技术人才，而创造型技术人才的培养需要高职院校质量保障体系保障人才的培养过程，把工匠精神融入人才培养的过程中，实现高职院校的五个对接。我国社会存在的一个突出矛盾就是社会市场需求与人才培养质量的供需结构性矛盾，实际表现为企业难以招到能够直接上岗的技术型人才，大部分毕业生面临就业难的现实困境。造成这一现象的根本原因在于学校的人才培养过程和社会实际需求相脱节，高职院校培养出的人才在某些方面不能满足企业的实际需求。因此，培养出符合社会市场经济需求的具有可持续发展能力的技术型人才是我国高职院校当前急需解决的问题。当前，我国正处于从制造大国向制造强国迈进的过渡时期，要实现这一成功转型，需要将产业需求、技术技能等融入高职院校的人才培养过程中。高职院校质量保障体系的根本出发点和落脚点在于促进学生的全面发展、提高学校的教育质量、提高学生的综合素质与技能、树立高职院校的品牌特色，而实现这些目标的关键在于高职院校的人才培养过程，因此人才培养过程是高职院校质量保障体系的重要组成部分。要有效发挥质量保障体系的作用，保障高职院校人才培养的全过程就需要做到以下几点：

首先，要保障高职院校人才培养过程就需要实现高职院校办学理念与学生诉求之间的顺畅对接，这就需要对高职院校的学生开展针对性教育与个性化教育。其中，个性化教育是以受教育者的个性差异为重要依据，根据每一个学生的特点找到他们发展的独特领域，主要目的是让学生个性得到充分发展。高职院校目前面临的一个最大挑战就是生源多渠道和整体质量差。鉴于此，高职院校应该根据现实情况，重新调整人才培养过程，实现人才培养观念的转变，把个性化教育作为今后较长一段时间的工作任务，把实现每个学生的个性化发展作为高职院校人才培养过程当中的重要环节；要了解学生在家庭背景、学习需求、成长环境等方面的区别，根据他们的实际特点制订学习计划与人才培养方案，使他们都能够得到针对性的培养，从而获得可持续发展。其次，要根据高职院校的特点和时代发展的特征以及突出高职院校的"职业性"制定人才培养过程的评价标准，有了人才培养过程的评价标准，高职院校人才培养过程才有制定的依据，高职院校质量保障体系才能切实发挥作用。高职院校人才培养过程评价标准的制定应该与实际工作岗位相对接，要从工作岗位的实际需求与核心能力出发，实现高职院校人才培养过程的标准化、规范化。最后，要加大对高职院校办学资源的投入。高职院校的办学资源包括课程建设、师资队伍、实践基地等，这些都是高职院校人才培养过程适应行业企业转型升级需要的关键性因素。教师队伍差、教学资源不足等是导致高职院校人才培养过程与市场经济需求脱轨的重要原因，而优秀的教师队伍与充足的教学资源投入为高职院校人才培养过程提供了必备的物质条件。

（五）学生就业质量

很长一段时间，我国职业教育把就业率的高低作为调控专业设置和是否扩大学校招生规模的依据，因此很多高职院校把学校工作的重心放在了提高学生的就业率上。但是，当高职院校的就业率逐渐提高到90%以上以后，高职院校的学生就业形势依然面临较大的困境。面对这一现实，许多高职院校才逐渐意识到就业率仅仅是一种反映就业数量的数据表现形式，只能反映就业状况"量"的方面，而不能反映就业状况"质"的方面的内容，不能真实反映学生就业状况是否良好。比起就业率，把就业质量作为描述我国高职院校学生就业状况的指标更加具有科学性。对于高职学生来说，就业质量比就业率更加重要，就业质量的高低不仅会影响学生以后的生活，还会影响他们专业能力的提升，与此同时，如果企业长期使用廉价劳动力可能忽视对技术的研发，难以获得可持续性发展。整体来看，高职院校学生就业质量受专业目标定位、课程建设、培养过程、师资队伍等因素的影响，只有高职院校质量保障体系切实发挥了作用，才能提高高职院校学生对就业岗位的适切性，才能够提高高职院校学生的就业能力，进而提高高职院校学生的就业质量。也就是说，高职院校应该把学生的就业质量提高到战略高度。要从根本上解决高职院校学生就业难的问题，需要做到以下几点：

首先，加强实践教学环节，提升高职院校学生的就业竞争力。高职院校为社会市场经济培养生产一线的技术技能型人才，但在经济新常态社会背景下，由于国家经济转型、产业结构升级，对高职院校提出了更高的要求，高职院校需要根据宏观的社会环境及时调整学校的专业设置，增加学校的实践教学环节，按照社会要求更新实践课程，不断增强学生的实际动手能力，提高学生的就业能力。此外，高职院校还可以推进产教深度融合，建立高职院校和行业企业利益共同体，进而提高学生的就业质量，使企业能够积极主动地为高职院校的学生提供合适的岗位，提升高职院校学生的就业竞争力。其次，根据高职院校的特点，构架具有高职特色的就业指导体系，对学生做好全方位、多渠道、深层次的就业指导工作。高职院校应帮助学生认识到当前我国的就业政策和就业形势，引导学生根据自身的实际情况树立正确的就业观念和择业观念，要让他们意识到高等教育已经由精英化教育转变为大众化教育，就业形势越来越严峻，必须根据社会实际状况和客观现实选择更适合自己、更具有发展前景的工作岗位，实现人力资源在社会上科学合理的配置。除此之外，高职院校还要对学生进行心理层面的指导，要使学生在激烈的求职竞争过程中保持积极良好的心态，能够以更好的状态面对成功和失败。最后，需要在高职院校内开展创新创业教育，提高学生的核心竞争力。创新创业教育是提高学生综合素质的关键因素，是对高职院校学生进行分阶段、分层次的创新思维和创业能力的教育。高职院校需要针对学生开设创业模拟课程，启发学生的创业意识，使学生具备必需的创业素质与能力。需要注意的是，创新创业教育的出发点和最终落脚点都是为了提高学生的综合素质与能力，学生只有内化了创业教育，并付诸行动，才能从根本上提高高职院校的就业质量。

三、高职院校内部教育质量保障体系构建步骤

面对我国从"中国制造"向"中国智造"转型的时代背景，我国高等职业院校的教育质量如何更好地服务经济发展的方式、如何更好地适应企业结构转型升级成为当前迫切需要解决的问题。落实技术技能型人才培养目标，构建高职院校质量保障体系是一条可行的路径，而构建高职院校质量保障体系的首要任务就是厘清高职院校质量保障的步骤。

（一）明确目标

构建高职院校质量保障体系的一个前提就是明确质量保障体系的价值取向与最终目标。高职院校质量保障体系的价值取向实质上蕴含了要构建什么样的质量保障体系，高职院校质量保障体系的最终目标则是要为社会市场经济培养合适的人才，要把学生培养成技术技能型人才。具体到某一高职院校来说，要从深层次上理解学校的办学理念、人才培养目标、学校专业特色、构建质量保障体系最终的目标等。这是构建质量保障体系的基础，也是高职院校质量保障工作开展的起点。

构建高职院校质量保障体系价值取向与最终落脚点都是为了促进学生的发展，提升学生的综合素质，培养符合社会需求与促进国家发展的高技术技能型人才。高职院校质量保障体系以切实保障人才培养目标、提高教育质量为最终准绳，运用有效的方法，使教育质量呈现螺旋上升的状态。价值取向在很多时

候不仅是一种观念性的把握，还是一种人们为了实现最终目标而采取的一系列实践活动。很多时候，人们就是通过实践活动来体现价值取向、实现价值目标的。高职院校质量保障体系的价值取向应贯穿质量保障工作的全过程，规范各主体的行为方式，影响高职院校的发展方向。这就意味着明确价值取向与最终目标是构建质量保障体系的必然要求。

（二）明确工作内容与基本要求

明确质量保障体系的工作内容与基本要求是构建质量保障体系的基础。高职院校是为市场经济与行业企业培养能够从事生产一线的具有创新能力的综合型技术人才，质量保障体系的工作内容与基本要求要根据学校的定位与市场经济的实际需求来确定，只有对实际工作岗位进行分析以后，才能知道哪些是高职院校质量保障体系工作的重点，才能体现高职质量保障工作的特色。

对于大多数高职院校来讲，构建质量保障体系只是一种手段，提高高职院校教育质量、切实落实技术技能型人才培养目标、实现学生的综合素质发展才是最终目的。要实现从手段向最终目标转化，必须明确质量保障体系的基本要求与工作内容这个中间环节。

高职院校的质量保障体系的工作主要有以下几点：首先，要对学校的教师、学生等相关利益主体进行正确的质量意识引导，使他们树立高职院校的教育质量就是高职院校发展的生命线的意识。其次，需要通过质量保障体系及时获得全面准确的反馈信息，并通过反馈信息了解高职院校整体的运行情况，对整个高职院校的教育过程进行实时、实地的监控。除此之外，高职院校需要对校内工作的运作、成效、缺陷与不足等进行检查，需要根据相关标准判断高职院校的教育教学工作是否达到既定的标准和达到标准的程度，并对存在的问题提出相应的改进措施，以保障高职院校的教育教学工作的顺利运行。最后，高职院校质量保障体系需要发挥对整个教育教学工作的监督、检查功能，督促高职院校朝着既定的目标与方向发展，各院系以及教育行政部门也要确保学校的各项工作按照预定计划进行。

（三）明确各单位权利与职责

根据高职院校质量保障体系的价值取向、最终目标、各工作岗位的具体目标，确定各工作岗位人员具体的工作职责以及绩效考核标准。分工合理、相互协调、相互配合、相互制约、环环相扣的科学分工是高职院校质量保障体系高效运行的关键。高职院校质量保障体系的构建需要凝聚学校各部门、各岗位教育工作者的力量，需要不断改进教育方式、不断完善与改进各工作部门的管理。要让所有成员意识到各部门明确自身权利与职责的重要性，在不同的部门之间形成明确的分工，既要使各部门积极承担起相应的工作任务与职责，防止各部门之间相互推脱工作职责，又要注意对各部门进行科学引导与鼓励，帮助他们树立完成工作的自信心，使他们能够提高自身的工作效率。

在制定各单位职责的时候，高职院校要注意突出分级负责的领导体系，对不同层级的部门进行明确区分。例如，校领导在构建高职院校质量保障体系时具有决策职能，担任对质量保障体系宏观设计与指导的职责，确定高职院校质量保障体系的整体框架以及目标；教务处在质量保障体系中担任督导、检查与保障教育质量的职责，负责对各系部工作进行督导并对工作的完成情况进行检查；各系部需要按规定开展学院的教学工作、实施一线教学、开展实践教学等。因此，高职院校各单位的职责概括起来就是领导层面落实要有力，督导单位要合力，各院系部门落实要尽力。建设高职院校质量保障体系的相关规章制度与规定，对学校的各单位形成监督与约束机制，规范高职院校的教学过程和各部门的工作执行过程，这是构建高职院校质量保障体系的重要环节。各单位的工作任务与工作职责确定以后，需要制定相应的规章制度与工作条例，使各单位工作人员自觉遵守学校的规章制度，而制度与条例的制定要在遵循国家宏观政策制度下，结合区域经济发展的特点以及高职院校的特色，既要突出制度与条例的规范性，又要突出制度与条例的引导性。

（四）相关人员配备及培训

高职院校质量保障体系相关人员的工作培训不应该仅停留在开展讲座等纯理论的培训方式上，需要寻求有效的员工工作岗位培养模式并且对不同工作岗位的工作人员采取不同的培训方式，保障各个工作岗位培训方式的针对性。例如，在对高职院校督导小组的成员开展培训工作时，要让他们明白督导工作不仅包含督教，还包含督学，要注重对高职院校全过程的督导，还需要组织督导队伍的小组成员去有特色的高职院校观摩学习；在对高职院校教师进行培训时，不仅要对教师进行理论知识的培训，还需要高职院校的教师深入企业一线学习、掌握当前最新的生产工艺，提高专业技能和实践动手能力。

通过对各个岗位员工进行对应的工作岗位培训使他们能够明确自己的工作职责，更快地适应工作岗位，提高工作效率。对高职院校质量保障体系相应工作岗位人员培训的内容如下：介绍高职院校的发展历史、规模以及未来发展趋势，介绍高职院校质量保障体系的地位及功能，使他们意识到高职院校质量保障体系对提高高职院校教育质量的重要性，提高他们的质量意识，激发他们工作的积极性；介绍高职院校的各项规章制度和岗位职责，使他们在工作中能够遵守学校的规章制度；介绍高职院校质量保障体系的各个部门，使他们能够在以后的工作中准确地与各部门进行联系与沟通，并且能够对工作中发现的问题及时向相关部门反馈；使高职院校质量保障体系担任不同工作岗位的工作人员熟悉并掌握完成本职工作所需要的工作技能和相关信息。

（五）建立健全质量保障体系

高职院校质量保障体系是一个复杂的系统，因此需要从实际情况出发，合理吸收与借鉴普通高等院校的办学经验，充分发挥行业企业的作用，以加快高职院校质量保障体系的建立。

要建立一个科学、高效运转的质量保障体系需要切实做好以下几点工作：第一，要根据高职院校的特点，从高职院校的实际情况出发，建立健全质量保障体系。高职院校与普通高等院校的人才培养目标存在一定的区别，高职院校培养的是面向生产一线的技术型人才。除此之外，高职院校与普通高等院校在发展特色与招生特点等方面也有很大的区别，这就决定了高职院校的质量保障体系不能照搬普通高等院校的质量保障体系，需要在高职院校的职业性的基础上建立具有自身特色的高职院校质量保障体系。第二，要在全校范围内树立正确的"质量"观念。观念是行为的先导，以正确的质量理念为指导，坚持教育质量是高职院校的生命线。要把提高教育质量时刻摆在学校发展的首位，只有这样，全体师生才会积极参与到建立健全高职院校质量保障体系的过程中。高职院校如果在学校范围内形成了一种良好的质量文化观念，学校的所有教职工与学生等会在心理与行为上认同学校的质量观念，从而自觉地约束与规范自己的行为，把提高学校的教育质量作为本职工作。第三，要充分发挥行业企业等在建立健全高职院校质量保障体系中的作用，高等职业教育突出的特点就是它的职业性与开放性，高职院校为市场社会经济与行业企业输送人才，所以高职院校需要行业企业的积极参与，需要行业企业制定相应的标准，以便及时了解行业企业的实际需求。这就意味着建立健全高职院校质量保障体系应与企业的满意度相结合，并使其成为一项制度落实到院校工作的各个层面，使高职院校在建立质量保障体系时更多地满足行业企业的需求，更多地彰显高职院校质量保障体系的特色。

（六）形成运行机制

确定了各单位以及各个工作人员在质量保障体系中的相互关系以及相互作用以后，就需要运用科学的方式方法构建一套可以相互沟通与交流的运行机制，使教育质量保障体系相关部门与相关工作人员形成一个提高高职院校教育质量的有机整体，这样才能从根本上保证高职院校质量保障体系的可持续发展。

具体而言，高职院校质量保障体系运行机制的完善需要注意以下几点：第一，高职院校应该确立好目标机制。高职院校的人才培养是一项长期的过程，在落实人才培养目标的过程当中，高职院校需要确立目标的方向和制定具体的目标，有了具体的目标，高职院校才能在此基础上设计人才培养计划和教学方案。第二，应该建立有效的动力机制。动力机制能够促进学校不断改进教学模式、提高教育质量。通过建立一系列有效的激励措施，使高职院校的培养目标不断得到强化，从而使运行机制朝着既定的方向发展。在高职院校质量保障体系运行机制形成过程中，高职院校要公布一定的激励措施，对于表现的比较好的部门和员工要给予一定的物质奖励，提高他们参与到质量保障体系中的积极性和自觉性，强化高职院校质量保障体系的内部管理和分工。第三，要建立严格的约束机制。建立高职院校的约束机制有助于增强高职院校各部门及各部门的管理工作人员自我约束与自我控制能力，从而使高职院校的人才培养目标和教育质量稳步提高。比如，建立严格的考评、检查与督导制度，通过督导、检查等促使学校各部门按照要求与规章制度履行工作职责，形成高职院校质量保障体系的良性运行机制。总之，高职院校质量保障体系的运行机制应该不断发展与创新，朝着高效与可持续发展的目标前进。

四、高职院校内部教育质量保障体系的运行机制

要切实提高高职院校的教育质量，形成良好的运行体系，就需要积极探索具有自身特色的高职院校质量保障体系，构建一个像生态系统一样的良性循环机制。高职院校内部教育质量保障体系的运行要树立质量就是高职院校发展的生命线这一价值取向，对影响高职院校教育质量的各个因素进行全面保障，促进高职院校可持续发展、促进教师的专业发展、培养学生面向生产岗位一线的技术技能知识，实现高职院校质量保障体系运行的整体性、系统性和科学性。高职院校内部教育质量保障体系的运行过程主要包括：目标的设立—科学高效的标准制定—实施与运行—质量监控—质量评价—信息收集并进行调控与反

馈，形成闭合运行的机制，如此便可使高职院校教育质量保障活动持续高效运转、学校教育教学工作持续改进、教育质量不断提高。

（一）目标与标准系统

目标与标准系统要解决"为什么保障""保障要达到什么样的效果"的问题。目标与标准系统是高职院校质量保障体系运行的前提，是高职院校质量保障体系运行的基础，也是高职院校质量保障工作开展的行动指南。如果缺乏目标与标准的引领与规范，就会导致质量保障工作开展的盲目和盲动。在高职院校实际工作开展的过程中，质量目标的方向指引、质量标准的约束能够保障高职院校技术技能型人才培养目标的实现。一般而言，高职院校的目标与标准系统主要包括学校定位、人才培养目标以及教学质量标准。

1. 学校定位

高职院校的学校定位不同于普通本科院校的办学定位，要在适应经济发展方式转变、促进社会产业结构升级的基础上，突出高职院校的"职业性"。高职院校要根据时代与区域的特点，结合学校文化背景等情况，提出符合高职院校实际的定位，体现出学院的特色，深化产教融合、校企合作，实现专业与产业对接。高职院校准确定位的首要目标就是要充分体现高职院校与普通高等院校的区别，走出具有自身特色的高职院校办学定位。然而，在现实中，部分高职院校办学定位随意，没有突出专业特色，照搬普通本科高校的定位等问题时有出现。因此，高职院校要在整个教育系统内明确自己的定位，形成具有自己院校特色的办学理念。

恰当的学校定位主要取决于以下三点：第一，国家的政策导向。在中华人民共和国成立初期，由于国内许多行业百废待兴，政府要求培养出一大批能够直接从事生产岗位的操作型工人。随着市场经济的逐步发展，国家综合国力的日渐增强，政府要求高职院校培养出一批直接面向生产一线的综合型素质人才。第二，社会市场经济的最终需求。高职院校最终是为社会、为市场、为企业培养人才，办学定位的科学性和准确与否或早或晚都会通过社会市场经济反映出来。第三，创办学校的目的。高职院校实施的是"职业教育"，培养的是"职业人才"，大部分学生毕业以后要从事面向生产一线的技术技能型工作，这是高职院校的"职业性"决定的。

2. 人才培养目标

高职院校是为社会市场经济与行业企业培养能够从事生产一线的技术技能

型人才，其制定的人才培养目标要着重培养学生的专业技能，突出对学生实践技能的培养。根据当前社会对人才的需要，高职院校的人才培养目标可落实到知识、职业素质与职业技能三个方面：知识即社会所需要的通用知识与专业知识；职业素质即职业道德，如完成某一项工作的态度，工作的表现力、执行力以及职业形象；职业技能即需要高职院校的学生拥有能够发现问题、解决问题以及有创新能力等技能。

因此，高职院校的人才培养目标应该贯穿学校教育教学的全过程，有条件的高职院校可以聘请行业企业有经验的技术技能型工人与学校相关教师联合制定合理、科学的人才培养目标，并且把人才培养目标细化到高职院校工作开展过程中的各个环节。除此之外，高职院校是为社会、为行业企业培养人才，其人才培养目标必须要根据行业企业的实际需求与长远需求以及高职院校自身的发展情况制定。高职院校要在遵循国家宏观政策的前提下，根据国家的总体目标与学校具体目标的关系，做好把人才培养目标进行具体划分的工作，明确不同的专业培养目标与标准。

3.教学质量标准

高职院校要对学校教学工作各个环节的开展提出科学合理的要求，对学校最终的目标成果进行引导。由于高职院校各个专业的要求不同，各专业最终培养的人才类型也存在一定差距，各专业的教学质量标准应该在突出应用导向、能力本位、增强学生实际动手操作技能、可持续发展的基础上，重点结合学校的发展目标、历史沿革以及各专业特色制定各个教学环节应该达到的标准，突出学校特色、专业特色。

高职院校是培养面向生产一线的技术技能型人才，所以在制定教学质量标准时要注意突出产教融合，要把服务区域市场经济作为最终目标与归宿，要突出以学生为中心，各个专业的教学质量标准要做到理论与实践的融会贯通，制定科学合理的质量标准。

（二）质量监控系统

质量监督是质量控制的前提和基础，质量控制是为了能够更好地进行质量监督。质量监督和质量控制是质量监控系统中相互影响、相互促进的两个部分。

1.质量监督

近几年来，随着社会不断发展进步，政府把高职院校的教育质量提高到关乎国家在国际上地位的战略高度，社会对高职院校的教育质量提出了更高的要求。质量监督成为保证高职院校教育质量的有效手段之一，通过对学校各种教育教学工作的监督，可以全面系统地掌握学校各项工作的开展情况、学校教育质量的实际情况，及时发现教学过程中出现的问题，督促学校各项教育教学工作按照规章制度有序开展。

因此，在社会经济新常态背景下，加强质量监督是高职院校质量监控系统工作的重中之重。学校需要确立质量监督工作的总体规划，具体包括建立完善的质量监督制度，使教务处和督导处的工作能够相互协调、配合，促进高职院校的教育质量稳步提高；不断优化质量监督的内容，在科学理论的指导下，根据高职院校的特点，设计合理有效的质量监督指标，使高职院校能够更好地开展质量监督工作；不断创新质量监督的形式，在高职院校质量监督工作现有的形式上，不断进行反思与创新，使高职院校质量监督工作能够不断进行改进，逐步提高高职院校的教育质量。

2. 质量控制

质量控制是在对高职院校各项工作开展情况的信息收集基础上，对学校不符合规定的教育教学工作分析产生偏差的原因，进而采取行动修正偏差的过程。

高职院校在开展质量控制工作的过程中应该注意以下几点：第一，充分调动高职院校全体成员积极性，使他们主动参与到质量控制的工作中来。高职院校质量控制是一个全员参与、密切协调与配合的过程，不能仅仅依靠教师这个单一主体或教务处这个单一部门，需要所有的成员积极参与并且相互协调、配合，这样才能发挥出各主体在质量控制方面上的功效与作用。第二，在质量控制的过程中，即使全员积极参与到质量控制的过程中，有了好的质量控制的方式方法和规范的质量控制制度，但是如果不能由上至下地贯彻和落实相关政策制度，那么所有质量控制的制度、方式方法等都将成为摆设。因此，要注意加强质量控制工作的执行力，要注意对质量控制工作的落实情况进行检查。

（三）质量评价系统

高职院校教育质量保障体系是把"办人民满意的教育"的新目标付诸实践的具体化措施，是顺应我国发展潮流、实现中华民族伟大复兴中国梦的时代号召，同时是建设具有中国特色高职院校的重要抓手。质量评价系统是为了提高教育质量，制定科学的评价指标和评价标准，把高职院校内所有与教育质量相关的因素作为研究对象，对教育结果进行检测量并进行价值判断。毋庸置疑，科学高效的质量评价系统是高职院校质量保障体系可持续发展的前提和基础，是提高职业院校竞争力的关键所在。高职院校质量评价系统主要包括目标评价和过程评价两个部分,教学目标评价为教学过程评价提供了依据,教学过程评价是教学目标评价的基础,虽然它们的功能各不相同,但是教学目标评价与教学过程评价是相互联系、相互作用的有机整体。

1. 目标评价

目标评价是在国家宏观政策背景的指导下,根据高职院校自身的特色科学设置最终要达到的目标,充分发挥目标的导向和激励作用,运用科学的评价指标和标准对最终的结果进行判断并纠正错误行为的过程。高职院校目标评价不仅要评价学生理论知识学习目标的达成情况,还要把学生的情感、态度、价值观作为目标评价的重要评价要素,把教师教学目标的达成与否以及学生实践结果是否达成作为目标评价的考核结果。需要注意的是,高职院校与普通高等院校的目标存在一定的区别,目标评价是为了保证高职院校人才培养目标的顺利实现,目标制定要具有科学性,其目标评价要突出高职院校的特色,突出高职院校的"职业型"与"技能型",从对应的职业岗位需要出发,判断专业所需的知识、技能等是否达成。

2. 过程评价

高职院校在开展过程评价的过程中要注意以下几点:第一,要正确认识评价工作的重要性。高职院校各部门相关人员应该意识到过程评价能够促进教师的专业发展、促进课堂教学质量的提高、促进高职院校改进学校的教育教学工作,从而提高他们参与到评价过程中的主动性和自觉性。第二,注重评价主体的多元性。高职院校通过校企深度融合,以就业为导向,以工学结合为载体,培养学生的实际动手技能,在实现学生自我价值的同时,促进社会的发展。要实现这一目标,就需要扩大高职院校过程评价的主体,学生、家长、行业企业等都要成为过程评价的主体。多元化的评价主体在评价过程中关注的重点不同,能够从不同角度、不同方面对教学质量进行评价,从而使评价结果更加全面。第三,要重视过程评价的动态性。人才培养与高职院校教育教学活动的开展不是一个静态的过程,而是一个持续改进的过程,会随着社会的发展而变化,所以科学的过程评价应该关注学生的动态发展、关注教育教学工作的动态变化,而不仅仅是关注期初、期中和期末这三个阶段的最终结果。

(四)信息调控与反馈系统

信息调控与反馈系统是将高职院校有关教育质量的信息及时搜集并进行有

效的反馈，通过反馈的信息找出高职院校质量保障工作开展过程中的不足，使之后的教育教学活动能够得到及时纠正的组织运行体系，通过信息调控与反馈系统的不断循环使高职院校质量保障体系处于一个良性循环的状态，从而提高高职院校的教育质量。信息调控与反馈系统是教育质量内部保障体系运行机制的重要组成部分，能够实现对高职院校内各种教育质量信息的动态跟踪和及时反馈，可以多渠道、多方面地了解教育教学活动过程中的不足并及时反馈给相关部门；信息调控与反馈系统可以通过反馈的信息找出与最终目标之间的差距，这样就为高职院校的教育教学改革提供了正确的依据。高职院校信息调控与反馈系统主要分为信息采集和信息处理与反馈两个部分。

1. 信息采集

高职院校质量保障体系的组成部分非常复杂，需要搜集的教育教学质量信息比较多，因此质量信息采集主要通过以下几个渠道：通过相应岗位的工作人员定期组织信息搜集的工作；通过固定的渠道与平台搜集教育教学质量信息，如学校的网络平台、校长反馈意见箱等；通过调查用人单位对学校毕业生的反馈意见以及毕业生的后续发展能力搜集学校的教育教学质量信息。为了规范高职院校各环节教育教学质量信息采集工作，需要制定相应的规章制度，规范信息采集工作的展开。信息采集作为信息反馈系统的数据来源，数据的真实性与可靠性是其工作的基本要求。因此，在信息采集的过程中，信息采集的相关部门与相关工作人员要树立正确的工作意识和较强的责任意识，通过多种方式搜集教育教学信息，严格遵循信息采集的真实性和可靠性原则。

2. 信息处理与反馈

信息处理与反馈作为信息调控与反馈系统中有效运行的一部分，能够多层面、多渠道纠正质量保障体系中的各个环节，因此构建科学、高效的信息处理与反馈机制能够切实促进质量保障体系的有效运行，进而提高高职院校的教育质量，促进高职院校的可持续发展。通过对搜集到的信息进行分析与整理，依据信息反馈出来的问题并结合学校现阶段的办学定位和人才培养目标对学校目前的教育教学状况进行修正，充分发挥信息处理与反馈的作用。在开展信息处理与反馈工作的同时要注意量化质量信息反馈。随着信息化社会的发展，要多利用信息平台去搜集与处理信息，在信息采集后要多利用数据分析软件对搜集到的教育教学质量信息进行深入分析，按照统一的标准对信息进行量化，把最终得到的分析结果发送到各院，充分发挥信息的调控作用，提高教师和学生的质量意识。

第二节　高职院校教育质量管理与保证

一、高职教育质量管理理论与实践探索

（一）高职教育质量管理的必要性

教育管理工作在促进院校的改革与发展、提高教学质量和办学水平中起着至关重要的作用。教育管理是一项十分复杂的工作，从制订、调整教学计划和教学大纲到组织教学运行，从开发教育资源、推进教学建设到教学质量监控和学籍管理，从加强师资队伍建设、充分发挥教师的潜力到提供好的教学环境，都在其工作范围之内。随着高职教育的发展和教改的不断深化，积极研究教育管理的新内容、新方法，把教育管理工作提高到一个新的水平，是高职院校一项很急迫的任务。

对于高职教育而言，提升教学质量不仅是其在管理方面需要重点关注和研究的重要课题，还是其在发展阶段中应予以正视的时代性命题。因此，为了使我国高职教育保持可持续、健康地发展，满足我国人才培养的需要，进而为我国发展各项事业储备力量，推动我国高职教育环境的快速建设，高职院校应不断提高人才培养质量，加大教育质量监控力度，紧跟时代发展，为我国进一步发展社会经济贡献力量。

从这一层面看，加强教育教学质量管理，建立、完善教育教学质量监控机制已十分迫切。具体应做好以下几方面：建立与运行质量管理体系，推行现代质量管理，加强对影响教育教学质量诸因素的过程监控；整合资源，建立质量保障机制，改进教育教学质量监控体系；狠抓源头，提高教师教学监控能力，强化教学实施过程的质量控制。

（二）高职教育质量管理方法

1. 推行现代质量管理

实践证明，建立与运行教育质量管理体系是高职院校加强教育教学质量监控、实现科学规范管理、全面提高人才培养质量的一条行之有效的重要途径。

（1）ISO 9000 族质量管理体系标准。ISO 9000 族质量管理体系标准是由 ISO（国际标准化组织）质量管理和质量保证委员会制定的所有国际标准。

该标准最先应用于企业产品的质量控制，后来转化运用到教育领域的质量控制。ISO 9000 族标准的精髓是通过建立文件化的质量管理体系来控制所有过程，使影响质量的全部因素在产品形成的整个过程中始终处于受控状态。实施 ISO 9000 族质量管理体系标准的过程就是落实其"全过程管理、全方位实施、全员参加"的基本思想。

2000 版 ISO 9000 族质量管理体系标准的理论基础是八项质量管理原则：以顾客为关注重点、领导作用、全员参与、过程方法、管理的系统方法、基于事实的决策方法、与供方互利的关系和持续改进。贯穿 ISO 9000 族质量管理体系标准的基本原理主要有四个方面：质量形成于生产全过程；必须使影响产品质量的全部因素在生产过程中始终处于受控状态；要具有持续提供符合要求产品的能力；质量管理必须坚持进行质量改进。从实践来看，国外将 ISO 9000 引入学校比中国稍早，涉及的范围也较广。目前，全球依据该标准建立教育质量管理体系并通过质量认证的学校与教育机构的数量已达 600 多所，我国也有近 200 所。

（2）高职院校教育质量管理体系的基本原则。高等职业教育的最终目标就是向国家与地方输送建设社会、发展经济、提高生产力的源源不断的人才力量，培养发展建设前线需要的服务与管理等方面的应用型高技能人才。为实现这一目标，高等职业教育院校从结构、标准、基本要素和质量目标几个方面着手，不断建设和完善其教育质量管理体系，使其不仅具备一般质量管理体系的各项进本特征，还具备以办学理念为中心的不同于其他院校的特点。高职院校的教育质量管理体系在建设时通常需要遵循以下原则：①遵循以能力为本位的原则。在职业教育中，以能力为本位是其基本特征之一。这就要求高职院校应以培养学生形成一定的职业能力为基础，结合职业岗位要求，围绕职业发展需要建立完善的教育质量管理体系并实施。②沿着创业就业的导向。质量管理向来对服务对象额外关注，因此在建设与实施高职院校教育质量管理体系的过程中，应充分体现其在招生、专业设置、教学设计、课程安排、创业就业指导服务等方面为适应市场发展对各行业领域人才的需要，满足学生就业创业的需要所做出的努力。③将重点放在过程控制方面。对教育管理过程加强控制是高职教学质量管理的核心。为了更好地控制教学管理各个环节和与教学质量相关的各个因素，真正落实对教学质量的全面把控，高职院校不仅要对师资引进、生源招收、资源配置严格把关，还应全面把控教学实施、教学计划、毕业生跟踪和反馈、课程设计、教学检查与评估等。④结合学校内外部监控，建立完善的内外部监控机制,为实现有效、连续运行高职院校教育质量体系提供重要保障。通过内部管理不断提升教育教学质量,通过外部管理可以获得恰当、真实的校外评价与反馈,将高职院校教育教学与人才培养方面"以服务为宗旨"的重要指导思想充分体现出来,进而促使院校的竞争力、美誉度与知名度进一步提升。

2. 高职院校教育质量管理体系的改进

对于教育质量管理而言,持续改进对高职院校有效、连续运行的教育质量管理体系具有至关重要的作用。高职教育质量管理体系的建立与实施促使高职教育的要求、形势及状态发生了新的改变,要求高职院校紧跟时代发展步伐,寻找和尝试多种方法与途径,对该体系进行不断的改进。在改进的过程中,应尊重和重视学生在教育教学中的主体地位,将人才培养全面融入质量管理工作中,并不断进行调整改进:①应对社会的需求、用人单位的岗位要求及学生的期望做出充分的调查与了解,在此基础上制定恰当的发展目标,促进外部需要的向内转化;②保持信息传输渠道畅通,建立有效的预防和纠正机制,制定合理的奖惩制度;③加强质量管理队伍建设;④管理评审与内外部审核工作应认真开展;⑤对资料与文件加强管理,及时对体系文件进行修订和补充,保证其始终适用。高职院校只有持续完善和改进教育质量管理体系,才能将其作用充分发挥出来,实现对教学质量的有效管理。

3. 加强高职教学质量监控

高职院校的教育质量管理体系为其实施教育管理、建立完善的过程管理机制,从而实现最终的质量管理目标提供了强有力的保障。教育质量管理体系的建立不仅需要制定相应的管理制度,还要有可靠的质量保障机构、明确的职权划分和足够的人员配置,如此才能实现对教育质量的有效管理。人力资源不足和职能部门不全面是导致教育质量管理体系创建失败的主要原因。有些高职院校虽设立了质量管理办公室,但没有相对完善的管理制度。对此,高职院校应加大改革力度,对现有资源进行充分整合,配备专门的质量管理人员,与校内兼职质量管理人员相互配合,组建高水平的质量管理队伍,设立教育质量保障处(室),不断加强质量管理体系建设,强化高职院校教育教学质量管理工作。

(1) 完善质量管理机制。高职院校应设立专门的机构推动其教育质量管理机制的落实,并设置专门的职能部门对其建设、改进与管理负责,如设立有实效的教育质量保障处,同时设立质量管理办公室,明确职权责任,落实质量管理。从职能上看,高校教育质量管理办公室主要负责以下内容:①相关活动的策划与执行，对各部门实际落实质量体系的情况进行审核和监督，不直接开展对教育教学质量的监管工作；②对质量管理理念的宣传，促使全校人员提高质量管理意识，推动质量管理措施的贯彻落实，建设良好的校园教育环境和校园文化氛围，解决当前质量管理中的各种问题，实现可持续性教育质量管理。

（2）强化教学督导制。高职院校在指导与监督教学工作的过程中，为了迎合高职教育的发展与改革，制定了教学督导制度。该制度中的督导通常由高职院校中主管教学的领导负责，协助教务处共同管理、指导、监督和检查全校的教学活动。现如今，大部分高职院校没有设立相对独立的教学督导组，而是将其挂靠到教务处。教学督导组作为教学管理系统中的非行政性的监督机构，实际上应为一种专家咨询性组织，通常由退休人员或其他部门人员兼职担任。为了将教学督导的作用充分发挥出来，高职院校应切实加强教育教学质量监控，在教育质量保障处内设立教学督导室，使其成为一个独立于教务处之外的、具有一定权威和行政职能的常设机构，并配备专兼职相结合的教学督导人员队伍。一方面，教学督导队伍可以监督和检查教学的准备与实施过程，对教学信息进行收集和分析，了解教师的教学方法、水平与进度，监控和管理具体的教学环节；另一方面，由于教学督导队伍的监督，高职教育此前存在的"只好教不督管"的状况将有效改变。教学督导队伍可以监督教务处的整体教学活动，对高职院校各部门对教学管理职能的履行情况进行监督和检查，并配合各部门积极开展各项教学活动，为教学活动的有序运行提供保障。教学督导实践证明，建立科学合理、有效可行的教学督导运行机制，有助于促进各部门协调配合，高效完成教学督导工作，进而形成管理者、教师与学生三方的良性互动，实现教学质量的有效提升。所以，高职院校可以利用创新手段，不断对教学督导运行机制做出适当的调整与改革，以此加强对教育质量的管理力度，提高教育质量。

（3）加强教育教学评估。要想不断提高高职院校的竞争力与教育教学质量，高职院校应建立完善的内部教育评估体系，将其诊断、监控、激励、导向、鉴定、反馈等功能充分发挥出来，对教育教学工作定期分析与评估。高职院校一般设有评估教师教学水平的评估办公室，但为了开展经常性、专业化和学术性的评估工作，对教育质量落实强化监控，高职院校应将该评估办公室设置为常设机构，并建立一套与之对应且相对独立的工作机制，使其更好地发挥评估作用。通过评估办公室，高职院校可以定期开展各项评估活动，如学生学习状态与效果评估、教师教学质量评估、全校人才培养工作水平的自我评估以及课程、专业等方面的评估等，以对结果的分析为依据，建立有效、科学的竞争机制、激励机制以及约束机制，提高学生的学习质量、教师的教学质量以及高职院校的教学管理质量。通过评估能有效促进教学管理、教师教学以及学生学习方面的质量的提升，从而实现人才培养工作的效果与水平的提高。

4. 强化教师教学监控能力

教学质量是在教与学的互动过程中形成的，教师的教学态度和行为、学生的学习态度和行为以及双方在教学过程中的交流方式与效果将产生特定的教学质量。教师在具备一定的学科知识和教学水平以后，教学监控能力就成为影响教师教学效果的关键性因素。因此，加强课堂教学质量监控是教育教学质量监控的关键环节。总体而言，教师是教育教学质量监控体系中的关键因素，同时是监控体系评价过程中的主要方面——被评价者，只有重点考虑教师的作用，充分发挥他们在监控体系中的主导地位，使之增强质量意识，主动投入教学研究、提供信息和积极合作，才能获得质量监控的最佳效果。

（1）教师教学监控能力的概念。教师教学监控能力是指教师为了达到预期目的而在教学全过程中不断地对教学活动进行计划、检查、评价、反馈、控制和调节的能力。它主要可分为三个方面：教师对教学活动进行预先计划和安排；对自己的实际教学活动进行监察、评价和反馈；对自己的教学活动进行调节、校正和有意识的自我控制。课堂教学监控在整个教学活动中的地位和作用是极其重要的。有了一定的教学监控能力，教师才能根据教学大纲和教学目标的要求，制订合理、科学的教学计划，选择适宜而有效的教学方法，并能在教学过程中不断地进行自我反馈，及时发现问题，做出相应的修正，从而减少教学活动的盲目性和错误，提高教学活动的效率和效果。在实际教学过程中，教师要能不断地对教学活动系统中的各有关因素进行积极、主动、科学合理的调节和控制，使其协调一致地推动教学活动向前发展，从而获得最佳的教学效果，达到促进学生全面发展的目的。

（2）教师教学监控能力的影响因素。影响教师教学监控能力的主要因素如下：①课堂教学的管理与开展；②沟通性；③准备性与计划性；④职业发展性；⑤对学生进步是否敏感；⑥使用教材的意识与水平；⑦对教学效果的评价与反省。针对以上影响因素，教师应努力提高自身在教育教学方面的管理与监控能力，灵活利用各种教学方法和措施及时对教学过程做出计划、调节和评价，以实现教育质量目标与教学目标。

以 ISO 9000 质量管理标准为依据，建立科学的质量管理体系，并将之与高职院校原有的管理体系相结合，构建出一套更为严谨和完整的质量监控与保证体系，有利于实现管理质量、水平以及效益的全面提高。科学完善的质量监管体系还有助于协调各部门之间的协作关系，实现规范化、科学化、合理化的质量管理。比如，开设教育质量保障处，将之设为常设机构，可推进质量保障活动的经常性建设；通过监督、评估、激励、控制等手段收集并整合各种分散的信息要素，建立全面的质量监控机制；鼓励教师提高自身教学监控能力，推动教师在教育教学方面的质量观与教育观的转变，全面提高教育质量水平。目前，国家正在大力发展职业技术教育，在这样大好的发展形势下，高职院校更应该抓紧机遇，寻找新方法、创新发展思路，努力提高自身教育质量管理水平，促进人才培养质量的不断提高，实现事业发展与人才培养工作两个方面的新突破。

（三）高职教育质量理论及实践探索

高职教育在我国的发展历史较短，而国外的高职教育相对更加成熟。高职教育质量保障体系有多种构成元素，高职教育人才培养模式可以通过高职教育中安排的实训实习内容与课程设计反映出来，同时这些实训内容与课程对于高职专业教育而言最具现实意义和保障作用，对高职教育的发展至关重要。随着高职教育事业的快速发展，理论界对高职教育质量保障问题也开展了深入的研究，并取得了具有一定影响力的理论研究成果。这些研究成果为研究的推进提供了动力，也为高职教育问题的评估与质量保障提供了可靠的理论依据。

1. 高职教育质量理论探索

（1）国外研究简述。不同国家高职教育机构的名称不尽相同，如德国称"高等专科学校"或"职业学院"，澳大利亚称"TAFE学院"，但其功能和我国高职学院相同。发达国家高职教育质量保障体系比较健全，主要是通过政府的宏观控制实现的。国外高职教育质量保障体系的主要特点有以下几个方面。

为了保证高职教育质量，政府从宏观层面对高职教育进行评估与监控，尤其对于发达国家政府来说，评估已然成为它们主要的宏观监控手段。例如，荷兰国家高等教育方式的改变引起了在高职教育评估中荷兰政府扮演角色的改变，从直接管理逐渐过渡到间接调控。自20世纪90年代起，英国政府也开始了从宏观层面对高职教育质量进行评估与监控。随着高职教育的大众化发展，各国政府主要通过对政策制定和教育经费划拨两个方面来实现宏观管理。政府不仅要保护和尊重高职院校的自主办学权，还要从宏观层面监管控制其教育教学质量。

高职院校应设置健全、常态化的评估机构。自20世纪80年代开始，职业教育在全世界范围内快速发展。为了促进教学质量进一步提高，培养高素质人才，满足国家发展和社会建设需要，发达国家大多设立了高职教育评估中介机构。例如，20世纪80年代末，"学术审计组织"在英国成立；1993年，澳大利亚组建了"高等教育质量保障委员会"；荷兰组建了"高等职业教育学院联合会"与"荷兰大学合作委员会"。这些发达国家的高职院校教育教学质量由这些评估机构负责评估，这些机构是独立于高职院校和政府的第三方。

评估机构通常制度严谨。以法国国家评估委员会为例，1989年7月，法国在《高等教育法》中提出，法国国家评估委员会无须受教育部领导，在行政方面具有完全的自主权，可直接将报告呈送至总统，其运行以国家财政为支撑，预算独立；评估委员会中有17名成员、24名专职职员和1名总秘书，其成员资格有着极为严格的认定方式，成员与职员的选聘范围为全法国。再如，荷兰大学为了高效、有序和顺利地运转荷兰大学协会，对大学、政府与社会各界提出的意见做出了综合考虑，明确且严格规定了教育教学评估的原则、机构、目的与过程等。

评估结果具有较强的公正性与权威性。发达国家政府具备调控、监管和规定高职教育评估活动及机构组成的权利。为了保证最终得到的评估结果公正且权威，政府建立了合理可靠的质量评估指标体系，并结合灵活、科学、高效、客观的评估方法，深入分析评估结果并向相关专业机构征询意见，为评估结果的公正性和权威性提供保障。

（2）国内研究概述。我国政府为了保障高职院校的教育质量，不仅从经费、招生计划等方面进行了控制，还将质量评估与行政手段相结合，对高职教育质量进行了综合调控。目前，我国教育部已开始组织评估高职院校办学水平的相关工作，但还未开展评估高职院校教育质量的相关工作。一些学者围绕我国高职教育质量保障这一话题开展了相关研究。

北京联合大学鲍洁曾作为项目负责人于2001年6月承担了北京市社科规划项目"十五规划"项目"高等职业教育质量保障体系研究"的课题。该课题在了解高职教育教学的内容、方式、内涵、规律、目标、效果及特点等的基础上，对高职教育质量保障问题做出了宏观层面的研究，并吸收借鉴了国外较先进的教学研究经验，对我国高职教育的质量标准与观念进行了系统的分析，对影响高职教育质量和教学过程的主要质量控制点和关键要素进行了深入挖掘，寻找出了适用于高职教育的质量评估方法与原则，推动了高职教育质量保障监控机制与要素机制的形成，促进了评估指标体系的建立。从宏观层面上看，高职院校教育质量保障不仅会受到政府的管理，还会受到社会的监督，而高职院校自身也需要进行自我诊断、管理和发展。此外，鲍洁还对高职教育质量保障体系所具备的组织设计、功能、特有的运行规律、价值定位与构成要素进行了深入的研究。

该课题针对五个方面的内容进行了重点研究：①高职教育的质量观和质量标准；②高职院校教学质量保障体系要素的研究与实践；③社会对高职教育质量保障体系的要素构成；④政府对高职教育质量保障体系的要素构成；⑤高职教育质量保障体系自身功能及模式。

武汉职业技术学院刘晓欢教授承担了全国教育科学"十五"规划重点课题"职业技术教育质量保障体系的研究与实践"。刘晓欢认为，应在以过程为控制、以就业为导向和以能力为本位的原则的前提下，以职业教育的特点为依据，充分结合外部监控与内部质量管理进行职业院校质量保障体系的构建。组织要素、资源要素、过程要素及检测要素是构成职业院校质量保障体系的四大要素，在该保障体系运行的过程中，这四个要素转化为了四个子系统，与外部质量监控相互协调、配合，共同保障职业院校的教育质量。

李海宗教授深入研究了高职教育产出质量保障机制，并指出该机制包括以下多个方面的组成部分：目标机制、激励机制、主体机制、评判机制、对象机制、调控反馈机制。他认为，从宏观层面上看，高职教育最低的质量标准须由国家制定，其质量认证制度也应由国家建立；从中观层面上看，主要由各个地区自行负责高职教育质量工作的实施与相关标准细则的制定，构建出一套完善有效且能体现高职院校所在区域特色的教育产出质量保证体系；从微观层面上看，产出性评价是高职院校教育质量管理中最重要的环节之一，应结合相关建议不断完善高职院校内部教育质量监控体系。

其他有关高职教育质量保障问题的文献和课题也有发表和报道，如重庆工业职业技术学院苟建明的"高职教育质量保障体系的建立与运行机制研究"、常州信息职业技术学院的"高职院校教育质量保障体系"课题等。

通过对以上研究结果的分析与总结可以了解到，我国目前对高职教育质量保障体系做出的研究大部分站在政府、社会等宏观视角上，而中观与微观层面上对高职教育质量保障体系做出的相关研究与分析非常少，尤其对于师资、实训实习及课程等专业质量的核心内容鲜少有较为深入的研究。因此，高职教育专业质量保障问题的实操与理论研究对我国高职教育质量研究的全面、深入开展有重要意义。

2.高职教育质量实践探索

（1）国外高职教育实践探索。从世界范围看，高职教育的起步并不早，它的快速发展大多始于20世纪六七十年代。这一时期，实施高职教育的各类教育机构的地位得到确立，而且由于其鲜明的办学特色，日益赢得社会的广泛认可与欢迎，成为各国高等教育结构中不可缺少的组成部分。

美国高职教育主要采用了以下几种实习实训模式：①交替式模式，即交替进行学习学期与工作学期的模式，学生须在工作学期作为全职人员参与企业的实训实习，在学习学期进行全日制学习，在工作和学习的过程中全身心投入进行；②并行式模式，指的是学生不仅要积极参与和完成理论部分的学习，还要每周花费20个小时参与企业的工作实践，课程安排通常为上午学习理论，下午进入实验室，参与工作实践；③学徒制合作训练模式，指有机结合实习实训与学徒培养制度，以此模式解决或缓解职业教育的资格证书授予、资金投入以及人员配备等薄弱环节；④双重制模式，指的是交替式与并行式配合使用的模式，需要结合不同班级的具体情况选择不同的教育方式；⑤波士顿教育协定模式，指教育委员会、工商协会、学校及地方企业等组织单位共同签订的一种联合式的人才培养协议，协议中的地方企业将利用暑假时间对高职院校的学生组织开展职业培训班，对学生进行职业培训，学校还将邀请教育专家与企业专业技术人员对学生的职业培训进行指导，完成协议目标。

加拿大高职教育的实习实训课程主要采用交替式模式。加拿大职业教育培训机构主要是社区学院，其学制为2～3年，每学年分为3个学期。具体安排如下：新生入学的前两个学期在学院上课，工作学期一般占总学期的1/3（两年制的有两个工作学期，三年制的有三个工作学期）。课堂学习与现场工作的时间交替，根据专业特性和要求以及双方主客观条件而定。

英国高职教育主要实行的是教学公司模式与三明治模式两种实习实训模式。教学公司模式指的是围绕教学公司的具体项目开展实训活动，学生经过必要的岗前技能知识培训，在实验项目中担任项目助理，从事计划、协调、组织、分析等工作，就工作事宜与企业中各个岗位的工作人员进行有效交流与沟通，从而全面提高自身的品德、交际能力、协调能力、书面和口头表达能力、意志等，为未来的职业发展打下良好的基础。三明治模式指的是学校教学与工作实践相配合的人才培养模式，要求学生在经过一段时间的在校学习后，走出校门，积极参加企业工作实训，接受企业的职业化训练与培养，将所学知识与理论灵活应用到工作实践中，在企业指定导师的专门指导下，实现理论与实践的有机结合，积累丰富的实践经验，之后再回归校园，继续学习理论知识，对知识技能有更深刻的理解，即在分期或分阶段进行的校园学习—工作实践—校园学习的过程中不断提高自己。

德国高职教育主要采用的是双元制的实习实训模式。双元制是由校企双方合作共建的一种国家立法支持的办学制度。该制度中的两个"元"分别为传授职业专业知识技能的职业学校和培训学生职业技能的公共事业单位或者企业等社会实习实训场所。在双元制模式下，学生不仅是高职院校的学习者，还是企业的学徒。双元制一般安排3年的教育时长，学生每周都需要接受8～12个学时的专业课教育，其余时间则在企业进行工作实践，提升其实操能力。双元制模式具有很强的教学针对性，强调培养学生的能力，要求调动学生在企业实训实习过程中的积极性。在双元制模式下，企业对学生的培养不仅有充分的培训经费支撑，还有足够的物资保证教学的顺利实施，能够帮助学生更好地将职业实践与专业理论知识相结合，提高学生的技能操作能力。

澳大利亚将实习实训作为高职教育的重点内容。一方面，澳大利亚高职院校一直对实习实训较为重视，在各个专业中都配备了较完善的实习设备，其实习基地与设备多由企业捐资、合资或者独资等方式提供。企业不仅会向高职院校提供其最先进的生产设备，还支持高职院校建立大规模的模拟实训公司网络，其中的实训课程向全国的高职学院开放。另一方面，澳大利亚高职院校不仅重视对学生理论知识的教导，还重视其实践实操能力的培养与提高，因此学生往往在毕业之时就已经获得了一定水平的专业职业能力，能够快速适应职业岗位工作。除实训课程外，澳大利亚还重视企业与学校间的合作，重视将企业制定的实践课与学校安排的基础课相结合，由学校与企业交替进行对学生的教导与培养。

总体来看，实习实训环节向来为发达国家所重视，这不仅能帮助学生接受专业化较强的在校教育，完成学业，还能使学生充分利用在校的时间获得职业技能培训，使自身高职教育质量进一步提高，而在宏观角度上，这不仅能满足国家建设与社会发展对高级技术人才的需要，更有助于国家经济稳步快速的发展。

（2）国内高职教育实践探索。高职教育课程是随着高职教育的产生而逐步发展起来的。清朝末年的实业学堂以实施职业教育为宗旨，共分为三级，其中高等实业学堂相当于现在的高职学院。清朝实业学校课程主要分为通习科目（如修身、国文、数学、物理、化学、历史、外国语等）、专业科目（如农业学校的农学科目，包括土壤学、肥料学、作物学、园艺学、农产制造学、森林学、兽医学等）。这些学校不仅注重课程学习，还强调实习和实训，按照规定，实习和实训时间必须占总授课时间的40%以上。

自20世纪90年代末开始，我国现代高职教育进入了大发展时期，但我国高职教育的起步相对较晚，一些高职院校不具备成熟完善的办学经验，有时会借鉴普通本科的教学模式，将教学的关注点放在了以专业课、专业基础课和文化课为中心的"三段式"课程模式上，忽略了实习实训环节。

另有一部分高职院校所运用的课程模式较为先进。①集群式课程结构模式，该模式既有多个相关职业作为共同基础的"宽基础"，还有为某一特定岗位职业设计的"活模块"；②矩阵型课程结构模式，其中的选修课程采用了学分制，可以满足学生个性化的发展需要；③阶梯形课程结构模式，该模式设有具有针对性的专业课程，依据"必需、够用"的标准设计基础课程学习，并设有多个教学模块，如技术基础课程模块、职业技能课程模块、专业技术课程模块、素质基础课程模块。

我国对职业学校的实习实训环节统称为"产教结合""产学研结合"或"校企合作"等，称谓虽然很多，但内涵基本相近。

20世纪八九十年代初期是我国高职教育的移植与借鉴阶段。随着国内外在教育上的合作逐渐加深，我国高职学院从外国实习实训的教学模式中吸收经验，不断探索和尝试着将国外的教学模式与自身教学特点、内容等相结合。但由于我国高职教育的发展历史有限，且基础有待加强，师资、物力和财力等条件限制，无论从形式还是内容来讲，高职院校的实习实训等教育并没有完全展开。

20世纪90年代中期以后是我国高职教育的发展与创新阶段。许多高职院校在总结经验、加强教学的基础上，结合本行业（地区）经济发展的实际，借助国外的先进模式及先进经验，初步形成了各具特色的实习实训模式。

第一，校办产业模式。这种模式是学校本着"既出人才又出产品""以校办厂，以厂养校"的原则创办的自有企业（商场、酒店、工厂、农场以及其他和本校专业相关的企业），其首要任务是为培养学生服务，把培养教育学生的思想品质、职业道德、传授生产技能作为校办产业的重要宗旨，并且通过这种模式形成自己的系列产品和技术优势。

第二，校企联合模式。高职院校本身的条件不能满足校办产业的建设与发展需要，但为了生产实习与技能训练等教学计划的顺利推进，高职院校在政府的带领和行业领导部门的指导下，联合社会企事业单位，一同创建产教结合的教学模式。校企双方应扮演好各自的角色，本着认真负责、平等互惠的原则，协同合作，并就学生培养话题制定相关合作协议。从理论和实训实践两方面提升学生的综合能力。

第三，项目合作模式。企业在新产品研发、关键生产设备改进、技术革新等方面需要学校的支持与帮助，而学校在科研项目、毕业设计、课程设计、人才培养等方面需要企业推动开展或落实。校企双方为满足各自发展需要，本着互利原则，联合协作，打造良好的产教结合关系。

第四，"三明治"模式。"三明治"教育模式也称"工学交替"模式，是目前大多数高职院校采取的模式。该模式把学习过程分为三个主要的阶段，前阶段以校内通识教育为主，并完成部分专业基础课和专业技能课；第二阶段以到企业实训为主，主要是上岗顶班；最后阶段是返回学校，主要任务是完成毕业设计。三个阶段的时间长短各有不同。

第五，委托培养模式。该模式是指学校根据厂矿企业的需要，有针对性地开展委托培养和定向培养，以解决企业对各类人才的需求。例如，高职院校为企业举办的各种短训班。学生在学校学习理论知识，到工厂进行实地训练。

二、高职院校培养目标的质量管理与保证

（一）建立高职院校培养目标质量保障的必要性

培养目标是高职院校正常运行过程中必不可少的一个部分，培养目标的质量保障建立尤其重要。高职院校培养目标质量保障的必要性体现在以下三个方面。

1. 为高职院校人才培养的方向提供指导

与教育目的不同，培养目标是针对特定的教育对象而提出的，建立培养目标质量保障体系时往往需要考虑学校各自具备的条件以及本校学生的特点。高职院校的人才培养目标能明确表述出一所学校人才培养的要求、规格，对高职院校中的教育教学提出合理的方向性要求。高职院校确定了科学的培养目标质量保障，不仅能改变其盲目的发展状况，找到正确的发展之路，还能对不符合培养目标的要求给予正确的引导，使高职院校人才培养的方向与预定的方向相一致。此外，科学的培养目标质量保障还可以引导教师更有效地选择和组织学校中的各种教育教学资源并合理利用外部资源，提高高职院校发展的效率，为其提供强大的发展动力，指引正确的发展方向。因此，完善高职院校培养目标质量保障可以为高职院校人才培养的方向提供指导。

2. 为高职院校人才培养的过程提供蓝图

培养目标是教育工作的出发点，高职院校所确定的教育内容、运用的教育手段等都是为培养目标服务的，培养目标能为高职院校勾勒出蓝图，促使高职院校人才培养的过程遵循的蓝图进行。高职院校的培养目标往往包含对学生成长的期望和要求，这些目标会调控学校中的教育活动，使其符合特定的要求和期望。在这样的情况下，教师会遵循培养目标，对于学生不符合预期目标的行为给予引导和纠正，把学生的发展纳入预定的方向中去；对高职生而言，当他们领会到培养目标的具体要求及其意义时，也会在教育活动中不断完善自身，把合乎高职院校培养目标的发展作为努力的方向，主动发展自己。同时，高职院校的人才培养目标会对教学和课程提出具体的要求，明确其规划开展的内容和流程。因此，完善高职院校培养目标质量保障可以为高职院校人才培养的过程提供蓝图。

3. 为高职院校人才培养的质量提供保障

明确培养目标是高职院校中全体工作者最为重要的基础工作，因为取得认识上的统一，才能获得力量上的集中，避免着力方向上的误差。如果确定的高职培养目标不科学、笼统含糊不清，就会造成人才培养工作的混乱，影响人才培养工作的效果和效率，拉低高职院校人才培养的质量。同样，如果高职院校的培养目标是科学的、明确的、具体的，是符合社会需要和个人发展的，那么就会提升人才培养的效果，帮助高职院校提高人才培养质量。由此可见，建立培养目标质量保障是一件关系到高职院校教育方向、教育质量和教育效果的大事，高职院校必须对高职院校的培养目标进行科学规划，并保证其培养目标得到准确而严密的执行，以此来保障高职院校培养目标的质量，提高人才培养的质量。因此，完善高职院校培养目标质量保障可以为高职院校人才培养的质量提供保障。

（二）高职院校培养目标质量保障的价值取向

作为培养人才、教育学生的重要机构，高职院校的培养目标必然包含着一定的价值，并体现着特定的价值取向。具体来看，高职院校培养目标质量保障的价值取向体现在以下三个方面。

1. 强调能力本位

能力本位的培养模式是高职教育的根本特点。能力本位的培养模式指的是为了培养高素质技能型、应用型人才，以能力为核心进行人才培养的一种模式。与传统的高等教育相比，高职教育更强调"实践能力"的培养，主张知识、技能和态度一体的素质结构，这一素质结构不仅包含完成职业任务所应具备的基本技能及动手能力、合作能力和心理承受能力等基本职业素质，还包含职业岗位应变能力和技术创新能力。因而，高职院校的培养目标及人才培养规格与其他层次教育不同，更加强调能力本位，这也是当今社会和经济发展对高职院校提出的必然要求。在社会发展对劳动者要求越来越高的今天，传统的以"知识为本位"的重学术轻技术、重知识轻能力的培养模式已经不再适合现代经济社会的发展，这就要求培养职业能力过硬的人，能够适应甚至引领社会的发展。

2. 坚持以人为本

高职教育是一种职业教育，因此必然强调对学生职业技能的培养，但高职院校不能仅仅满足于这种能力为本的培养模式。作为一种培养人的活动，教育尤其是高职教育绝对不能沦落为各类企业的人力资源培训机构与简单的劳动力供给机构。高职院校除了培养学生的职业能力，更应该培育的学生人格素养、内在品质，营造充满关爱、充满文化的校园环境，避免培育出来的学生有知识技能而没有文化的现象，破除功利主义的育人误区，从而为社会培养合格的人才和公民。这就要求高职院校必须坚持"以人为本"的教育理念，把学生真正培养成为既符合经济社会发展需求又能极大推进经济社会发展的、内涵丰富且身心健康的人，先成人，然后才是成才。同时，高职院校应该注重学生素质的培养，使其成为全面发展的人。

3. 追求全面发展

教育目的是高职院校确定培养目标的根本依据。我国教育目的的出发点是促进学生的全面发展，因此高职院校的培养目标应将学生的全面发展作为教育教学的根本立足点。在我国，全面发展教育是对含有各方面素质培养功能的整体教育的一种概括，是对为使受教育者得到多方面发展而实施的多种素质培养活动的总称，一般包括德育、智育、体育及美育。因此，高职院校在构建培养目标时，应该注重学生知识、能力和素质的协调发展，不仅要培养学生的学习能力，更要注重创新能力、交流能力、协作能力及社会适应能力的培养。同时，高职院校要培养的高技能人才是终身性的，高职教育的价值不应只是满足技术技能型人才眼前的需要，还要为人"未来"的发展奠定基础。因此，高职院校的培养目标必须有丰富人的精神生活、培养健全人格的内在价值，从而促进人的全面和谐发展。此外，高职院校培养目标质量保障具有职业性和实践性，高职院校培养目标是培养具有一线操作能力的技术技能型人才，因而高职院校培养目标质量保障能保障培养目标切实落实。

(三)完善高职院校培养目标质量保障的策略

当前,我们应该通过转变高职院校培养目标定位以及保障高职院校培养目标实施等策略来完善高职院校培养目标质量保障。

1. 转变高职院校培养目标定位

高职院校的培养目标既要满足社会的需求,又是制订教学计划的开端。培养目标定位是否科学、合理,直接影响到高职院校毕业生的质量,从而间接影响了社会的发展。具体来看,高职院校培养目标的定位需要从以下三个方面进行转变。

(1)从单一技能到复合技术。2012年6月,教育部颁布了《国家教育事业发展第十二个五年规划》,其中提出,高职教育要培养"产业转型升级和企业技术创新需要的发展型、复合型和创新型的技术技能人才"。该政策中的"复合型"即要求高职教育培养掌握多门技术能力手段的人才。如今,社会的高速发展与建设越来越需要具备高技能水准的劳动者的参与,各个岗位也越来越需要技能水平较高、专业能力较强的工作者。我国将智能制造作为我国产业升级的主要方向,引领我国制造业持续发展。智能制造具有非常复杂的生产模式,与多个领域、行业、学科息息相关,其要求从事的人员深入了解和掌握多个交叉学科的专业知识与技能,如产品加工制造要求从事人员掌握一定的机械制造方面的知识,从事自动化控制行业的人员还要对电子技术方面的知识有一定的了解,从事现代物流的人员应对经济贸易相关知识有一定程度的了解等。研究发现,智能生产迫切需要大量的复合型人才,而在企业工作内容方面,智能生产环境提出了多样化、复杂的要求,各种先进的技术与工具逐步将传统的体力工作取代,高职人才培养目标将定位成一专多能、能快速适应智能化生产需求的"复合技术者"。在当今智能制造业快速发展的时代下,高职教育应将其"高等性"特质充分发挥出来,培养学生解决实际工作中的各种复杂问题的能力。具体来看,高职院校可以引进外界更前沿、更优质的教学资源、科研成果和专业理论知识等,向校外专业科研机构及企业适当开放内部资源,与社会企业实现资源整合与共享,以此为在校高职生提供更加丰富的专业教育和实践资源,奠定良好的复合型技术人才培养基础。

(2)从职业能力到职业素养。对于职业教育而言,职业能力与素养都是其重要的组成部分,也是高职教育最根本与最重要的目标。然而,有学者提出,如果职业教育只以培养学生形成较高的职业能力为目标,那么职业教育将成为专门练习和提升职业技能的场所,造成对发展其他能力的彻底忽视。高职教育不仅要对学生进行专业知识与职业技能上的教导,更要重视对学生思想、品德、兴趣、个性等的培养。在高职教育方面,能力的培养只是其中的一方面,即学其事,而有了素质的培养,高职教育才算完满,才能培养出真正的人,所以职业素质的培养比职业能力的培养具有更为重要的意义。从宏观来讲,培养和提高高职生职业素养能促进人文素质与社会职业道德不断提高,推进社会文明不断进步。所以,高职院校应将培养目标设定为培养和提高高职学生的综合素质,全面提高学生的职业素养。职业素养能够体现学生的价值观、世界观和人生观,是需要学生经过不断思考与探索才能获得的经验,是对学生内在的心理品质、职业素养的培养,有助于人文素质、社会职业道德的提高与社会文明的进步。所以,高职院校应将学生的主动性与积极性充分调动出来,以引导学生进行"自教育"替代传统教学模式下的"被教育",使学生积极主动地思考、探究与学习,引导其在实践中获得成长,有效提升其职业素质。

（3）从独立劳动到合作创造。以往的高职培养目标定位都强调培养学生具体的技术或者技能,以便他们未来能够在具体的工作岗位上独立地胜任某项工作。但是,随着我国对工匠精神的日益重视,高职院校应在为满足社会与企业发展需要而培养人才的基础上,推进人才培养理念从"工作谋生"转型到"工作即生活",推进高等职业教育的生产派生目标从强调适应性转向强调创造力。与此同时,随着社会科学技术的快速发展,团队力量远超于个人力量之和的规律也终被企业发现并将之运用到企业的运营与生产之中,要求员工具备一定的团队协作能力与人际沟通能力,要求员工在工作岗位上充分发挥主观能动性与创造力,为此,"合作型创造者"应作为高职院校人才培养的一项重要目标。具体来看,可以从两个方面入手:其一,高职院校应该积极实施创客教育,推行创客项目活动轨迹管理,并结合活动实际制定相应的成果评价表与过程评价表。其二,采用综合积分制有助于从论文发表情况、学科技能竞赛的参加和获奖情况、学生的专利申请、导师项目等方面对学生的各个方面进行量化评价,以此激励学生合作能力和创新能力的养成。

2. 保障高职院校培养目标实施

在高职院校中,培养目标的定位和设计固然重要,但是保障培养目标实施更是高职院校教育教学活动的重中之重。具体来看,保障高职院校培养目标实施需要从以下三个方面入手。

（1）制定系统的培养方案。作为人才培养方案的重要内容,人才培养目标对人才培养方案是否合理、有效具有重要意义。只有设置合理可行的人才培养目标，才能完成一个合理可行的培养方案的制定。可从以下三个角度改进高职院校的人才培养目标，使其体现出人才培养方案的基础性、概括性以及统领性。第一，精练又不失具体的语言描述。在描述人才培养目标时，高职院校应做出详细具体和概括总结两种描述，将高职的特性与定位清楚明确地展示在学生面前，帮助学生更系统、全面地架构起通过在校职业教学课程获得的知识结构，对就业取向有更明确的了解，有合理明确的未来发展预期与规划。第二，紧紧围绕课程教学的内容与目标。高职院校应在对课程目标有明确的了解的前提下，对课程的主要内容做出正确的描述，也可以仅描述课程目标，在课程标准中描述具体的课程内容，以免产生课程内容先于目标或与目标相脱离的现象。第三，高职院校应制定并实施动态变化且长远的培养方案及目标。

作为高等教育的一个分支，高职教育不仅要引导教育学生掌握具体的专业知识与技能，还应站在生命质量的角度，为了满足社会行业发展的迫切需要和学生个性化发展需求，以科技的发展和革新带动行业进步，促进学生形成较强的内在创造力，促进教育不断发展，与社会及个人朝前的发展需求相适应，实现高职教育的长远可持续发展。高职院校应制定动态的人才培养方案，且方案应随着人才培养目标的改变及时调整。

（2）建设卓越的师资队伍。卓越的师资队伍为高职院校顺利达成人才培养目标提供了重要保障。高职院校应该通过各种途径汇集卓越的师资力量，组建高水平的教师队伍。首先，在人力资源方面，高职院校应为各专业聘请选拔优秀教师，如通过抓好专业带头人、学科骨干和"双师型"教师队伍建设，并聘请有专业资质的技术人员、实践经验非常丰富的专家或者专兼职教师组建整体素质更高、专业能力更强、结构合理、实践性教师比例更高的"双师型"教学团队。其次，高职院校应重视教师的职业发展与培养，联合大型企业与行业协会，积极开展教师认证与技术培训活动，每年至少为每个项目的教师提供两次接受行业企业就新技术开展的正规培训的机会，并在每位教师遇到技术、教学方法与设备等方面的问题时，都能在行业企业专业指导人员的指导与帮助下得以解决。最后，高职院校应建立可行可靠的激励机制，鼓励教师把主要的精力投入教学工作中来，同时要在科技方面激励教师深入研究，不断创新，鼓励教师将与企业联合开展、创新研究的各类科研课题积极上报到省市、国家，对于教师指导学生自主研发设计且获得一定奖项的作品，可将之视同教师科研成果，予以奖励。高职院校的专业发展应遵循科学创新的原则，充分发挥专业特色，鼓励教师在教学中融入科研创新的理念及思维，营造良好的科研教学氛围,聚集骨干教师与专业能力突出的中青年带头人,共同组建一支高水平、高素质的专业教师队伍,实现高职院校培养更多优秀人才的目标。

(3)提供完备的教育资源。为学生提供良好的实习环境和条件是提高办学质量的保证,也是实现人才培养目标的重要手段和途径。高职院校应对校企联合人才培养的新模式进行积极探索,在校内外建设生产性实训基地,在真实或虚拟的职业环境中,通过社会实践、教学与实训实习对学生的专业职业能力进行培养,使其能够更快、更好地对接与适应职业工作。与此同时,高职院校应通过顶岗实习、网络媒体等密切关注实际生产技术的发展与革新,保持教学内容一直根据前沿的工艺与先进的技术变化动态更新,培养出企业发展所需的高素质技能型人才。为了与社会的发展、科学的进步相适应,高职院校应重视对主体为教授的学术委员会的快速组建和完善,按标准流程对人才培养方面的学术性文件进行严格审议,结合相关建议与意见不断调整和完善,为人才培养目标及相应方案的科学性提供机制保障。高职院校应为人才培养提供完备的硬件设施与丰富的资源。具体来看,高职院校可以进行这两方面的努力:一方面,建立"规范化、制度化、常态化"的保障机制,创新教育的组织保障、制度与经费保障、平台保障;另一方面,搭设"产学研结合、课内外结合"的创新实践基地,依托实训室,建设校内外创新教育实践基地。

三、高职院校课程建设质量与教学质量的管理与保证

(一)高职院校课程建设质量和教学质量保障的必要性

高职教育作为高等教育的重要组成部分,是职业教育的高级阶段,肩负着培养面向生产、服务和建设的高技能人才的使命,承担着为社会培养和输送人才的重要责任,对加快推进社会主义现代化建设、推动社会的发展和经济的进步具有至关重要的作用。

为推动职业教育发展,《国务院关于大力发展职业教育的决定》中提出:"坚持以就业为导向,深化职业教育教学改革。"高职院校在专业设置上须合理调整专业结构,大力发展面向现代服务业的专业,推进精品专业、精品课程和教材建设。为进一步落实这一文件的精神,促进高等职业教育健康发展,《教育部关于全面提高高等职业教育教学质量的若干意见》中提出:"以就业为导向,加快专业改革与建设。"课程建设是提高教学质量的核心,也是课程改革和教学改革的重点和难点。全面提高高职课程建设质量和教学质量是实施科教

兴国战略的客观要求，同时高职院校的课程建设质量和教学质量的高低是高职院校自身能否实现健康发展的基础，是高职院校提升自身综合实力和综合竞争力的需要。因此，保障高职院校课程建设质量和教学质量十分必要。

1. 提升高职院校专业内涵建设的重要途径

近年来，我国把职业教育的发展放在了更加重要和更加突出的位置，高职院校作为培养高技能人才的主要基地，为社会输送了大量的人才。影响高职院校的核心竞争力的因素主要有高职院校的人才培养目标、专业内涵建设、教学资源和办学质量等，而专业内涵建设是其中的一项关键因素。高职院校专业内涵建设包括专业定位与人才培养模式、课程建设、实践教学、教学团队、教学管理和人才管理、社会服务以及特色创新等要素。

专业内涵建设的作用如下。一是对提升教师专业意识和专业能力具有重要意义。教师是学校教学的核心，学校教师具备先进的专业意识和能力能够指导学校专业建设的开展。二是能够提升高职院校的人才培养质量。高职教育作为高等教育的组成部分，肩负着培养高技能人才的使命，始终是以培养人才为目标的。专业内涵建设包含的内容涵盖人才培养的方方面面，如专业定位、培养模式、教学等，其就是要通过这些环节来培养出具备良好职业能力和较高综合素质的高技能人才。

要推进高职院校专业内涵的建设，高职院校的课程建设和改革应该以培养高技能人才为目标，设计符合学生认知、用人单位需求和社会发展的课程体系，强化对学生能力的培养，以课程建设质量的提高切实推动高职院校教学质量的发展，从而推动高职院校专业内涵建设。

2. 实现高职院校人才培养目标的主要依托

培养目标是指依据国家的教育目的，各级各类学校根据自身的性质、办学定位、任务提出的对人才培养的具体要求。人才培养目标是各级各类教育需要解决的首要问题，人才培养目标规定着人才培养的数量和质量、规格和水平，是各级各类学校办学最先要思考和解决的问题。人才培养目标决定着学校人才培养模式、课程体系的设置、教学内容的选择以及教学过程的实施，并且影响着学校的办学方向。有研究者提出职业教育培养目标的三要素分别是人才类型、人才层次和人才规格：人才类型即我国高职院校的人才培养目标定位为"技术技能人才"；人才层次即职业教育培养初级、中级、高级技术技能人才；人才规格即学生应具备的资格标准，包括知识、技能和能力方面，这是检验人才培养质量的重要标准，也是检验学校课程建设质量和教学质量的重要标准。

课程建设质量和教学质量是学校的生命线,也是学校人才培养质量的关键,更是实现学校人才培养目标的核心。而高职院校培养目标是教育目的的具体化,人才培养目标只有通过学校的课程教学才能实现。培养目标的关键在于学校课程目标和教学目标的达成。课程和教学目标作为课程建设和教学的组成部分,其目标的达成有利于推动课程教学质量的提升。此外,由于人才培养目标需要课程和教学来实现,因此高职院校人才培养目标和课程建设及教学必须保持一致,即围绕人才培养目标做好师资队伍建设、教学内容和教学质量建设、教学方法和教学手段建设、教学条件建设以及教学管理建设,改革学校的教育教学模式,以更好地培养符合社会需求的高素质技能技术型人才。因此,保障课程建设质量和教学质量对实现高职院校人才培养目标具有至关重要的作用。

3. 提高高职院校教育质量和办学效益的必然要求

高职院校教育质量的提高有助于提升其在同类院校中的综合竞争力,以及提高学校毕业生的社会认可度。近年来,高职教育作为高等教育的重要组成部分,随着社会、区域经济发展,高职院校发展的步伐显著加快,许多高职院校在招生数量上呈现逐年增长的趋势,高职毕业生的数量明显增多。然而,数量的增长并不代表高职院校质量的提高,高职院校在办学过程中还需要注意高职院校教育教学质量。

高职院校的教育质量直接影响着人才的培养质量,影响着毕业生的社会认可度。高职院校的课程设置不合理、课程内容滞后、教学管理落后、教学方法和手段陈旧等都会影响学校的教育质量。而课程建设质量和教学质量是影响高职院校教育教学质量的两个关键因素。课程建设质量和教学质量提高了,高职院校的人才培养目标才可能得以实现,有利于高职院校教育质量的提升,从而提高其办学效益。因此,在课程建设上,高职院校的课程开发必须注重和企业行业的合作,以满足职业岗位对人才的具体要求;结合自身办学实际,建立突出职业能力培养的课程标准和设置符合社会需求的专业课程;注重实践教学的培训,增加学生的技能训练;围绕培养高素质的技术技能型人才的培养目标进行。在教学上,高职院校要加强对教学过程的管理。教学过程管理是提高教育质量和办学效益的重要手段,加强教学过程管理,高职院校尤其需重视教学过程中的实践教学环节,注重校内外实践基地建设。因此,加强高职院校的课程建设是提高高职院校的教育质量和办学效益的核心,课程建设是提高教育质量和办学效益的重要因素。

（二）高职院校课程建设质量和教学质量保障的价值定位

随着我国经济的迅速发展，职业教育的发展发生了质的变化。与此同时，社会和企业对职业教育培养出的技术技能型人才的能力需求有所提高。鉴于此，我国高职院校应坚持以高素质的技能技术型人才为培养目标，坚持校企合作的办学理念，突出以就业为导向的原则和坚持以能力为本位的办学指导思想，切实加强高职院校的课程建设，提高其教育教学质量。

1. 坚持校企合作的理念

高职院校培养的是生产一线需要的高素质技术技能型人才，因而高职院校的课程建设应突出职业性、实践性、专业性和应用性等特点。高职院校在办学过程中，既要遵循高等教育的一般规律，又要充分体现职业教育办学的特殊要求，其培养模式、课程建设、教学内容和实践训练等都要体现高职特色。校企合作的理念就是把培养实用型人才目标放在首要位置，主动适应企业对人才培养的需求，同时密切同企业的联系，利用学校和企业的不同资源优势，实现人才培养目标。

首先，在校企合作的理念下，高职院校能主动适应区域、行业经济的需要，根据学校的办学条件和办学资格，有针对性地调整专业结构，进行课程建设，优化教学内容，以满足社会的需求，从而促进高职院校自身的发展。其次，校企合作理念下的教学是将理论和实践相结合，学校和企业共同培养人才。这与高职院校的职业性、实用性的特征相符，有利于高职学生实践技能的培养。最后，坚持校企合作的理念符合高等职业教育定位的要求。高职教育的"高等性"和"职业性"决定了高职院校的学生不仅要具备较高的人文素质、职业素质和技术素质，还要具备与企业岗位相匹配的技能和技术。而校企合作模式正好符合高等职业教育定位的这一要求。因此，高职院校必须坚持校企合作的理念，这也是高职院校自身发展的客观要求。

2. 突出以就业为导向的原则

就业是民生之本，就业关系到学校毕业生的切实利益，关系到学生未来的职业生涯，关系到学校教育的改革和发展，关系到社会的和谐与稳定。高职教育的实质是直接面向就业的教育，以就业为导向是高职教育的基本定位，也是高职教育最基本的特色。从宏观、中观、微观三个角度来看以就业为导向的内涵，能够更好地理解以就业为导向的原则。从宏观层面看，以就业为导向体现了高职教育面向社会的办学思想和办学理念，兼顾了"职业性"和"高等性"两个要素；从中观层面看，以就业为导向代表了高职教育面向市场的办学方向与办学模式，凸显了面向市场的导向性，突出了高职院校办学层次的灵活性与多元化；在微观层面上，以就业为导向展示了高职教育的具体途径与方法，指向于认证教育和认岗培训完美结合的教学模式。

高职院校的课程建设和教学必须突出以就业为导向的原则。有研究者从职业教育的特征、教学体系的稳定性、就业市场的多变性矛盾以及高职学生就业难的现状四个方面阐述了以就业为导向进行课程教学改革的必要性。以就业为导向进行课程建设和教学既是由职业教育的目的决定的，又是为了满足毕业生职业发展的需要。因此，只有以就业为导向进行的课程教学，才能有效地提高高职院校的课程建设质量和教学质量。此外，突出以就业为导向的原则，能够使课程教学与就业需求紧密结合，在适应就业岗位需求的过程中积极推动学校课程教学的改革，从而避免高职院校的课程教学存在理论和实践脱节的现象。

3. 注重教师专业素质的提升

课程教学离不开教师，教师作为课程教学的主要承担者、组织者和实施者，在实际的教育教学和人才培养过程中具有不可替代的作用。教师专业素质则是关系教师发展的重大课题。自教师行业产生和发展起，人们就对教师的专业素质进行了许多研究，许多研究者提出了有关教师专业素质的相关理论，进行了关于教师专业素质内涵的研究，对教师专业素质的阐述各有看法。有研究者认为注重教师专业素质的提升，必须重视教师专业理念的先进性、教师专业知识的合理性、教师专业技能的职业性以及教师专业发展的持续性。也有研究者将高职院校教师专业素质分为了三个维度，即专业知识、专业能力和专业伦理。教师专业知识包括学科的理论知识和生产的实践知识；教师的专业能力是指实践教学能力、科研能力和社会服务能力；教师的专业伦理即教师的职业道德。

教师队伍专业素质的质量决定着课程教学的质量，决定着学校人才的培养质量。高等职业教育的主要任务是培养高素质的技术技能型人才。高职院校的课程教学是培养人才的重要载体，而使课程教学得以高效实施和落实的是高职院校的教师。这就要求从事高职院校教育的教师具备一定的专业素质，教师丰富的专业知识和较强的实践能力是提高高职院校教育教学质量的关键所在。

4. 关注学生就业竞争力的提高

就业竞争力是毕业生进入职业岗位后相对于其他竞争对手而言的占有比较优势的各种能力和素质，也是学生顺利就业、彰显自我价值的一种综合素质和能力。就高等职业教育的学生而言，学生的就业竞争力主要体现在以下三个方面：一是高职学生的基础竞争力，即高职学生在职业岗位上能够顺利完成工作任务的各项基础能力的总和；二是高职学生的核心竞争力，即高职学生在理论学习和实践训练过程中积累和内化了的知识、技能和素质的综合，是关系学生能否获得高质量就业岗位的关键因素；三是高职学生的环境竞争力，即影响学生就业的学校、家庭和社会环境等外部因素。前两方面的因素是从学生自身的综合实力来分析就业竞争力的内涵，最后一点是从影响学生的外部原因来看学生的就业竞争力。

高职院校学生的就业竞争力是衡量和评价高职院校整体教育教学质量的重要指标。就高职院校自身来说，影响学生就业竞争力的关键因素在于学校内部的课程教学质量，学校的课程建设和对学生的培养过程不仅要服务于专业知识和技能的培养，更要着眼于学生可持续能力的发展，关注学生就业竞争力的提升。因此，高职院校在进行课程建设和教学时，应使其有利于学生综合素质的提高、学生竞争实力的增强。

（三）提升高职院校课程建设质量与教学质量保障的策略

为了应对高职院校课程建设质量与教学质量提升的种种阻力，有必要形成高职院校课程建设质量与教学质量保障体系。针对高职院校课程建设质量与教学质量出现的问题，高职院校的课程建设质量与教学质量保障体系可以从观念保障、过程保障、人力保障和物质保障四个方面入手，以求不断推进高职院校课程建设与教学的发展。

1. 观念保障

（1）树立能力本位的教育理念。教育理念是指教育主体在教育思维和教育实践中形成的对教育的理性认识。高职教育在进行教育教学过程中要树立能力本位的教育理念。能力本位是指围绕职业工作岗位所要求的知识、技能和能力组织课程与教学。高职院校树立能力本位的理念，有利于根据具体的职业岗位对人才的需求来制定人才培养方案，能够最大限度地满足企业对应用型人才的需要，其关键作用在于以职业岗位应具备的能力进行课程建设和教学，直接反映职业岗位对从业者的能力要求，不再以学科体系为中心、以学科本位的理念为本，而是按能力需求设置课程和进行教学。以能力为本的课程建设及教学质量观体现了职教课程从学科本位到能力本位的转化。

在以能力为本教育理念的指导下，高职教育在课程教学过程中应以行业需求为导向，以岗位能力为基础，与同行业专家共同进行课程开发，以能力标准体系为核心进行课程大纲的改革。此外，高职院校的教材建设和教学需要从教学内容、教学方法和实践教学方面进行改革,重视理论教学向实践教学的转化,能力本位理念下的课程教学实施更应注重实践教学。因此,高职院校应坚持树立能力本位的教育理念,不断进行以就业为导向的课程教学改革,以适应社会和企业对人才的需求。

(2)更新学校课程观和教学观。在现代职教体系的指导下,针对目前高职院校发展过程中的实际情况,高职课程观必须发生转变。现代职教体系强调的是更具现代性和人性化的教育理念,而目前高职院校的课程观还未彻底挣脱传统学科知识本位的束缚,在一定程度上制约着高职学生的就业和发展。而技能本位的课程观强调高职学生的职业岗位操作能力,课程内容围绕岗位需求来选取和设计,以技术知识为中心,以就业为导向,以技术能力的获得为核心,课程实施注重培养学生的专业技能和实践能力,培养实际动手能力强的高技术技能人才,恰恰弥补了学科本位的弊端。

与此同时,高职院校要树立全新的教学理念,改变现有的不合时宜的教学方法和教学模式,强化高职学生的专业技能训练。高职教学观的更新是提高高职院校教学质量的重要因素,高职院校的职业性和实践性决定了高职教学强调的是学生专业知识和实践能力的结合,教学要突出对学生专业技能的培养。

有研究者认为,以学习者为中心的师生关系、学术课程和职业课程的有效整合、以问题解决为本和情境化的教学模式以及科学合理的教学评价是对职业教育教学观的更新。更新高职院校的课程观和教学观是提高高职院校课程建设质量和教学质量的理念保障。

2. 过程保障

(1)切实加强学校的课程建设。校企合作共同开发课程是高职课程建设的必然选择,是提高高职院校教学质量的必然途径。高职院校课程建设过程中课程开发的封闭性、课程开发主体的单一性制约着学校课程建设质量和教学质量的提高。高职院校要想突破传统学科课程体系的束缚,提高课程建设质量,就必须从课程开发着手。从本质意义上看,与其他教育类型课程相比,高职院校的课程应注重产学合作,注重课程与具体职业岗位的密切结合。因此,高职院校必须主动和企业建立联系,通过校企合作获得真实的实践项目,将课程开发同实践紧密结合,实现学生和企业具体用人岗位的零距离接触。校企合作的课程开发能够推动学校的整体课程和教学改革,从而彰显高职教育的办学特色。

课程建设需要重点发展优质课程资源,以优质课程资源为基础和支撑,促进高职院校的长远发展。精品课程是指具有一流教师队伍、一流教学内容、一流教学方法、一流教材、一流教学管理等特点的示范性课程。由于精品课程建设相对于一般课程建设来说，在教师队伍、教学内容和方法、教材等方面具有独特的优势，因此精品课程是学校优质教育教学和课程资源的整合。精品课程建设作为高等学校教学质量与教学改革工程的重要组成部分，符合现代教育思想，体现了高职教育的职业性和科学性，具有示范的作用，对提升课程建设质量的意义重大。

　　高职课程评价是指对高职课程的价值判断，目的在于促进学生学习、教师专业发展和教学质量的提高。建立能够促进高职院校自身发展特色的课程评价是一项复杂的工程，涉及的内容众多。第一，提高高职课程建设，构建有效的课程评价体系，发挥评价的监督、导向和激励作用。第二，建立促进课程质量不断提高和教师专业发展不断提高的评价体系，进一步完善高职教育课程结构，明确教学内容，改进教学方法，提高教学水平和人才培养质量。

　　（2）改革学校教学模式和方法。教学理念是对教学基本问题的根本看法，教学理念一旦形成，便影响教师对教学方法的选择和教师的教学行为。一方面，高职院校教师需要改革传统的教学模式和方法，转变固有的教学理念，认识到传统教学模式的弊端以及高职教学模式改革的必要性和重要性。同时，高职教师应加强对高职学生和企业、市场的认识，加强对现代教学模式和现代化教学方法的认识，明确其在课程建设中的重要性；采取多种有利于培养学生实践技能的教学方法，如案例教学法、现场教学法、项目教学法等，同时大力引进先进的教学方法和现代化教学手段，推动教学方法的改革。

　　另一方面，高职院校可引入"三位一体"教育理念，并依此对职业教育教学模式进行改革。三位一体是指在具体的教育教学活动中，以实用和够用为原则，以工作需求为导向，以职业技能为内容，以职业教育为模式，建立若干理论教学和技能训练相结合的教学模块，为现实的社会需求培养实用型人才。这种教育理念要求必须正确看待高职教育理论教学和实践教学之间的关系，要求高职学校的教学要强调实践教学的重要性，要求在专业设置上要突出高职院校的办学特色，以企业需要人才具备的职业技能为导向，培养实用性人才。这种教学模式有助于改变传统的灌输式教学，强化对学生的职业技能训练，培养学生的职业能力。

　　（3）加强对实践教学环节的投入。高职院校的实践教学是高职教育的主体，是高职教育的突出特点和内在规律。加强高职院校实践教学的投入是突出高职院校的办学特色、提高教学质量的关键，更是高职院校长远发展的保证。

实践教学是提高高职学生岗位适应能力的重要保证，而岗位适应能力是高职院校毕业生就业的核心能力，岗位适应能力越强，就业质量越高，用人单位和毕业生就业满意度就越高。岗位适应能力主要体现在学生对知识的理解与更新、技术技能的体验与应用、工作方法的思考与反思等方面，可见实践教学是实现岗位适应能力的关键。

首先，要在观念上充分认识实践教学的重要性。实践教学是高职教学中十分重要的一环，加大高职院校实践教学的比例，就要将实践教学和理论教学放在同样重要的位置上，明确实践教学的重要性是高职人才培养目标的内在要求，充分认识到实践教学是高职院校教学质量的重要保证。其次，切实改善实践教学环节的软硬件环境，从实践教学的基地、设备、实践教材内容的选择和编写到实践教学的师资团队，都要严格把关。尤其是师资团队上，高职院校要完善教师专兼职结构，大力引进具有丰富工作经验和实践能力的教师，健全教师的在职培训制度。最后，加强对实践教学环节的管理，完善实践教学的规章制度和管理办法，以及实践教学的检查和效果评价等，真正把实践教学落到实处。

3. 人力保障

（1）完善专兼职教师结构。兼职教师是高职院校师资队伍的重要组成部分。专兼结合的教师结构必须由具备深厚理论功底、教学水平的专任教师和具备丰富工作经验的专业技术技能人才的兼职教师组成，专兼职教师对解决专业和课程建设问题、促进教学质量的提高、培养高素质人才起着不可替代的作用。因此，高职院校的教学离不开专兼职教师队伍，高职院校自身特色也决定了高职院校需要专兼结合的教师队伍对学生进行教学，完善高职院校的专兼职教师结构，提高高职院校专兼职教师队伍质量，为高职院校的教学提供有力的师资保障。

完善高职院校的专兼职教师队伍应做到以下几点。首先，高职院校要积极聘请大量行业企业的一线技术人才。关于兼职教师聘任难的问题，高职院校要拓宽渠道，如可以通过教师走访行业企业进行学习、通过挂职锻炼培养教师实践能力、参加行业企业相关会议、为企业解决技术问题等形式，以此赢得企业的认可、并调动企业参与合作的积极性，再聘请符合条件的兼职教师。高职院校还可通过校友资源来使学校获得稳定的兼职教师来源。其次，高职院校要加强对兼职教师的管理和培训。比如，在双方签订合同时，高职院校要明确兼职教师的职责和义务，建立兼职教师的聘任和管理等制度，对兼职教师进行规范化管理；对高职院校的兼职教师加强岗前高职教育理论培训、强化教学规范培训等来提高兼职教师的教学能力，以促进教学质量的提高。最后，加强对高职院校专任教师的培训。高职院校可以有计划地安排教师参与行业企业生产过程，增加专任教师的企业工作次数，丰富其实践工作经历；参加项目研究、向经验丰富的技术技能型人才请教；等等。通过专业实践，教师可以了解自己所教专业的生产、技术和设备现状和发展趋势，并运用到教学中去。

（2）提高教师专业实践能力。教师专业实践能力是提高高职院校教学质量的重要因素，改变高职教师专业实践能力现状，提高教师的专业实践能力刻不容缓。教育部颁布的《教育部关于全面提高高等职业教育教学质量的若干意见》中明确指出："要增加专业教师中具有企业工作经历的教师比例，安排专业教师到企业顶岗实践，积累实际工作经验，提高实践教学能力。"可见，促进教师专业实践能力的提高是提高职业院校教育教学质量的必要途径。

提高教师专业实践能力应从以下几方面着手。首先，强化实践意识。高职院校应该在高职教师的准入机制上，切实考虑教师的实践经验，将其作为招聘教师的重要条件。其次，让高职教师积极参与企业的生产工作。教师的专业实践能力来源于企业实践，教师专业实践能力与企业的生产实践息息相关、密不可分。高职院校可以选派教师深入企业进行实践，通过参与技术攻关和项目研发，到企业进行实践锻炼；可以组织教师定期深入生产一线进行学习观摩，了解和掌握企业生产现状。最后，通过校本培训提高教师专业实践能力。高职教师的专业实践能力更多的是在实际工作中逐步形成的，因此教师的在职培训对提高教师的专业实践能力起着十分重要的作用。这是利用学校内部资源来提升教师专业实践能力，校本培训是一种简单易行的培养途径。高职院校可以利用自身内部资源，组织学校教师进行学习培训。其中，以老带新、集中培训是常用的培训模式。此外，高职院校还可以通过定期举办技能比赛活动，让教师在准备比赛和比赛过程中提高专业实践能力。

4. 物质保障

一方面，要抓好实训基地建设。实训基地建设是高职院校形成自身特色和提高教学质量的重要一环。高职院校必须要有特色鲜明的实训基地作为其教学质量和人才培养目标的保障。教育部颁布的《教育部关于全面提高高等职业教育教学质量的若干意见》中指出："加强实训、实习基地建设是高等职业院校改善办学条件、彰显办学特色、提高教学质量的重点。高等职业院校要按照教育规律和市场规则，本着建设主体多元化的原则，多渠道、多形式筹措资金；要紧密联系行业企业，厂校合作，不断改善实训、实习基地条件。"因此，抓好实训基地建设是高职院校长期健康发展的客观要求。而要做好实训基地建设，可以通过加大投入，同时由高职院校带领拓展思路，引入行业、企业参与，形成多方共同建设，以减少资金压力的方式来进行。

另一方面，要加强校园网的建设。高职院校的教育教学要适应社会发展需要，如充分利用网上丰富的教育资源进行教育教学。利用网络资源提高高职院校教学质量，可以充分利用学校校园网的建设来实施。高职院校校园网的建设有利于营造网络学习的氛围，为教学和管理提供物质基础，同时促进教学质量的提高。校园网可以通过建立教学资源库来促进教学质量的提高。例如，教学资源库可以收集高职院校教师开发的精品课程或者收集的网络教学课程、教学软件和教学资料等，以及同学校有合作关系的企业的生产实践课程或者教学视频等。此外，高职院校还可以建立学生学习系统，让学生可以通过校园网进行网络选课、网上练习和网上测评等。通过校园网的建设为高职教学提供广泛的学习资源，可以有效提高高职院校教学质量。

四、高职院校教师队伍建设质量管理与保证

（一）高职院校教师队伍质量保障的必要性

从宏观上看，高职院校师资队伍建设是我国经济建设和社会发展的基础，是高等职业教育改革和发展的根本大计。从微观上看，高职院校师资队伍建设无论是对一个学校还是对教师的专业发展，都有着极其重要的意义。高职院校教师队伍建设质量保障的组成要素包括专任教师、兼职教师、企业、教师考评机制、教师提升机制、教师管理机制等多重要素，对高职院校教师的进一步发展以及高职院校整体质量的提升都有着十分重要的作用。因此，必须提高高职院校教师队伍建设质量，促进我国教师的专业发展。高职院校教师队伍质量保障的必要性可以从以下三点进行分析。

1. 为高职院校教师提供具有导向意义的理念取向

高职院校教师队伍质量保障的理念价值定位应该是教师队伍突出高教性与职教性的统一。高职教育具有高教性（高等教育的属性）与职教性两个基本特点，高职教育是基础的职教性和不断发展的高教性有机统一形成的整体。高职教育的职教性要求以职业、企业、行业、产业方面对师资建设和人才培养的要求作为重要参考来组建教师队伍，要求教师具备一定的实践操作能力。不断发展的高教性要求选聘具有较高学术水平与科研能力的优秀教师，组建一支达到

一定学术性、科学性高度的高职教育教师队伍。高职院校教师晋升机制与考核评价机制不够完善是目前阻碍高职教育发展的重要问题，考核指标的高教性与机制运行过程中的职教性不匹配是高职教育发展的主要矛盾，主要体现为人才培养对教师的职教性要求与职称晋升、评价考核对教师的高教性要求之间相互矛盾。因此，为了完成高素质水平教师队伍的组建，将高职院校评价、考核、晋升机制方面的问题早日解决，高职院校应统一发展高教性与职教性，并对社会行业的发展保持时刻关注。以上特点表明了高职院校与一般高等院校的不同，后者往往具有较强的综合性，而前者通常与某一领域或行业发展的关联更加密切，因此高职教育应在其办学重点与特点上体现出行业特点，并将之设定为建设高职教育教师队伍的理念价值取向。

2. 为高职院校教师实现理论与实践的统一提供平台

早在2002年，教育部《关于加强高等职业（高专）院校师资队伍建设的意见》中就提出，"要十分重视师资队伍的建设"。具体来讲，就是使教师既具备扎实的基础理论知识和较高的教学水平，又具有较强的专业实践能力和丰富的实际工作经验。现今，我国高职院校都十分重视培养能够实现理论与实践相统一的"双师型"教师，我国教师队伍建设一直在路上。有研究发现，我国"理论型"教师较多，"双师型"教师较少，教师整体的实践动手能力不强。对高职院校教师队伍质量进行保障主要可以从这几个大的方面进行，即关注教师队伍的专业发展、增强教师队伍的开放程度、提倡教师队伍终身学习理念、提升教师队伍与国际接轨程度。这一点在之后的高职院校教师队伍质量保障价值定位中会做出阐述。一方面，关注教师队伍的专业发展，也就是说高职院校应该大力提高专任教师特别是骨干教师和学科带头人的学历层次，并对来自普通高校的教师或者刚从高校毕业到高职院校任教的高学历者进行岗前培训，可以通过实习和进修使他们接受专业知识和实践经验的培养。增强教师队伍的开放程度是指高职教师必须不断扩大自己的知识面，学习新知识和新技术，成为基础文化知识宽广、专业知识扎实、实践动手能力强的教师，从而适应市场经济发展对高职院校教师提出的要求。这些主要是从实践层面推动教师队伍的发展。另一方面，在知识经济时代背景下，新的产业技术不断推陈出新，知识与技能的贬值速度加快，这就要求高职教师能够利用各种渠道，不断地学习和充实自己，提升高职教师队伍终身学习理念，这样才能教给学生更新、更实用的知识和技能。由于国际竞争加剧、社会对高职院校教师队伍建设的要求也有所改变，教师队伍的建设不仅立足我国市场的发展和需要，还要与国际接轨，学习国外教师管理、教师培训的先进理念，培养具有国际视野、国际胸怀的新型教师。这是从学习理论和自我知识提升方面为教师队伍建设提供平台。

3. 为提高高职院校教学水平和办学质量奠定基础

教师是校内教育教学质量保障的首要资源，师资队伍建设是提高教育教学质量的核心。教育质量的关键在于教学质量，而教学质量的关键在于教师的授课质量。教师的教学质量意识是教师关注教学效果、改善教学行为的内在驱动力，教师拥有的教学质量意识，不仅对他们的教学行为产生积极或者消极的影响，还会成为推动或者阻碍学校教学改革的力量。有研究指出，高职院校需要加强教师队伍建设，采取多种措施，提高教师的职业素养，促进教师乐教、爱教、勤教、在教，为人才培养质量的稳定与提高奠定坚实的基础。因此，保障高职院校教师的质量就是保障高职教育教师队伍的质量，进而为高职院校的教学质量与水平提供保障。

建设教师队伍是教学建设的一种，能从根本上保证我国高等职业教育质量的有效提高，为我国高等职业教育事业的开展提供良好的基础，推动我国社会经济的快速建设和发展。高职院校的综合实力与学术地位可以通过其高职教育教师队伍的综合素质水平与人才培养水平体现出来。高职教师队伍的组建对高职院校的生存与发展具有重要影响和意义，可以通过对队伍中高职教师的知识、学历、能力结构进行调整，使其整体素质不断提高，激发高职师资的内在潜能，构建高职教师可持续发展的质量保障体系，组建起一支专兼结合、实践能力强、教学水平高、结构合理、综合素质高的高职教育教师队伍。这对高职院校的进一步发展具有极其重要的现实意义和战略意义。

（二）高职院校教师队伍质量保障的价值定位

作为我国教育的重要组成部分，高等职业教育的发展对我国经济建设和社会进步产生了重大的推动作用。同时，社会和企业对职业教育培养出的技术技能型人才的能力需求有所提高，因此提高高职教师队伍质量迫在眉睫。

1. 高职院校教师队伍质量保障理念的价值定位

（1）教师队伍突出职教性与高教性的统一。高等职业教育是"高等"和"职业教育"两个概念的复合。高职院校教师区别于高等院校教师的特点是高等院校教师凸显高教性，而高职院校教师既要彰显高教性又要突出职教性。高职院校是兼具高教性和职教性的，高教性彰显的是高职院校作为高等教育的组成部分，是职业教育中处于层次最高的具有高等教育性的教育，在教育层次上具有高教性；职教性凸显高职院校作为高等职业教育的组成部分，是高等教育中具有较强职业性和应用性的教育，在教育类型上具有职教性。因而，高职院校的高教性和职教性是有机统一的，高职教育兼具高教性和职教性两个基本属性，是层次上的高教性与类型上的职教性的有机统一。

我国高等职业教育属于高等教育的重要组成部分。根据高职的办学特色和办学定位，职教性是高职院校的特色，而高职院校独特的高教性也是高职院校健康发展的基础。高职教育以职业能力为基础，培养高素质的应用型和实用型人才，强调理论知识的应用性和教学的实践性。因而，高职院校的人才培养模式同样须兼顾高等性和职教性。在既具高教性又具职教性的教育教学组织中，高职教师是学校教育教学活动的主要承担者，高职教育要凸显其职教性与高教性的统一，关键在于高职院校的教师。高职教师必须具备系统的专业理论知识和较强的教育教学能力，如此才能有效保障高职院校教师的高教性特点，同时高职教师必须具备专业技能和实践工作经验，以有效保障高职院校教师的职教性。高职院校师资队伍质量是提高高职院校办学质量的重要保障，只有着力提高高职院校教师队伍的质量，切实提高高职院校教师的理论教学和实践教学能力，才能彰显高职院校特色的办学定位，才能实现高职院校的可持续发展。因此，高职院校教师要实现高教性发展和职教性基础的统一，既要有丰富的理论知识，又要有实际的工作经验和实践能力，这也是突出现代高职院校办学特色、体现"双师型"教师队伍建设、提高教师队伍质量、促进高职院校教育质量的必然要求。

（2）教师队伍建设关注社会行业发展特点。高等职业教育的办学定位是以职业为本位，以行业为依托，对接相关产业，加强同企业的合作。高职教育的办学定位决定了高职院校必须与行业企业紧密联系，走产教结合、校企合作的道路。并且，高职院校往往专属于某一行业或区域，即高职院校一般由某个地区或某一个行业主办或主管，主要为某一行业或某一区域服务，因此行业特点不仅是高职教育办学的特点和重点，还是师资队伍建设的重要导向。

随着中国制造业的发展，我国逐渐重视高职院校的发展。为满足企业对人才的需求，建设一支高水平的师资队伍是推动高职院校发展、满足企业对高技能人才需求的重中之重。作为高职院校的教师，应把深入行业企业作为实践技能的主要途径。高职院校高水平教师队伍的建设，不仅需要高职院校教师通过自身学习和丰富理论知识、参加课程培训来提升自我，还需要通过关注社会行业发展、与行业企业合作、深入企业实践来完善自我。这就要求高职教师基于自己的专业背景和教育教学，将与教育教学专业相关的地方产业发展特点纳入自己的视线中，从而了解行业，关注社会行业的发展，掌握社会行业的发展需求,将行业的发展需求有机融入教育教学过程中。这是加快现代职业教育体系建设、深化校企合作和产教融合的发展战略背景下,培养高素质人才、建设高质量师资队伍的重要途径。

2. 高职院校教师队伍质量保障的实践价值定位

(1)关注教师队伍的专业发展。教师专业发展是教师在自身专业素质方面,包括知识、技能和情意等方面的提高和完善。教师专业技能的发展,专业理论知识的学习成长、成熟过程,是由非专业人员转向专业人员的过程。教师专业发展包括教师个体专业化和教师职业专业化两方面。高职教师专业化发展既有一般教师的特征又有自身的特点,主要包括特定学科和专业的知识和能力;本专业的实践能力,了解和把握行业发展趋势和动态;在教学实践中进行反思和总结、开展教育科学研究的能力。教师队伍质量的提升需要教师队伍的专业发展,教师可以通过各种方式和途径进行自我提升,包括在职培训、脱产进修、校本培训、自我反思和总结、制定职业生涯发展规划等。

教师队伍的专业发展是保障教师队伍质量的重要内容,高职教师的专业发展在很大程度上影响着高职教育的教学质量,从而影响着高职院校人才培养质量和高职院校在同等院校中的综合竞争力。因而,高等职业教育的发展必须关注高职教师队伍的专业发展。高等职业教育的特色是以职业为本位、以就业为导向,本就有较强的实践性和职业性,这就要求高职院校的教师队伍必须是一种"双师结构",既有从事教育教学的专任教师,又有从行业引进的具有丰富工作经验和实践能力的一线技术骨干。此外,随着社会经济的发展、国家对职业教育的逐渐重视、职业教育自身的发展和进步以及社会对高职院校人才需求的提高,高职院校专任教师必须具备专业发展的观念和意识,通过不断学习新的理论知识,丰富自身理论知识,同时提升自身的实践能力。因此,高职院校教师队伍建设要重视教师的专业发展,可以通过教育进修、校本培训、进行教育研究等丰富教师队伍的理论知识,促进教师的专业发展。

(2)增强教师队伍的开放程度。教师队伍的开放化是提升教师队伍质量的重要举措,教师队伍的开放化建设对提升教师质量、优化教师队伍结构、增强院校竞争力和提高人才培养质量具有重要意义。增强教师队伍的开放化程度能打破原有师资队伍结构的僵化局面,引进高素质的优质教师,促进高职院校教师队伍的流动,激发教师队伍的竞争力,进而提高高职院校教师队伍的质量。

要增强教师队伍的开放程度,就必须拓宽高职教师来源渠道,完善高职院校教师的专兼职结构。从我国高职院校教师队伍数量上看,由于职业教育的不断发展，职业院校的专业设置多样化，因此对职业院校的教师需求量增大，职业院校的教师数量呈上升趋势。从教师队伍的结构上看，高职院校自身不同于其他院校的发展特点就是其具备高教性和职教性的统一，这也是高职教师队伍建设的重要导向。高职教师不仅需要教师具备深厚的专业理论知识，还必须具备丰富的实际工作经验和实践能力。基于高职院校教师队伍建设的独特性，高职院校需要增强其教师队伍的开放性。拓宽高职教师来源渠道，积极引入行业企业的优秀技术骨干和专业技术人员，聘任行业企业的技术人员作为高职院校教育教学的兼职教师，增加兼职教师的数量，解决高职教师队伍中"双师型"教师队伍的建设困境，可以防止高职院校的理论教学和实践教学脱离节，从而提高教师教学质量。同时，高职院校中的专任教师和兼职教师之间应该加强合作。有学者指出，高职教师必须具备较强的实践能力和企业工作经历，这是高职教师专业化和开放化的重要标志。高职院校的专任教师必须加强同企业的紧密联系，定期到企业进行实践，提升双师型教师应具备的实践能力和实际工作经验，而高职院校的兼职教师应加强其教育教学能力的锻炼，在这一过程中专兼职教师互相帮助，共同提高。此外，通过加强校企合作以增强教师队伍的开放化程度。通过建立校企合作平台，校企共享优质教师，校企双方共同明确教师队伍建设的目标，加强专兼教师的培养。因此，建立一支专兼结合、结构优良、专业素质和技能过硬以及具有开放性的高职教师队伍是提高高职院校教师队伍建设和人才培养质量的重要途径。

（3）提倡教师队伍终身学习理念。终身学习从20世纪60年代终身教育理论出现后受到关注。终身学习理念是贯穿人一生的有意义的学习，是对终身教育理念的继承和发展，强调的是学习者自身有意识地不断学习和获得自我终身所需要的知识、技能、理解力以及其他在任何任务、情况和环境中有信心、有创造性地应用它们。终身学习理念对当下我国教师队伍建设有其必要性。就教师群体而言，现今社会信息技术发展迅猛，知识更新速度加快，人们的生活方式和学习方式也发生了变化。教师所储备的文化知识和专业知识在现代社会迅猛发展的背景下、在日益更新的知识浪潮中逐渐老化，教师要在这样的环境中站稳脚跟，实现自我发展和完善，就必须意识到知识的学习不是一劳永逸，而是需要跟随时代不断发展的步伐，加强自我学习，不断更新理论知识，提升自我素养，即必须树立终身学习的理念，坚持通过不断的学习来完善自己的知识体系、调整自己的知识结构、丰富自己的知识内容、提高自己的思想素质、拓展自己的知识面。

现代职业教育着眼职业教育的终身一体，是依照终身教育理念，使职业教师能够在职业发展的不同阶段灵活接受职业教育和职业培训，促进职业教育的可持续发展。终身性是现代职业教育体系的重要表征。高职院校的师资队伍建设就要树立终身教育理念。一方面，高职教师培训旨在提升教师的综合素质，提高学校的教育教学质量。通过理论和实践培训两条途径对高职院校新任教师入职、教学基础理论、教学专业实践三方面内容进行培训。另一方面，高职院校师资队伍建设还需要通过对教师职前、职后培训一体化使教师树立终身学习理念。通过建立职前培养体系和职后培训体系，建立教师队伍建设的一体化，打破传统的教师教育知识理论的一次性服务观念，将教师教育队伍建设的理念延伸到教师职后发展的各个阶段，把终身学习理念贯穿教师入职前、在职中和入职后三个阶段，建立职前培养和职后培训一体化的独立体系。终身学习理念是教师专业发展的要求和教师自身成长的需要，也是教师提升专业素养和职业技能的需要，更是提升教师队伍综合素质和提高教师队伍质量的需要。

（4）提升教师队伍与国际接轨程度。随着经济全球化和社会发展的日益国际化，教育领域对国际化人才的需求日益强烈，这使高职院校教师遇到了前所未有的挑战。积极应对教育国际化，提升高职院校的综合竞争力，建设与国际接轨的高职教师队伍变得越来越重要。

现代职业教育的核心在于培养人，培养高素质的技术技能人才，培养能够适应时代发展和具有创新能力的现代化人才。实现这一核心目标的关键在于师资，而高职师资队伍建设的关键抓手就是提升教师队伍与国际接轨程度。

首先，拓宽高职教师来源渠道，引入一些具有国际化理念和国际化视野的海外人才，通过他们积极带动国内高职院校教师在专业知识理论和实践技能、生产技术、教育手段和方法等方面的创新，以此提升高职院校教师队伍与国际化接轨的程度。其次，把我国高职院校教师中的优秀人才、技术骨干选派到国外进行锻炼和培养，如出国考察或访问国外高职院校，学习国外高职院校的先进理念、技术和方式方法；为高职教师提供出国深造的机会，使他们有较多的机会"走出去"，学习国外先进的理念和技术，拓展高职教师的知识面，锻炼高职教师的实践能力。有学者认为，高职师资队伍的国际化建设可以通过培养具有国际化师资素养的教师、开设国际化的高职师资课程、建设国际化的高职师资培养培训体系、对高职师资进行国际化管理与评价的途径来实现。最后，国内高职院校可以通过引进国外教材和书籍，或者同国外教师共同开发教材，通过进行项目合作，以及建立网络平台的方式分享国际化课程等来提升教师与国际化接轨程度。

(三）高职院校教师队伍质量保障的策略

1. 建立教师质量保障政策

高职教育是我国高等教育的重要组成部分，明确和落实政府责任是高职教育得以健康发展的重要保证。我国各级政府应重视高职院校教师质量保障政策的制定，保证其政策的明确性、执行力及持续性，适时设立高职院校教师质量保障监督机构，注重教师质量发展数据的收集研究，促进高职院校质量保障体系的建设。

2. 加强教学课程实践，全面提升教师专业素养

教师在完成实践课程的过程中应到相应的高职院校进行教学实践，组织课堂教学，维持课堂纪律，逐渐培养教师的职业素养。与此同时，教学实践过程中应有一套行之有效的鉴定和评估体系，使教师在不断反思过程中完善教学理念和教学方法，并逐步提升自身的专业素养。

3. 建立多元化的教师培养路径

目前，我国教师的培养主要由师范院校和综合性大学来承担，但效果不够明显，准教师的教学专业技能和素质仍有待强化。为解决这一问题，当前我国一些高等院校进行了积极的尝试，如以"顶岗实习支教"的方式代替原来师范生的教育实习，这样既解决了师范生实习过程不规范的弊端，又解决了部分地区师资短缺的困境，这一做法值得大力推广。

4. 优化培训制度

近几年，我国高职教育发展迅速，提升教师队伍质量成为高职院校关注的重点。开展教师培训是提高教师队伍质量的途径之一。目前，被广泛运用于基础教育改革的"参与式"培训理念深受教师欢迎，其中教师"参与"是核心，充分体现了教师学习的主动性与平等性的观念，激发了教师自主发展的激情。此外，学校要合理设置培训目标，这是优化培训的基础，对提高培训的实效性具有重要作用。设置目标时要注意以下几点：第一，培训目标的设置应当符合教师的需求；第二，培训目标的设置要具体；第三，目标的难度要适当；第四，鼓励教师参与目标的设置。教师培训完还应建立合理的培训评估体系，以检测培训后达到的真正效果。

5. 建立基于教师队伍质量的评价体系

高职院校应当改变传统的评价理念，采用发展性教师评价。发展性教师评价以提升教师质量为目的，重视教师的个体差异，其合理的高职教师评价标准、多种评价方法相结合和鼓励教师自我评价的评价模式，有利于教师内在自我发展动机的激发。

6.为高职教师队伍质量保障提供多种平台

这是针对高职院校的部分教师进行实践和理论学习的机会较少,缺乏锻炼平台而提出来的。要想建设一支高质量的教师队伍,高职院校应尽可能地为教师提供学习机会,开展专家讲座、优秀教师报告会等,扩大教师的知识面,使教师有学习、展示才华和提升自我的机会,以此促进教师不断发展。另外,保障教师队伍的质量不仅是丰富专业知识的学习和实践技能的提高,其职业道德的发展也是十分重要的。鉴于此,学校可以定期组织教师参加教育职业道德和法规的学习,开展提高师德的活动,树立优秀教师的典型,带动其他教师共同发展。

第五章 发达国家高职教育质量保障体系的比较

第一节 外部质量保障体系

一、法国高等教育外部质量保障及组织结构

(一) 法国高职教育管理体制与质量保障

1. 法国高职教育发展与管理体制改革

1960年,法国的高职教育开始迈入了普通化的快速发展阶段。此后,在快速发展的前提下,又受科技、思想、经济、政治等各个方面的影响,法国一直在摸索高等教育改革。2000年,法国高职教育的毛入学率超过了一半,几乎达到60%,位居欧洲各国前列。一直到2006—2007学年,法国大学教育系统包括大学附属高级工程师专业学院70所、大学附属技术学院114所、国立大学81所,而非大学教育系统的机构也很多,如和高等教育同级别的教育机构1 427个以及各类师资培育学院30所,接受高等教育的学生超过225万。

从高职教育管理层面来看,法国早在拿破仑执政时期就创建了独特的教育管理机制,即中央集权制,意味着中央政府严格掌控所有的高等教育机构。迈入20世纪以后,法国的高职教育逐步实现现代化,且朝着教育自治的方向发展。1968年,法国学生因反对腐朽的高等教育制度爆发了特大规模的学生运动,促使新的教育法诞生,即《高等教育方向指导法》。此法清楚规定了大学的三个原则是民主参与、多学科、自治,使法国大学拥有了开放性、灵活性,成为办学实体。此时,法国的高职教育拥有大学自治和中央集权双重特性,直接改变了传统行政权力机构严格把控大学的局面。到20世纪90年代初,法国政府实行高等教育改制,下放办学自主权,选用高校和政府签订相关合同的方式。高校获得了更多的办学自主权。在实现欧洲高等教育一体化的过程中,

1998年意大利、德国、英国、法国在法国索邦大学一同签署了《索邦宣言》，宣言指出：在2005年以前，各国必须确定学校和有关的质量保障机构担负的职责；评估各国的所有学校和对应专业；搭建相互认证、鉴定体系或类似的体系，增强国际合作和交流，构建国际网络。2007年8月11日，法国公布了《大学自由与责任法》，此法规定在五年时间里，每个大学都拥有自主行使预算以及人类资源管理的权力，还能申请获得学校的不动产，使大学具有了更多的自主权。显而易见，随着高等教育的不断改革，各个教育机构的定位也在不断变化，国家评估高等教育的力度随着高校自主权的变化而变化。

2. 法国高职教育督导与评估制度的发展

法国高职教育的管理改革和质量保障相互匹配，政府仍占据主导地位。高等教育质量保障体系分为两部分，即质量评估制度和教育督导制度。教育督导是教育行政管理体系中不可或缺的一部分，它不但是国家监督教育的系统，而且是各个教育部门之间的桥梁和纽带，在整个教育事业的发展过程中发挥着重要作用。教育督导制度最早出现在拿破仑执政时期，但由于当时教育制度的限制，它的作用很小，只能发挥一些从上到下的监控作用。后来，督导制度经过无数次改进和完善，直到二战结束后，教育督导制度持续经受教育改革的挑战，自身也在向着专业化和多元化方向发展。1968年，法国高等教育机制出现特大转变，原本一个学区一所大学的规定被打破了，还让各个高校在财政方面拥有了一定的自治权。

随着各个高校在财政、研究、教育、行政管理方面的自主权持续增大，国家也要面对很多真实的问题，如是否合理运用政府资助的经费和水平，国家怎样确定高校真实的办学质量，等等。

在法国教育发展的历史进程中，1980年新推出"评估"一词，且在最近十年时间里极为活跃。1968年，《高等教育方向指导法》规定大学可自治，国家将控制权转变成事后控制，大学内部进行评估，且只是在很小范围内开展的非系统化的评估。1984年，法国设立了法国国家评估委员会，全称为"科学、文化和职业公共高等学校国家评估委员会"（CNE），专职评估高校，这是评估真正开始的标志。尤其是1989年法国选择在政府和高校之间应用"合同"形式，致使高校各个层面都选择合同政策。在合同中规定了学校要处理的问题、实现的发展规划和任务目标，为期四年，合同到期后，高校需要对这些内容进行阐述和说明，因此客观评价尤为重要。1989年7月10日，法律规定CNE变成一个高度自治的管理实体，所有报告由总统审阅。为了满足博洛尼亚进程构架创建欧洲高等教育质量保障合作的有关要求，2006年4月法国开始研究新的评估机制，创建一个和欧洲乃至国际都匹配的单独机构专职负责评估科学研究和高等教育。2007年3月，法国研究与高等教育评估机构（AERES）成立，意味着新的评估时代来临。

（二）法国外部质量保障组织结构剖析

1. 法国外部质量保障组织结构

在法国高职教育的质量保障机制中，政府占据主导位置，评估也不是唯一的方式。如今，法国创建的高职教育质量保障机制总体上是根据1968年制定的《高等教育方向指导法》中"教育体系评估"得出的。它不仅有"合同制"的形式，还有三个单位负责质量保障。第一，教育部预测绩效评估司。它负责将自己掌握的所有教育类型的所有统计资料和基础数据进行简单的量化，然后做出对应的预测和估算，为行政部门制度决策和政策提供证据支持。第二，全国教育行政与科学研究总督学署。它负责对各个地区和全国范围内高等教育和产学的整体发展做出规划建议和质性评价。第三，科学研究与教育评估署。它负责评价高等教育机构和科学院校的所有事项，运用多元化的评价保证这些机构和院校和社会各界、政府进行友好交流，是民众知晓高等教育和科学研究的质量对社会和国家发展的重要途径。而且，法国还存在一部分学术组织可参与评价高等教育，博洛尼亚进程就使一部分有深厚行业背景的认证机构也能参与专业认证活动。

2. 法国各类外部质量保障机构设置

传统法国的高职教育机制是中央集权制，政府通过立法、拨款、计划等手段实现高等教育管理，但在1980年设立国家评估机构以后，"评估"以及"合同"的形式占据主要地位，且和拨款一起成为政府实现宏观管理的关键方式。尤其是1990年之后，政府下放办学自主权，选择和高校签署有关合同，使大学拥有了更大的自主权。当合同到期，由国家评估委员会（前期的）或研究与高等教育评估机构（现在的）评定相关合同的真实执行情况，如目标达成情况等，政府则依据评价结果向大学拨款。此外，法国高职教育还在中央层级设立了专门的咨询机构，包括大学校长协会、全国高等教育与科学院校理事会以及国民教育高级理事会等。这些机构负责组织和配合全国的高等教育活动，调和高等教育发展的内外环境，拟定评价高等教育质量的有关标准，为大学发展提出相应建议，增进大学和政府的互动。它们不掌控大学，不拟定政策，但能影响政府的决策，是实现高校和政府友好交流的平台。

为了真正落实教育法规、政策、方针，提升高职教育质量，法国创建了教育督导制度，这是世界首例。1950年以后，教育督导制度逐渐向着专业化和多元化发展。1965年，法国成立国家教育行政总督学，将散落在国民教育部各个部门的行政总督学全部纳入了新的督导机构。1980年，法国公共教育总督学正式改名为国家教育总督学，且依据专业区别组建了督学工作团队。1984年以后，国家教育行政总督学增强了对高等教育的宏观调研，并面向全社会招聘。1986年，推行教育管理体制改革，主要负责评估和管理教师工作，法国总督学则负责宏观的调研和评价。国家教育督导制的实施在提升高等教育质量方面有至关重要的作用。

1987年，法国设立教育部预测绩效评估司，当时的教育部部长莫诺里指出它具有三项职能：预测、评估、认知。具体而言，它对内负责向教育系统提供可靠信息，向教育系统的工作者提供相应的工具，向教育部部长提出建议；对外负责控制舆论，保证民众对学校有正确的认知，拥有良好的公共辩论基础。

2007年3月21日，法国研究与教育部部长根据公布的2006-450号《法国科研规划法》成立了法国研究与高等教育评估机构。自此，法国一部分原有评估机构从历史舞台上消失，如法国科研评估委员会（CNER）、科技与教育委员会（MSTP）、法国评估委员会等。AERES分为三部分，即评估委员会、分部（常设机构）、理事会，它并不属于高等教育暨科学研究部或教育部，而是一个独立的专职行政机构。如今，它包含三个部门：第一，行政事务部，负责评估大学机构；第二，科研单位部，负责评估科研单位；第三，教学和文凭部，负责评估博士、硕士、学士等大学学位资格和教学资格，同时负责每年编撰一份法国研究状况年度报告。创建AERES后，法国拟定了四项目标：第一，践行法国在博洛尼亚进程中定下的国际承诺；第二，推动被评价机构提升自身能力；第三，合理帮助法国政府制定战略决策；第四，在学生选择专业和院校时提供有效信息。

1934年7月10日，根据法律建立国家工程师职衔委员会（CTI），它由国家教育与研究部负责管理，是唯一一所准许高校向学生发放工程师文凭的机构。它会定期评估法国所有的高等工程师学院，并给予发放资质。如今，委员会共有32名成员，学院机构和社会经济界人数各一半。它的任务有以下几条：第一，委员会负责一切和工程师职称有关的问题；第二，研究并判断是否授权给高等教育机构发放工程师文凭；第三，定时评价工程师的培训；第四，可主动检查某个机构是否具备组织培训的条件以及相关的培训内容。

法国评估高职学校的机构有很多，除了 AERES 以外，还有负责教师评估和招聘的大学评估委员会（CEU）；负责同意进行教学项目并取得国家学位证书的国家高等教育研究委员会（CNESER）；负责在教育部高等教育理事会范围内审核研究生课程且授予对应学位的学位授予委员会；负责拟定学术规划，为各个大学补充人员并促进其发展，明确国家水平的大学理事会；负责四年研究合同、分配教育部研究基金的国家科学、技术和教育委员会。法国政府一直推行的就是评估制度，但在 1994 年政府和工商界一同创建了"法国认证委员会"之后，产生了一部分拥有行业背景的认证组织，认证（accreditation）制度开始成为新型的质量保障方式。

二、美国高等教育外部质量保障及组织结构

（一）美国高职教育管理体制与质量保障

1. 美国高职教育发展与管理体制

美国和法国不同，它属于高度分权的国家，联邦政府负责制定宪法，但不具备管理教育的权力。各州单独创立本州的高校，还负责审阅以及同意在辖区内由企业或私人建立学校。1979 年，联邦教育部（USDE）成立，但它并不是管理所有学校的行政机构，它的主要职责是通过多种形式为各州提供援助和服务，如制定法律，颁布了《2000 年目标：美国教育法》《高等教育法》《国防教育法》等；提供财政援助，如"佩尔助学金""保证学习资金""国防学习资金"等；公布可靠信息，各种类型的数据信息以及分析报告。所以，联邦教育部只是一个负责服务和协调的部门，下级部门也多是研究发展性部门，负责管理联邦政府设立的种种学生贷款、科学研究等项目的资金，为各州的教育部提供咨询服务，同时在教育界、行政部门、国会之间构建交流的平台。

2. 美国高职教育质量保障与认证制度

《国际高等教育百科全书》中明确规定，美国和欧洲几乎同时出现高等教育的质量保障制度，而且一直随着高等教育的发展不断变化。美国教育历史上出现过三种关键的质量保障制度："校外同行审查""入学考试""教学开业证书"。校外同行审查制度认为，一个教育机构中某位专家或某项课程想取得整个学术界的认可，必须邀请其余高校同专业的专家进行评定。在 19 世纪后期，美国各个高校在使用以上质量保障制度时发现校外同行评审制度得出的结果往往受到校外评审人的道德和专业素质这种非学术原因的影响，而且评定结果很难实现同类院校之间的比较。为了保证相关学者公正、客观、公正的评审，且

被评审的院系及其质量获得整个社会的认可，美国新英格兰地区的中学和高校在1885年最先开展行动。最终，美国高校设立了一种新型质量保障机制，即"高等教育认证"，它既有校外同行评审的相应特征，又获得了本行业相关机构的认可，更获得了整个社会的认可。

从创建教育认证制度至今已有一百多年，这种制度特征极其特别，刚开始应用就起到文凭互认和质量保障的作用。随着认证机构的数量持续增长，为避免产生无序情况，美国还为管理这些机构成立了新的组织，如地区性高等教育鉴定委员会联合会（FRACHE）和全国认证委员会（NCA），后来这两个组织合并形成中学后教育认证委员会（COPA），现在的高等教育认证理事会（CHEA）就是这些机构不断改革的最后成果。这些组织依据相关标准认可认证机构的资格，在学校和认证机构或者认证机构之间出现争执和矛盾时，它们还发挥仲裁和调解的作用。正是由于这种认可和认证组成了完整的高等教育认证体制。

（二）美国外部质量保障组织结构剖析

1. 美国外部质量保障及认证组织结构

如今，美国的高等教育质量保障体系分为两部分，即外部质量保障和内部自我保障。外部质量保障不仅使用认证制度，还负责协调和管理州级政府的高等教育机构；联邦教育部的主要作用是依靠高等教育认证制度收集各种数据并向外公布，间接地掌控高等学校。另外，社会各界、各个出版商、各种新闻媒体对外公布的排行榜也包含在内。这里需要注意的是，美国的联邦教育部、各个州级教育部以及各种非官方的排行组织和认证机构三者互不干涉，履行自身的职责，逐步形成了一种新型的外部质量保障机制，即三元组合（tried）机制。而美国最主要的高等教育管理和质量保障模式就是高等教育认证制度。

单从外部质量保障层面分析，美国创建了相对完整的认证制度，简单讲就是联邦教育部先将一部分非官方的教育认证机构转变成自己认可的机构，然后由高校向这些机构提出申请，再集合一部分专家对高校的某专业或高校本身进行认证。这些认证机构都是专门职业协会下单独设定的机构或者不属于官方的、自主参与的院校协会，认证机构负责对高校或专业进行认证。而且，为增强认证行业的自控能力，美国专门组建了全国高等教育认证理事会，它由高校和各种各样的认证机构组成，它的作用就是赋予各个认证机构对应的认证资质，并在各个成员之间搭建增强能力、培养专业素养、交流经验的平台。

美国的认证机制包含两种模式，即专业认证和院校认证。认证机构也可划分成三种类别,即地区性认证机构、全国性认证机构、专门职业性认证机构。其中,地区性认证机构是根据美国地区划分的认证机构,分布在六个地区,西北部、中北部、西部、南部、中部和新英格兰,由各自区域的院校协会负责管理,数量有8家;全国性认证机构分为两种,第一种是全国范围内专门认证信仰性院校的机构,第二种是全国范围内认证职业院校或专职院校的机构,两者一共11家;专门职业性认证机构负责认证只有单个学科的高校或者多学科高校中各个学院以及各个专业,一共61家。许多高校在认证时可以同时申请多个机构的认证,如认证院校时,可选择全国性认证机构,也可选择地区性认证机构;认证高校内各个学院或专业时,可选择多个专门职业性认证机构,但是学校必须确定其中一家是本校最重要的认证机构,并上报政府。至于判断各类、各级认证机构是否具备认证资格,则由联邦教育部以及全国高等教育认证理事会共同决定。

2. 美国各类外部质量保障机构设置

(1)美国联邦教育部。虽然联邦政府在管理高等教育机构上不具备法律权限,但是联邦教育部掌管着由《高等教育法》赋予的相应权力,如发放联邦助学金、其余类型的联邦项目等。1992年,联邦教育部为了发挥自己对各种认证机构的鉴定及认同作用,根据国会制定的相关法律条文,单独设立了资格与机构评价办公室,它的职责是对全国的高等教育实施质量监督,以及对认证机构实行鉴别和认同。其具体可分为两部分。第一,发挥自身对各种认证机构的认同。当某认证机构想要获得官方的认同时,必须经历以下几个步骤,教育部部长选择多个非政府人员构成国家咨询委员会,该委员会成员向教育部部长建议对某机构开展认可流程,教育部部长经过思考、审议后对是否认可该机构做出最终结论。全程由教育部官员主持,认可一次最长可维持5年。到2005年4月,教育部认同的专业的、全国的、地方的认证机构分别有41所、11所、8所,它们占本行业所有机构数量的66%、100%、100%。第二,搜集高校的相关信息并向民众公开。联邦教育部对各个高校的质量相关信息进行搜集,先将其输入高等教育综合数据系统(IPEDS)进行研究、分析,然后将结论向广大民众公布,使民众更清楚学校的真实状况,以促进高校的质量保障。IPEDS搜集的数据范围极广,如图书馆、教职员工、任期、财政统计、福利、教职工工资、学生注册率、学生毕业率、学生完成学业率、学校特性等。联邦政府运用上述种种方式,尤其是认可认证机构的相关制度,逐步加深对高等教育的影响,生成有效的、特殊的领导制度。

（2）州一级政府。州政府对本州内高等教育的质量审查最能展现政府的作用，根据审查对象不同分为评估私立学校的许可证审查和评估公立学校的绩效审查两种，而评判的内容一般包含对消费者的保护、院校的可持续发展、管理能力、稳定财政等。许可证审查指的是每个私立学校在经政府同意后才能在本州内发放相关证书和学位，所以政府一定要审查学校的相关资质，公立学校也不例外（一般公立学校在建校前就已经获得许可证）。绩效审查指的是审查各个高校的资源应用成效和利用率，它的主要目的是保证学校的教育质量，保证并促进学校在遵循对应规范的前提下进行改革，不辜负州议会和州长的信任。州政府不仅自行审查，还会和非政府类的认证机构合作。州政府还对高校有管理权，能通过资助经费提高高校工作的积极性，认证机构则意味着教育界可自主管理高校。当开展真正的认证活动时，双方共同发挥作用。

（3）高等教育认证理事会。1996年，美国为协调教育认证活动组建了一个非政府组织美国高等教育认证理事会，它是为社会民众服务的、拥有单独行使权利的当前美国最大的高校联合协会，成员分为两部分，一部分是高校（3 000多所），另一部分是认证机构（60多家）。它的董事会现有17名，其中公众代表4名，剩余为高校的教师以及校长代表，双方一同为认证活动出力。它的根本目标有三点。第一，提升高校的学术质量。保证各类认证机构制定的标准能提升高校的学术质量，且和各院校的方针是一致的。第二，保证公正。它意味着公众对教育的审查，依据结果判断其是否和教育界以及民众的希望相同。第三，推动变革和改进。保证认证活动对某个项目或院校有促进作用，使其发生变革以及改进，并不断发展。另外，CHEA还负责举行年会或研讨会、出版认证信息、解决各个会员之间的冲突等。由于很多美国高校时常与国外人员合作和交流或者直接在国外建校，2001年CHEA创办了国际委员会，成员有45人，分布在20多个国家中。此委员会每隔一年召开一次会议，会上共同商讨关于国际高等教育质量保障的相关问题。

（4）院校认证机构。1895年，在佐治亚州亚特兰大由民众自行创建了一个非政府性质的、为民众服务的组织——美国南部院校协会（SACS），它主要处理南部11州的学校认证问题。此组织包括初等学校委员会、中等学校委员会、高等院校委员会三个组织，它们互不干涉，单独制定认证程序和标准，管理相关机构，行使自己的权力。组织构架包含执行理事会、高等教育委员会、会员代表大会以及常设机构（由专业人员构成）等。其中，执行理事会负责的内容有五点：第一，详细说明委员会制定的程序和政策；第二，对常设机构和委员会的工作设定程序并实施监管;第三,对常设机构的预算、经费、工作目的实行审核;第四,对常设机构的工作进行查验,且年终实行评估;第五,为某事项提供新的建议、计划、方案。常设机构主要处理事务性工作,如年会、咨询、平常的认证、培训等,可用专家有4 000人。高等教育委员会的成员有25人,会员学校有800多所。

1932年,美国新组建了一个非政府的组织——美国工程与技术认证委员会(ABET),它属于专门职业认证机构,负责制定全国工程教育的相关程序、规则、政策,为相关专业提供认证服务,并赋予高校或机构认证资质。ABET为会员制,成员有30个,都属于技术学会和专业学会联合性质。如今,已经有大约500所高校的2 700多个专业经过ABET的认证,它的认证被各个州的专业工程师注册机构、高等教育认证理事会以及教育部同时认可,它还是《华盛顿协议》中6个发起工程组织中的一个,是被国际承认的认证机构。

三、日本高等教育外部质量保障及组织结构

(一)日本高职教育管理体制与质量保障

1.日本高职教育发展与管理体制变化

1877年,东京帝国大学成立代表日本高等教育的开始,它与后来成立的东北帝国大学和京都帝国大学一同为日本近代的高职教育打下了坚实的基础。二战后,日本大力推行均等教育,高校不断扩招。1970年,日本正式进入高职教育普遍化阶段,着重发展高等专科学校和短时间的私立大学,高校类型变得多种多样。从办学主体划分,高校分为私立、公立、国立;从办学层级划分,高校分为专修学校、高等专门学校、短期大学以及普通大学。到20世纪80年代末期,高等教育的升学率高于40%,到2007年,毛入学率高达77.6%。日本高等教育的管理体制在最初阶段是中央集权制,最大的原因就是明治维新,但二战后,日本借鉴美国的制度实现政治、教育、经济等各个方面的全面化改制。日本的高等教育制度参考美国模式,管理制度也不例外,选用地方分权制。日本的文部科学省具有立法权,借立法制定与教育相关的政策和方针,同时具备审查及审批与教育相关的财政、人事、设置基准、预算等问题的权力,其余部分基本由大学自行管理,如内部财政、科研、人事、教学等。

2.日本高职教育评估制度与质量保障

1956年,日本文部科学省为增强自身对高等教育质量的控制,发布了《大学设置基准》,组建了大学设置委员会(后改名为大学设置审议会),用于判

定大学设置有无错漏。在未颁布此条令前,各个大学的有关组织一同组建了大学基准协会(JUAA),并拟定了《大学基准》,且负责评定每个请求加入本协会的大学的办学质量以及相应资格。1960年以后,文部科学省为加快高等教育普遍化进程,将设置大学基准条件适当放松,创办大学相对简单,但新成立的高校基础设施不足,人力、物力不达标,教育质量问题很多,致使JUAA无法依据原来的标准评价它们。由于外部评价缺口很大,高等教育界逐步推行由各个大学实行自我评价。同时,日本政府分别在1991年和1998年修订《大学设置基准》,将其中烦琐的、限制学校发展的内容全部删减,并下放办学自主权,从而使大学自我评价成为一种新的制度。

总体来看,1995年以后,日本推行高等教育改革,着重增强教育质量管理,提议创建新型的高校质量保障机制,郑重表示质量管理要入口松,出口紧。最显著的手段就是创建了外部评估机制,在出口处运用多元化、双轨化的评价机制。1998年,大学审议会在《21世纪的大学与今后的改革方案》咨询报告中提出:一定要创建专职的评估机构,结合透明、公开的大学评估机制,组建形式多变的评估体制,将大学的真实状况呈现给社会大众。2000年3月,日本借助上述提议创建了大学评价与学位授予机构(NIAD-UE),意味着大学外部评估机制走上历史舞台。至此,日本组建了新型的高校内外结合的质量保障制度,意味着日本高等教育管理机制进一步加深。2002年,在日本中央教育审议会的《构筑保障大学质量新体系》咨询报告中明确指出:每个大学都要经过外部评估机构的评判,并采纳给出的意见,11月《学校教育法》经修订后实施,日本第三方评估机构获得飞速发展。

(二)日本外部质量保障组织结构剖析

1. 日本外部质量保障组织结构

日本政府为达成保证当前高等教育质量并继续提升的目的,创建了新型的质量保障机制,具体表现为"各种各样的评估方式、高校内部和外部相结合、官方和民间一同作用"。如今,日本存在大量评估机构,评价形式有下列几种:①实行相互评估以及审查会员资格的专门的团体;②主要目的为审查的行政机关设定的设置认可评价;③大学的自我评价,主要由大学管理者或教师实行;④外部评价,由大学外部人员实行;⑤第三者评价,主要由第三方拥有单独法人资格的机构实施;⑥与财政分配有关的研究评价;⑦认证评价,由文部科学省大臣认可的、拥有单独法人资格的机构实施;⑧法人评价,由大学评价与学位授予机构和国立大学法人评价委员会一同实行。各个大学组建的、有极大影响力的评估机构有大学基准协会、短期大学基准协会、日本高等教育评价机构、日本私立大学联盟、日本私立短期大学协会、日本私立大学协会、公立大学协会、国立大学协会等，有影响力的机构数量在不断增多，日本技术者教育认证协会、大学基准协会以及大学评价与学位授予机构都有很大影响力。

文部科学省拥有各个高校的审批权，确保高校的外部条件能否得到认可，如财力、物力、人力等；如果高校已经正式开放，可推行自我评价，但需要大学评价与学位授予机构定时评估其教育质量；日本大学基准协会等组织评估想要进会的大学的教育质量和资格；日本技术者教育认证协会等组织基于职业要求认证各个高校的相关专业；在社会层面，新闻媒体对所有大学进行排名。文部科学省负责控制入口质量，内部评估通过自主创建自我评价制度推进教育质量改革，外部评估通过质量证明以及审核办学成效保证教育质量。每个机构之间相互作用又相互联系，内部评估为外部评估打下坚实基础，且是外部评估开展的先决条件，而外部评估能有效促进大学实行内部评估即自我评价。而且，每个外部保障机构同样是相互促进且相互分离的，一同组建了高等教育的质量保障机制，推动了高等教育的飞速发展和改进。

2. 日本各类外部质量保障机构设置

（1）日本文部科学省。日本的文部科学省是负责教育的最高权力机关，它根据自己拟定的《大学设置基准》评定及认证各个高校的设置条件，具体如下：有人或企业想创办高校时，必须依照《大学设置基准》的内容向文部大臣申请，并呈上书面文件，文件中详细列举办学的经费、条件等情况，然后文部大臣将申请文件提交大学设置审议会，审议会再依照设置标准对文件内容一一审查，得出结果后转交文部大臣，最终文部大臣结合结果决定能否办学。文部科学省对办学条件的认可使新办高校的教学质量直接从相对偏高的位置开始并运营下去。

换个角度想，文部科学省评估专业机构的过程和标准与直接掌控和干预并不一样，政府只是做了元评估而已。《学校教育法》第六十九条第四款有详细表述：文部大臣可评定所有给出第三者评价的第三方机构。文部科学省可认可第三方机构的相关资质，具体标准如下：①机构的评估方法和标准能实行精准的评估和认证；②具备必需的制度，且在实现精准评估和认证时改进；③被评定高校有权在机构通告、公开结果前提出申诉；④具备管理必需的法人，可为财团或社团，评估认证工作能完整开展。

（2）大学评价与学位授予机构）。2000年3月，日本创建了大学评价与学位授予机构，它的前身是日本学位授予机构NIAD），最早在1991年创办。NIAD原本是政府行政机构的下属机构，负责评估公立、国立大学，后来政府发布了《独立行政法人——大学评估与学位授予机构法》，其中要求授予学位的机构一定是独立的行政法人，一定要脱离政府机关。在2004年4月1日，NIAD-UE成为独立的机构，以外部评估机构的身份负责评估大学的教育质量，评估范围扩展到高等专门学校、短期大学、私立大学。2005年7月，NIAD-UE得到文部大臣的认可，成为评估研究生院、短期大学、大学的机构。

NIAD-UE管理层分为两部分，管理委员会以及理事委员会，下设评价市场部、管理部、学位审定与研究部、大学评价与研究部，每个部门下层还有多个处级部门，成员超过120人。此外，NIAD-UE还为授予学位以及评价大学两项职能专门设定了两个委员会：学位授予委员会以及大学评价委员会。它评价的内容有三种：一是教育以及教育服务的活动，如产学协作、接收留学生、教养教育；二是各个专业的教学活动，评估校园中某个研究科和学部的专业教学活动；三是各个领域的科研活动。其主要评估的目的有三点：首先，评估高校的社会服务、研究、教育活动，并将最后结果告知高校，促使高校完善科研和教育活动，提升科研质量和教育质量；其次，将评估结果向社会公布，能使公众更清楚高校的真实情况，更支持和理解高校，尤其在企业投资和学生选择高校时，还可作为最直接的参考依据，推动高校的发展；最后，政府可根据结果更好地分配资源和经费，实现资源和经费最优化利用。

（3）日本大学基准协会。1947年，日本创立了大学基准协会，它是一个由多个大学自主组建的团体，具备一定的自治权，它的主要目的就是保证教育质量并适当提升，主要依靠各个大学的相互交流、相互合作以及自我提升的方式进行，属于非政府团体，自负盈亏。JUAA属于非政府的民间组织，所有大学都可加入，但是每个大学先要根据《大学设置基准》做自我评价，各方面合格后才能提交申请，当协会审核通过后，成为正式成员，同时受协会的监管，每7年需要重新认证一次。到2005年1月，JUAA的成员占日本所有大学的85%，其中307所大学为协会正式会员，291所大学为非正式会员。

直到今天，JUAA仍然保持独立的身份，最终目的和服务主旨未曾改变。它的内部组织包含两部分，即专职评价大学的组织和常规组织。其中，常规组织主要是评价组织服务，管理其日常事务，当前有19名成员。筹集活动经费的方式很多，如大学、政府、其他路径，所有会费都被用在评价活动中。2004

年8月，文部科学省依据新版《学校教育法》认可该机构的评估资质，它可对所有类型的大学进行评估，不管是私立还是公立，评估的程序和政策没有差别，但收费标准有一定的差别。JUAA评估高校某专业或高校本身的方式并不是确定其分数或排名等，而是直接给予改进建议和意见。2005年，JUAA第一次将评价报告向社会公布，此后每年都公布。另外，JUAA接受文部科学省的委派以及日本学术振兴会的引导，负责"有特色的大学教育支援计划"和"21世纪COE计划"。如今，文部科学省负责监管JUAA的某些评估活动。

（4）日本技术者教育认证协会（JABEE）。1999年，日本创建日本技术者教育认证协会，它是一个非官方的组织，负责审核和认证技术者教育（工程教育），它最主要的目的就是认证高等教育机构开展的技术者教育。[①] 通过一些基础教育来培养技术者（与高等教育学士学位等同），这类教育就属于技术者教育。自从JABEE创立，它主动发挥自身作用，拟定并改进了协会的多项基本文件，如自检自评报告、程序文件、基准文件等，还培养了大量专业的讲师和评估人员。

第二节 内部质量保障体系

内部质量保障是质量保障机制中不可或缺的一部分，它指的是为了向领导提供符合质量要求的服务或产品所采取的相关活动。

在高等职业教育行业中，内部质量保障就是指为了实现教育目标，培养的学生符合社会要求。它和外部质量保障（学校外部的手段）共同组成质量保障体系，双方的地位相同，不可偏废。

近些年，高等职业教育持续发展，各个国家的质量保障体系都得到了进一步的改进和完善，内部质量保障机制已日益健全。此处，仅详细分析英国以及日本的相关制度。

一、英国高职教育的内部审核制度

英国的高等教育机构之间是完全分离的，拥有绝对自治权，如果本校发放

---

① 范文曜，马陆亭.国际视野下的高等教育质量评估与财政拨款[M].北京：教育科学出版社，2004：148-151.

学位和讲授课程的标准和质量出现任何问题,后果全由本校承担,所以每个高校都设立了内部质量保障机构,确保学位和课程的质量。主要方式有准确评价学生,严格监察、审核各门课程,严格遵循质量和标准的规定审核所有内容。

(一)内部质量保障的实施体制

从教学标准和质量的责任层面分析,负最终责任的是本校的最高层人员,即校领导和校董会,各种学术委员会负责审核和管控过程中的实际教育质量。学术委员会是保障教育质量最重要的机构,也是正式机构,它的下级部门包含教学委员会、科研委员会、发放学位委员会等,与学生学习、教师教学以及评价学生相关联。从研究和院系的层级分析,保障标准问题和教学质量的部门应该是教学委员会、院务委员会等。高校中所有内部的保障质量环节必须依靠行政管理,专门设立一个高级管理人员担任主要负责人,其级别等同副校长助理,同时指派一批专门的管理人员(其中包含一位主任和所有属下)来负责全部工作。

(二)质量保障的内容

内部质量保障有下列三个层面。首先,审查并核定学校的组织结构。比如,学校性质和学院性质的组织机构,对应的管理组织和管理部门,学校的方案、程序、课程等。其次,审查并核定质量管理的实践过程、保障质量的程序和政策等。它有以下内容:①审查并核定入学信息、入学训诫、入学程序、入学政策的准确度;②审查并核定批准、检查、评价某专业学科的流程;③审查并核定所有的教学评价;④审查并核定评价学生的相关程序;⑤审查并核定落实学生手册的情况以及聘用、培训、激励教师的相关制度等。最后,审查并核定学生的学习状况。比如,学生在学习某学科时的真实状况、学生学习过程中反馈给教师的状况。

(三)质量保障的方法

英国为保证高校授予学位和教授专业的标准和质量在专业的每个关键节点(计划、实行、监管、检查等)都严格遵循对应的标准和质量规范,主要有下列几种手段。第一,监管。各个学院通常在学年末对学院开设的课程和专业有没有达成年初定下的目标、学生的最终效果有没有实现理论的要求进行监测,根据对应的结果适当地调整某些课程、专业以及学生的评价,从而保证学校质量长期有效。第二,定期检查。每过5年,学校对每个专业真实的产出和目标与预期的产出和目标进行比较,检查是否一致并考虑是否符合实际状况,此行为会邀请校外的专家学者参与。第三，依靠相关学术专家的审查和核对，如学术审查员、校外督察员，他们都是对应领域或其他学校的专业人士。学术审查员的工作是评估高校的整体状况，判断它是否仍坚持精准的办学标准。校外督察员主要负责评估学校的学生是否符合本校的学术标准，评价学生的流程是否公正、有效，学校授予学生学位、成绩的过程是否符合学校的标准。

二、日本的自检自评制度

1991年，《大学设置基准》经日本大学审议会审议并修改其中部分内容后重新发布，新基准规定不必再仔细对照设置高等教育机构的各项基准条件，只要是为了完成大学的社会使命以及最终目的，在实施教育研究活动的过程中可多次进行自我评估和自我检查。新基准首次将大学开展自检自评是义务行为写进了法律。自检自评机制指的是大学要依照对应的标准和目的评价学校本身，并依据结果制定改进方法和未来展望的全过程，它是一种由本校教授拟定的评估本校的研究质量和教学质量的制度，是对整个社会、本校以及本校学生全面负责的制度。

（一）自检自评实施体制

自检自评机制需要设立自检自评委员会，但在此之前要先创建一个设定自检自评相关内容以及指标机制的检讨委员会。此委员会得出的结果会直接呈给本校理事会或校长，明确改正的目标并制定改进的方法。

（二）质量保障的项目和内容

多个团体和组织一同设定高校自检自评的内容和项目，如全国公立短期大学联盟、日本私立大学联盟、大学基准协会、日本私立短期大学联盟、大学审议会等。具体内容如下：第一，教育目标和教育宗旨，如开展教研活动的方式、对教育宗旨和目标的设定和展望；第二，教务教学工作，如开发和研究新的教学方法、编撰教学大纲、教学指导、招生工作、毕业生的升学和就业、评定学生成绩或学分的方法和标准等；第三，科研工作，如编撰学术期刊、发布研究成果等；第四，教师队伍的相关内容，如安排教师的长期计划、聘用教师以及教师晋升的相关程序和标准、各个毕业学校的学生情况以及教师年龄的比例情况、每个学院分配的教师（兼职和专职）和辅助人员（辅助教学和科研）情况等。最后，对应的教学设备和相关设施。比如，运用学术信息系统、图书馆、其余必要设备的实际情况，改进和完善学生信息系统的情况。每个大学在开展自检自评的过程中一定要参照新规定,选择评估机构和评估内容时可参考本校的真实状况后再决定,因此每个大学的具体内容、侧重点、办学观点和教育观念可能存在一定的区别。

(三) 质量保障的方法

自检自评机制评估大学内部教育质量的方式有两种:第一,审查,即参照问题搜集一切有用信息并加以分析;第二,评估,即根据制定的基准和目标评判审查的结果,加强改进的念头,并寻找改进的方式。

第三节 比较分析

一、外部质量保障体系比较分析

(一) 外部质量保障体系要素分析

1996年,我国评估专家陈玉琨认为,当前高等教育质量保障活动早已实现国际化,对应的体系也已接入国际网络,但各国的实践活动中仍存在许多根本问题无法达成共识,如保障的目的、内容、方法、有效措施以及最终结果等。这里,本书就上述问题详细阐述质量保障体系的各个因素。

1.保障目标多重化,不同主体各有侧重且相互兼容

外部质量保障的起点和终点都落在保障的真正目的上,即保证并提升教育质量,但由于各个国家的管理机制不一样,参与质量保障的主体各不相同,在工具性、目的性方面也各有不同。

法国传统的管理机制是中央集权式,政府处于主导地位,直接管控高等教育质量,但随着国际上各种保障高等教育质量活动的开展,其在高校外部选用评估的方式充当外部质量保障,目的不单单是增强政府的掌控力,更是希望通过政府放权、高校自治的方式找到更为有效的管理措施。随着高校拥有的办学自主权不断扩张,政府只能为其解绑,但为了不完全丢失对教育质量的掌控,最好的方式就是双方签订合同,至此"合同制"正式走上历史舞台。而且,法国政府将所有行政部门拥有的评估权利进行统一规划,创建了法国国家评估委员会,后改名为法国科学院与教育评估署,专门负责评估高校对合同的履行程

度并追究其相关责任。法国政府一直重申评估工作是专业的、独立的,但依然没有放弃政府控制教育质量和追究责任的目的。

美国的管理制度为地方分权制,所以通常由某职业领域的行业组织或高等教育机构社团组织等非官方组织负责实施外部质量保障,主要形式就是依靠评定获得职业资格或参会资格等。所谓保障,是指确保教育质量必须达到最低标准,若开展认证活动,则一定要将目标设定得高一点。例如,CHEA 就积极改进并提升教育质量,并将结果告知社会民众,保证其公平、公正。

日本的管理机制为"结合型",外部质量保障的目标因保障主体具有多元性也表现出多重性的特征。在明治维新时期,日本的管理制度属于中央集权式,但二战之后深受美国影响,开始推行民主改制,促使高校的自我评价意识以及大学协会的自律管理意识进一步增强。日本政府选择严格把控出口质量,适当放松入口质量的新型管控措施。日本甚至直接让政府行政机构下级部门"NIAD"脱离政府管控组建新的评估机构,即"NIAD-UE",然后再将此机构改造成单独的、负责评估的机构,并充当实施外部质量保障的机构。

根据上述内容可知,这些国家创建的外部质量保障机制的主体并不相同,每个主体都会根据自身具备的职权以及扮演的角色选择最恰当的方法来确保达成最终目的。也正因为机制的组成主体各不相同,才能实现各种功能和目标,如为社会民主和政府机构提供各种决策信息以及质量信息,接受社会民众的提问以及责任追究,提高政府或高校监控高等教育质量的水平,为改善并提升教育质量提供有效、专业、实用的建议和意见等。因此,国际教育规划研究所(UEP)总结以上内容,并得出外部质量保障机制主要为了达成三个目的:①为民主和政府做指导并接受问责;②增强管控教育质量能力;③完善教育质量保障体系并提升教育质量。

2. 保障主体多元化,在一方主导下构建组织共同体

高等教育外部质量保障活动是由保障主体负责组织和实行的。根据上述内容对这些国家的保障机制分析可知,保障主体可分成两类,即社会组织和政府机构。由于各个国家保障机制的组织形式五花八门,因此保障主体各不相同,开展保障活动的相关机构也表现出各种特性,呈现多元化特点。

在外部质量保障机制中,政府往往都占据主体地位,但由于国家的管理制度并不相同,因此开展保障活动的机构类别也各不相同,具体分析如下。

第一,法国这种管理制度为中央集权制,政府一直占据主体地位,依靠一直存在的教育督导部门对高等教育实施监督和审查,还专门创建了行政机构负

责评估和认证。比如，法国的科学院与高等教育评估署、全国教育行政与科学院总督学署、教育部预测绩效评估司等，虽然 AERES 在经过多次改革与合并后拥有极强的独立性，但是仍然是专职的行政机构。

第二，日本这种拥有公立、国立、私立等各类高校的国家，政府仍占据主导地位，文部科学省掌管设置高校的审批工作以及认可第三方评估机构的资质工作，而最关键的公共机构 NIAD-UE，也是政府机构下属部门转变后生成的，具有半自治性、半政府性，与政府之间的关系极其密切。

第三，美国这种采取地方分权制的国家，其联邦教育部与外部质量保障机构没有直接关系，而是依靠自身的一个下级单位"资格与机构评价办公室"以及认可各种机构相关资质的方式参与其中。美国的州政府依靠审查绩效和许可证的方式严格把控高校的准入质量。

从更高层面分析，现代高等教育系统是一个开放性、多样化的系统，在整个社会中，高等教育就相当于公共产品，每个与其有利益关系的人对它的质量要求也不一样，导致外部质量保障机构或组织类型不同。社会各类组织和机构充当保障主体的可分为以下三类。

其一，专门行业或职业的协会组织。这类组织一开始只是维护从业人员的职业资质和专业素养，后来拓展到高等教育领域，负责认证相关课程和专业的设置问题以及能力和学术的标准问题。各个国家都有各式各样的专业认证机构，其中美国的 ABET、日本的 JABEE、法国的 CTI 是典型代表，它们和相关职业或行业的关联程度较高。

其二，高等教育机构组织。这类组织开展自律管理以及质量保障的方法通常有标准或规范，如大学基准、入会资格等。比如，美国的 CHEA、全国专业认证机构以及六大地区院校认证机构等高校组织；日本的 JUAA，它为了维持"大学基准"一直严格要求申请成员遵循"入会资格"；法国的大学校长协会以及全国高等教育与科学院理事会，它们也负责回应中央政府的咨询。

其三，其他社会组织（代表公众利益）。很多国家的出版集团、新闻媒体甚至某些私人组织为保证公共利益均衡、公正，会将所有高等教育机构和大学依照不同类别排出名次，如日本的《朝日新闻》、英国的《泰晤士报》、美国的《美国新闻与世界报道》等。

对上述几国高等教育外部质量保障组织的发展历程进行分析可知，保障的主体基本上都是从集中统一管控转变成多元化管控，种种社会单元在整个保障机制中的重要性也在逐步增强。以法国为例，它属于中央集权制，政府严格把控高校教育质量，但如今也在一点点改进，一方面放权，摆脱高校的束缚，另一方面扩大评估制度的影响力，依靠评估控制教育质量，同时实现政府拨款和评估制度的有机结合。在日本、法国的外部质量保障机制中，保障主体一直都是政府，但政府也在逐步转换和调整本身的职权，创建一些具有半政府性质的机构或者政府的单独机构。比如，日本的 NIAD-UE、法国的 AERES，它们具备独立性但也曾隶属政府管辖，不属于政府行政机构但具备国家的权威，是政府监管全国高等教育外部质量保障的专职机构；美国一直宣传本国的认证制度是自治的、民间的、自愿的，但联邦政府强制干预，它出台相关法律、实行财政扶持，最关键的就是认可认证机构并授权机构开展认证活动。随着高等教育普及化进程的加快，高校直接影响社会的方方面面，反之，社会也在逐步重视高校的教育质量。所以，每个国家都注重整合分散的社会力量，如行业协会、社会团体、专业组织等，努力打造拥有多种目标，但侧重点各不相同的统一整体，创建完整的高等教育外部质量保障机制。

3. 保障范围一体化，实行分层分类由主体分工负责

有保障主体就一定存在保障客体，它指的是保障活动的具体内容或者针对的对象，主体不同，客体也不同。根据这些国家的外部质量保障制度的分析，每个保障主体注重的层面有一定的区别，但所有保障机构的有机统一体往往能包括各个层级以及各个方面的高等教育制度。一般情况下，实现全国一体化的保障客体就是所有的高等教育机构，保障也不单单是高校的整体教育质量，专业学科质量也包含在内。在法国，保障的客体甚至可以说是人才培养和科学研究的统一体。

这些国家的外部质量保障体系架构也存在一定差别。从高等教育系统的规模来看，日本和法国的规模相对偏小，政府负责一切，美国规模相对偏大，会划分开来。事实上，每个国家在选择外部保障范畴时，或决定依据地方和中央将高等教育机构进行分类时，都不是想当然的，而是由各国的多种要素决定，如财政负担、管理机制、文化传统、学术自治、政治领导等，而且需要经过社会、高校以及政府三个群体的竞争和斟酌。

结合保障主体对客体进行分析，可以发现有些注重高校整体的教育质量，有些则注重高等教育的某些项目，如教学过程、课程内容、学科专业乃至学生和教师，甚至还有项目和实施机构同处一个机制的情况。详细地分析后可知，法国评估的客体可以是高校整体，也可以是大学学位，其评估的高等教育系统可以是某个地区的，也可以是全国范围内的；美国的保障客体主要是各种专业

以及高校整体；日本的评估对象包含各种专业、高校整体和学位证书，甚至还有法人评价，即评价高校的法人。

这些国家都认为外部保障的客体一定是高等教育机构以及相关的教育活动，但由于每个国家的实际情况不一致，注重教育活动和机构的方向也不一致，甚至同一个国家的不同保障主体都会根据本身的能力、地位、性质选择对应的教育活动和机构。一般情况下，当保障机构处于国家层级，主要负责评估大规模的教育系统，如认证或评估高校整体，对实际的教育活动涉猎不多；社会上各种专业机构或职业组织负责评估和认证种种专业或学科，这是由于整个专门行业更注重评判学生的研究成果能否获得对应的国家职业资格。不可否认，高校整体和教育活动之间存在某种关联，因此每个国家在认证和评估高校的过程中，会适当参考本校各个专业的认证和评估结果。反之，认证和评估每个专业的过程中也会适当参考高校的整体评估。有研究指出，国家级别的保障机构应对教育项目的评估认证提起重视，这是由国际高等教育质量保障活动持续发展决定的。

根据高等教育活动实践可知，保障客体可分成三类：输出、过程、准入。剖析这些国家的实际情况可知，保障主体不同，针对的客体也有差别。政府注重准入环节的审批，如创办高校和设置专业的过程；行业组织和职业机构注重输出环节的认证，如严格把控学生的职业能力和专业素养；高等教育机构组织对准入环节有明确要求，对教育过程环节也有一定掌控，通过相互帮助改善并提升教育质量，如严格评定"入会资格"，且协会各个成员互帮互助。至于其余担任中介角色的有关机构，只能依靠保障主体的委托和授权，对对应的客体进行评估或认证。

4.保障方法多样化，不同主体采用适切形式和手段

保障主体为确保客体实现最终目标选用的各种方法就叫作保障方法，科学有效地使用保障方法是实现保障活动最终目标以及发挥保障作用的先决条件和坚实基础。保障主体只有根据自身的资源条件、工作职能、最终目标，才能选择恰当的保障方法。

根据上述内容可知，当保障主体是政府时，这些国家选用的保障方法有制定相关法律作为约束、制定相关政策作为引导、设计新型机制等。详细内容包括以下几点：政府需要加大投入的有关措施，如划拨财政经费、制订详细计划、设置审批条件等；政府需要把控过程的有关方法，如向公众公布信息、对过程实施监督和评价；政府需要根据结果给予相应的惩处和奖励。认证高校发

放的学位证书、评估高校整体以及高校内各项课程和专业等是政府部门使用次数最多的评价制度。

根据上述内容可知,当保障主体是社会组织及中介机构时,这些国家中行业组织以及职业机构选用的保障方法只有专业认证这一种,认证的客体就是各种专业;而高等教育机构组织也选用认证这种保障方法,认证的客体就是高校整体;至于其余的第三方或中介机构,只能依靠保障目的的区别选择相应的保障方法,如认证、评估、审核、评审等。

不管保障主体是哪种机构,一定要厘清保障主体和保障客体之间的关系,因为它决定了可选择的保障方法。一般情况下,保障方法有强制性方法和自愿性方法两种。当选择强制性保障方法时,所有教育活动以及高等教育机构都必须定时执行对应的质量保障机制,并实时判断是否符合规定标准的最低要求;当某些教育活动以及高等教育机构为达到更好、更高的质量标准时可选择自愿性保障方法,应用此方法后,它们可能会经过新的认证,从而享有特殊的地位,并在未来的竞争中,无论是获得财政经费还是招生等,都能收到更多的支持。一般情况下,当保障主体具备特别的职权时,才会实施强制性保障方法,如为某行业或专业制定专门的法律、为教师培训以及特殊职业制定相关政策等;当保障主体只是和政策的改革有关时,相关教育活动以及教育机构可自行决定参与或者不参与这项改革,此时的保障方法就属于自愿性。显而易见,自愿性方法的评判标准主要是根据客体是否为达成某个目的做些什么,而强制性方法的评判标准是根据主体要求客体必须遵循某些基本规则。

(二) 外部质量保障体系的机制与模式分析

1. 法国的"合同制"及行政性整体评估模式特点

法国采用的教育管理制度是中央集权制,政府依靠拟定法律、财政拨款、制订计划等方法掌控高等教育的方方面面,政府强制掌控的意图很明显。但随着国际上各种高等教育质量保障活动的广泛开展以及教育管理制度的持续改进,法国在1989年5月24日创建了一种新型的高等教育质量保障机制,即合同制,换言之就是法国政府和高校或高等教育机构签订合同,期限为四年,政府将所有高校分为四个区域,即A区、B区、C区、D区。详细内容如下。第一,政府和高校之间签订为期四年的合同,将双方原本的直接管控关系转变成合同关系,政府通过合同的契约性达成管控高校的目的。当合同到期后,先由评估委员会评价合同的执行情况以及相关内容,之后政府结合评估结果判断是否继续签订合同。第二，执行评价的机构是AERES，其是由三个评估机构合并而成的。第三，政府根据评估结果决定拨付高校的相关经费。在双方签订合同之前，高校必须详细列举四年内所有的目标战略和教育规划并提交教育部，经教育部研究、讨论后，会安排相应专家到高校进行实地调查，并与高校代表仔细商讨合同的具体内容。合同中一定要体现政府对高校的要求，高校也要在政府要求的基础上制定教育方案并写在合同里。通过合同，高校能清楚知晓政府在未来四年的财政拨款情况，同时明确教育项目、战略目标以及运作方式等。教育部的高等教育司负责协调和指导具体的洽谈环节。当合同到期后，评估署会评估合同的完成状况以及每项要求的真实状况，并商议拟定新合同。当然，双方商议新合同的环节也属于评估的一部分，政府会根据评估署的最终结果制定下一年的财政政策。

法国的教育管理机制从传统的中央集权制转变成现在的合同制，管理制度的改革意味着政府重新定义自身和高校的关系，从直接掌控转变成用评估方式宏观调控，这种质量保障机制有十分显著的特征。

（1）实施评估的主要机构是AERES，它是由评估机构合并而成的，仍然属于政府行政机构。

（2）除评估外，存在其他的外部保障方式，如最典型的合同制，但政府评估仍占据主要地位，它是衔接政府和高校的重要枢纽。

（3）评估制度涉及高等教育系统的方方面面，如评估高校整体教育质量、评估高校科研水平、评估高校专业学科、评估专业院校等。

（4）将科研机构和高等教育机构整合在一起后评估，能调节科研活动和教学活动，科研机构和高等教育机构，科研院所和社会、经济领域之间的关系，获得共同发展。

（5）虽然AERES不受法国教育最高行政机构的直接管辖，具有绝对独立性，但政府的价值取向以及意志取向掺杂在评估的每个步骤当中。

2. 美国的"认可制"及民间性两类认证模式特点

美国依靠认可机制管理、调节所有的认证机构。此机制可分为两种：第一，USDE对认证机构的认可；第二，CHEA对认证机构的认可。两种制度的目的并不相同，USDE的认可是保证学生在政府拨款的高校中学习的课程和专业具有较高的教育质量，仔细分析其实就是高校必须先通过USDE认可的认证机构的认证后才能获得政府的财政拨款，它认可的机构基本都是帮助高校获得政府经费支持的；CHEA的认可是保证并提升高校的教育质量，同时提升对应专业、课程以及学位的质量，它认可的机构基本都是提高高校学生水平的。每个认证机构可获得双方认可，也可只获得一方认可。

美国的高等教育与其他国家的教育有很大差别，主要是由于多个方面的影响，如政治、文化、经济、地理、历史等，最典型的就是高等教育认证制度，它不仅是保障并提升教育质量的一种模式，还是美国这种多样化、非集权化教育管理机制中一项效果极佳的制度，特性如下。

（1）它具有两种模式，即专业认证和院校认证。

（2）它可以实现从上到下的各方面认证，是高校实行自我管理的新方法。高校可自主选择，具有极强的独立性和自主性。

（3）认证机构和高校之间的关系是相互合作的，它们一同拟定认证的相关程序和标准。

（4）USDE 的认可其实就是呈现政府对高等教育的相关要求，保证政府从某种程度上掌控高等教育；CHEA 的认可是保障并提升教育质量，其实就是要求认证机构遵循行业约束，推动行业发展。

认证不单单是简单的评价，它意味着机构认可认证对象具备对应的教育质量，如果认证没通过，代表教育质量不符合标准要求。

3. 日本的"多元制"及多主体综合评价模式特点

日本大学的评价制度经过长时间的改进和完善逐渐形成多元化格局，即一个平台、三个体系的新机制。一个平台指的是评估及认证高等教育的相关资质，是控制和保障教育质量的最低标准；三个体系分别为高校自行开展的自检自评活动、政府就办学方向和经费控制开展的评估活动、社会机构知晓并监管高校开展的评估活动。因此，对日本国立大学的评价应该包括高校的自我评价、大学评价与学位授予委员会的第三者评价、国立大学法人评价委员会的评价、国立大学法人评价委员会中期目标后由总务省实施的政策评价和独立行政法人评价委员会的评价等。

日本创建评估机构的主体也具有多元化特征。依据现在申请创办评价机构的主体来看，有官方的，有民间的，有官民融合的，也有官民分离的。政府设立的机构有学校法人审议会、大学设置审议会、大学评价与学位授予机构，它们各自的职权范围并不相同，前两者负责严格把控进口环节，主要在开办事项前进行调查和审核，后者负责严格控制出口环节，主要在事项完成后给予评估。但随着日本对高等教育质量管理机制实施改革，学校法人、大学设置审议会的职责发生变化，转变为把控出口环节，即在事后实施评估。相应地出现了许多非官方的认证和评估机构，典型代表有大学基准协会，它是由多个大学自行组织的，属于评价机构，主要负责评估申请入会大学的教育质量，判断标准是《大学设置基准》，通过即可加盟；另一个典型代表就是日本技术人员教育认定机构，它主要负责评估某些专业高职院校的学生，根据对应专业的标准判定该学生是否具备专业资格，通过则发放职业资格证书。以上内容凸显了日本的评估制度是官民结合的、认证和评估融合的、双重的、多元化的。

二战后，日本在创建高等教育制度以及教育管理机制时多次参考美国的相应制度，但根据本国的真实状况建立了有自己特色的外部质量保障机制，从而使本国的评估制度朝多元化发展，有属于自己的特殊性质，具体如下。

（1）评估制度多元化。2000年，NIAD-UE成立，它与高校的自我评估、大学基准协会的加盟评估、文部科学省的设置许可、大众媒体的排名等一同组建了评估制度。由于评估主体不同，选择的评估方法以及注重的评估内容和评估目的也不相同。

（2）政府职能间接化。日本政府在出台修订版《大学设置基准》后，政府不再直接管理高校内部的所有事项，而是通过制定有关法律法规、拟定改革与指导计划、财政计费划拨以及利用评估结果等方式影响各个机构的评估活动，进而间接管控教育质量。

（3）评估制度化、法制化。创办评估机构以及进行评估活动都要遵循相应的法律，如《国立学校设置法实施细则》《国立学校设置法》等，《大学有义务向社会公开本校开展自检自评的实施情况和结果》中多次重申将评估结果公布给社会大众，自觉接受社会的监督。

（4）判定合格以及评估教学水平互不干涉。如果想创办高校，必须经过文部科学省的认可，只有它认为建校的外部条件符合标准，才能正式建校。而对于正在营运的高校，由NIAD-UE等一系列评估机构在高校自我评价的基础上进行定期的外部评估，以保证教育质量符合要求。

（5）专业认证与综合评估有机结合。评估活动可分为两类，一类是评估高校整体教育质量的综合评估，另一类是认证那些专业性极强的院校以及学科、学部的专业认证。从学校层面分析，评估机构的侧重点不同，有利于实现高校专业学科认证和整体综合评估的完美融合。

二、内部质量保障体系比较分析

日本和英国两个国家的内部质量保障在一定程度上改进了教学质量。日本的自检自评制度积极促进了高校教育质量的提升，使大量教师、学部乃至高校都逐渐重视并完善教学方式和课程内容，改变了传统的"重研究、轻教学"的观念。英国则通过定时评估、日常监管以及邀请专业的学术审查员和校外督察员审核教授课程以及发放学位的质量，实时把控本校教学、科研的水平和质量。高校在内部保障中拥有自主权，可根据自身实际情况制定实际内容。

两国的区别如下。第一，从采用的措施方面分析，英国审查制度的局限性比日本的自检自评制度要小得多，因为英国选择的评估方式更为多样化，既有校内自检又有校外评估，还有专家管控。与其余高校比较，其更能激励高校积极改善相关制度，提升教学水平和教育质量。日本则只有自我检查和自我评估，局限在高校中，无法与其余高校对比，还缺乏专家评估，并不能使评估转变为真正约束和监管大学自主办学的制度。第二，从内容方面分析，两国注重的内容方法不同，英国重视审查教学方法和课程内容的相关标准和质量，严格把控教育过程的各个环节，如同意开设某项课程、审核某专业学科的计划、建设教师团队、评价学生学习过程及效果；日本的自检自评制度则要评估所有能影响教育质量的因素，范围更宽泛，没有突出重点，只是保证高校的整体教育质量达到相应要求。

在高职教育质量保障体系中，职业院校是内部保障体系的主体，而作为职业教育受益者之一的企业是外部保障体系中对职业教育质量实施评价与监控的主体。高等职业院校质量保障体系建立需要政府宏观管理、学校自我保证、行业企业参与质量评估。高等职业教育的外部和内部质量保障体系要结合起来，以内为主，以外促内，内外并举，共同实现对高等职业教育质量进行保障的功能。只有内部和外部质量保障体系的密切配合，才能真正实现对高等职业教育质量的保障。

毫无疑问，学校是高职教育质量保障体系的重点，"教育质量既表现在教育的最终结果即学生的质量上，又表现在完整的教育活动过程的各个方面和各个环节，只有确保这些因素各自有质量并且相互配置合理有效，才能保证高等教育的总体质量。"以学校为中心的内部教育质量保障是整个保障环节的基础。

第一，专业打造在内部质量保障体系中的定位作用，影响着学校具体的课程设置与开发。专业是课程设置的背景，而课程质量仍然是影响高职教育教学质量的重要内在因素。不同专业的人才培养，通过不同的专业课体现出来，课程的设置与开发建立在学校对专业如何进行规划的基础上，为专业培养目标的实现进行不断改造。通过优化课程结构、改革课堂模式、开发新课程等方式提高课程教学的质量。

第二，监督是内部质量保障的"加固器"，严谨的督导制度和严格的实施过程，是内部教育质量得到保障的有力方式。高职院校通过建立一套适合学校实际情况的督导制度，将管理经验丰富、实践教学经验丰富的教师进行合理配置，一方面督导教学的实施，另一方面督导教学效果的有效提示，通过对督导信息的筛选和总结，为学校的教学科研、教育改革等提供基本建议。

第三，奖惩制度对内部保障体系的实施起着很好的推动作用。科学的奖惩制度是保障，可以有效调动师生的积极性，将教学质量、学习质量与奖励结果联系起来，共同促进内部教育质量的改进与提升。对学校管理人员、教职人员而言，将教育质量保障与奖金、绩效等联系起来，是提升管理质量、教学质量的有效途径之一，而在学生学习质量的管理上，也可以采取这样的措施。但值得注意的是，如何让师生将原来的被监督者，变为自觉监督、主动提升教育质量的保障动力。

第四，"人"是内部保障体系的核心，决定了内部保障体系的结果。坚持育人为本，促进学生全面发展，是内部保障体系的根本原则。高职教育的宗旨是培养人才，无论是学校在深化专业及教学改革，提高教育质量中提出的改革建议，还是为扩大社会影响力而开展的国际交流合作，以及为服务区域发展需要加快技术更新和技能人才的培养，都要建立在以人为本的基础上，只有这样才能保证教学管理、师资团队建设、对外合作项目的开发走在科学正确的道路上。

对高职院校而言，教学是主要内容，管理是保障的方式之一，只有学校自身对教育质量有所要求，才能够推动校内各要素的建设与发展。

学校与政府、企业等其他社会团体共同构成了高等职业教育保障体系的三大要素，他们各自扮演着不同的角色。政府的导向功能，企业的检验功能，从源头和结果上促进了高职院校内部教育质量的提升。

其实，外部质量保障对高职教育及其内部保障体系而言，在保障主体上更显多元化，其保障过程也更加复杂化。国内学者王战军等人认为"质量保障体系的有效性取决于构成要素之间的组合方式，主要体现在参与主体的多元化、保障环节的连贯性、保障活动的集成性三个方面的系统集成。参与主体的多元化，不仅是主体机构类型的多元化，更多的是要吸纳不同价值趋向、不同发展选择、不同质量观念的利益主体。不同的参与主体在质量保障中所扮演的不同角色，发挥不同的社会组织具有的不同社会功能，并通过参与主体之间组合方式的多元化，来促进质量保障参与主体之间的组合途径的多元化和复杂化，从而提升质量保障体系的系统性和有效性"。因此，外部保障体系需要的是科学运用分工负责和全程参与的方式来对高职教育进行有效保障。

内部质量保障与外部质量保障对于高职院校的教育而言同样重要，内部保障体系是根本，外部保障体系对协助高职院校建设内部保障体系发挥了关键作用，同样，内部保障体系对其建设要素的反思和改革给外部保障体系中的各个元素以反馈，让外部保障体系得以形成对当下职业教育中各个专业发展情况的认知，从而对现有的支持、辅助策略上进行调整，所以他们在形式和内容上是一种互为补充的状态，共同促成教育质量保障体系的搭建。

总的来说，在整个高职院校教育质量保障体系的环境中，政府和社会企业作为外部保障的主体，其辅助作用缺一不可，健全的质量保障体系必须体现全过程覆盖、全方位保障以及政府、社会、企业、院校的全员参与，其科学性在于保障机制的构建。政府、企业、学校三者之间在角色、职责上对质量内部保障和外部保障的目标进行分工，强化政府的质量调控职能，积极接纳企业等社会团体对质量提出的改进建议，同时加强社会监督与问责，运用好学校自身的创新与评估机制，将教育质量的内部保障和外部保障有机整合，最终实现高职教育全员性、全过程、全方位的质量保障。

第六章 高职院校教育质量保障体系的展望

第一节 高职院校教育质量文化建设

一、高职院校教育质量文化建设的主体与客体

(一) 教育质量文化建设的主体

从质量文化建设的主体看,高职院校要着力构建独特的教学质量保障文化、教师文化和学生文化。关注管理者、教师、学生所共同认同、自觉遵守的教学质量文化是人们普遍认为创造成功高职院校的基本规律。

1. 领导文化——管理文化

一般来说,教学体制受办学体制制约,办学体制受管理体制制约,高职院校的管理关键在于管理者等领导层。学校领导有确立教学质量文化建设的基本指导思想/构建学校共同质量愿景与教学哲学观的重大责任。领导者的教学质量文化主要是指学校领导者和管理者的教学质量战略意识、忧患意识、精品意识。对于部分高职院校而言,决策者和执行者的教学战略意识、质量忧患意识仍有待加强。许多学校的决策者把目光投向了招生就业及外部政策上,忽视了学校的教学质量文化积淀,对教学的投入略显不足。

建设学校教学质量文化,高职院校的书记、校长需要思考以下问题。如何转变全体教职员工的教育教学观念,将教育视为一种特殊的服务,树立全面教学质量管理理念?第二,如何正确地看待学生及相关利益者(包括中层干部和教职员工如何服务和管理学生和家长,中层干部如何服务和管理教师、职工),教师和职工如何在受到服务和管理的同时履行对学生教学服务的职责?如何考虑对社会和环境的教育教学责任?

2. 教师文化——教学文化

高职院校应该坚持教师与学校双赢的发展战略：培养教师对职业的自豪感，促进教师专业化发展，实现专业成就感；赋予教师参与管理的权力，营造开放、民主的学习氛围，构建真正意义上的学习型组织；形成具有学校特色的教师质量文化，这是促进高职院校发展的关键。

3. 学生文化——学习文化

学习是一种文化的氛围。不可否认，高职院校的部分学生学习基础较差，但这并不真正代表学生的学习质量，并不妨碍高职院校良好学习文化氛围的形成。文化具有熏陶的功能，学习文化对学生的影响是潜移默化的。

在学生学习文化建设领域，可以进行如下有益的探索。一是森林效应。在空旷的田野里长不出参天的大树，只有在茂密的森林中才能形成比、学、赶、帮、超的局面，个个都成为栋梁之材。因此，学校要强化学习纪律，营造竞争好学的氛围，激发学生的学习热情。学生的大脑不是一个填充的容器，而是一把有待点燃的火把，点燃了学生学习的激情。二是木桶理论。木桶能盛多少水，不是取决于最长的那块木板，而是取决于最短的那块木板。要实施后进生转化计划，实行一对一的辅导，创建学习型团队，不让一个学生掉队，强调学习不是竞技体育而是全民运动。三是心手相应。苏轼说过："心识其所以然，而不能然者，内外不一，心手不相应，不学之过也。"对于高职院校的学生而言，教学实战化，学习实践化，尤为重要。学校借助实训基地和实验室的优势开展教、学、做一体化的教学工作，对培养学生动手能力起到了很好的效果。

（二）教育质量文化建设的客体

从质量文化建设的客体看，高职院校着力构建独特的教学质量保障文化，如课程文化、课堂文化、专业文化和实训文化等。

1. 课程文化

教学质量文化建设重在塑造课程文化。课程是一种文化选择，课程设计是文化选择的过程。学校一切自觉的活动都是课程，所以课程包括显性课程和隐性课程。显性课程包括培养学生德智体美劳全面发展的素质课程，也应有体现多元智能理论的特长课程，更应该有具有学校特色的科学精神和人文素质相结合的学校特色课程。

高职院校的一切具有教育内涵的活动都是课程。因此，学校的各项教育教学活动都应纳入学校课程建设，尤其要注重隐性课程建设。在这样的理念引领下，高职院校的校本课程建设需要进行大胆的探索。教研、课改、实践三位一体，为实施课程文化提供人际环境与人力准备；把实践学分纳入课程体系，逐步构建课程的自选超市，建立较为合理的校本课程发展实施与保障机制，为实施课程文化提供所需的管理环境和硬件支撑。

2. 课堂文化

课程毕竟是静态的，课堂才是动态的。从课程走向课堂的过程是教学的质量化过程。课堂深处是文化，课堂教学的质量在于课堂文化的力量。课堂文化建设要以学生为本，着眼学生的发展，着力构建有内容、有生命、有特色的课堂文化。给学生以知识，更要给学生以方法和视野，把课堂教学变成让人享受的艺术。

课堂上要体现学生的主体地位，要让学生参与课堂文化的构建，因此教师课堂教学的风格一定要变个人单向教授为师生双向交流。对话交流不但在教师与学生之间进行，学生与学生之间、学生与文本之间同样需要合理开展。所以，教师要倡导启发式教学、研究性学习，让课堂充满自由对话的氛围，让学生发现、感悟、质疑、批判和自觉。

课堂文化建设一定要关注第二课堂，关注学生成长。成长比成绩重要，成人比成才重要。学生成长、成人、成才的一个重要影响因素是学校第二课堂。高职院校在第二课堂要关注生命、关注生活，为学生在网络社会、经济时代营造一种积极向上的校园文化氛围。

3. 专业文化

专业文化可界定为在特定时期内专业本身所具有的价值观念、知识与能力体系及从事专业教学与研究的全体成员所特有的精神风貌和行为规范的总和。在整个学校的专业发展历史中，专业文化建设始终是促进专业发展的内在的原动力。一个没有专业文化的学校就等于一辆没有发动机的汽车，缺乏一种驱动奔跑的动力和勇往直前的激情。高职院校要想彰显校园特色，提升办学品位，提升学生素养，提高学生就业竞争的"软实力"，就要加强专业文化建设。

（1）以教师为主导，积极开展专业教学改革。教师作为专业文化的执行者，要围绕人才的定位，以知行合一、手脑并用、教学做一体思想实施教学改革。把专业教学与生产实际密切联系，突出实践、实训、实习环节的教学，采用模拟工作实践的教学手段和方法，把教学环境与企业环境融为一体，传授给学生实用的知识与技能。

（2）以学生为主体，营造专业文化育人环境。学生是专业文化的践行者。

高职院校的学生要自主管理、自我服务，着力营造专业文化育人氛围。比如，在学校的教学楼、实训基地、实验楼、宿舍、餐厅、宣传栏、道路旁等地方，张贴悬挂专业文化展板；利用网络、校报、校刊、广播等媒体，介绍专业知识与技能，营造一种专业文化环境的氛围。这样可以让学生感受到专业的文化气息，巩固自己的专业思想，不断追求自己的专业理想。

每学期均开展专业创新竞赛活动，结合专业教学组织各种技能兴趣小组，以参加各种技能大赛为目标，让学生进行小制作、小发明活动，在火热的创造创新实践中，去体验、感受专业技能实践的艰辛与创造的快乐，激发学生学习兴趣及创业激情。

（3）以就业为导向，将企业文化融入专业文化建设中。深入的校企合作必须把企业文化教育纳入学校教育计划，采用订单式培养、菜单式教学，及时吸纳企业一线的新知识、新技术，将最新的文化纳入教学体系。

（4）加强特色专业建设。高职院校要以特色专业建设为契机，切实加强实验、实训、实习设备和基地建设，不断改善办学条件，并结合区域经济特点，进一步强化社会急需的特色专业建设。

4. 实训文化

（1）要加强校内实验室和实训基地建设。部分高职院校有限的实训设备不能满足实际的教学需求，我们必须加大投入，加强校内实验室和实训基地建设，努力构建"全真"的实践教学环境。

重视实训实习基地环境建设。通过展示企业生产、经营、管理、服务一线的纪律、规范、流程，展示学生在实习实训中的优秀成果，展示行业劳动模范和学校优秀毕业生的事迹，加强学生的职业行为规范养成教育，增强学生立志成才的信心。

二、高职院校教育质量文化建设方略

质量文化是把文化和质量两个方面的内容融合在一起。对质量文化建设的研究可以从人文社科和科学管理两个方面寻找理论依据，综合文化建设和质量管理两个方面实施建设方略，即基于文化的质量管理和基于质量的文化建设。

学校文化、教育管理、人才培养质量三者共同撑起学校教育这片天空，缺一不可。文化建设和质量管理是相互依存的关系，文化和管理是质量的基础。提高人才培养质量需要实施全面质量管理和加强质量文化建设，高职院校的管理效力和文化效力构成了其核心竞争力。管理效力与文化效力两者相互作用所产生的力量也就决定了教育教学的质量。人是质量提高的根本。从管理层面看，高职院校校领导的教育教学质量的战略决策、中层管理者的战术运用、基层工作人员的执行情况，特别是师生员工的积极性、主动性的调动，对学校文化和管理的认同参与等，决定了管理效力和文化效力，也决定了学校的育人质量。

（一）基于文化的质量管理——管理力模型

学校的育人使命决定了高职院校工作应该而且必须是有质量的，有了教育质量，才有高职院校的公信力和美誉度。提高教育教学质量需要"有效教学管理"，而"有效教学管理"是全面的教学质量管理，即基于质量文化的质量管理。对于高职院校来说，文化是学校品位、特色的体现，质量文化是高职院校可持续发展的精神支柱，是学校人才培养的保证。教育质量的竞争体现在质量文化的竞争上，文化质量管理理应成为高职院校最主要的管理手段。建设高质量的育人文化是推行"质量工程"的首要任务。

1. 全面质量管理的文化支撑

全面质量管理的依托是质量文化建设，离开质量文化建设的质量管理效度是零。建立在文化自觉和共同文化愿景基础上的质量管理是一种质量价值目标，基于和谐文化的质量管理才是一种真正有效的教学质量管理。

2. 全面质量管理的文化精神

全面质量管理的文化精神是学生为本，质量至上，教学中心。学生是立校之本，是教育的出发点和归宿，是学校的全部。教育为了学生，教育依靠学生。坚持"质量至上"是学校生存发展的根基，质量必须落实到学生身上。没有教学中心地位就谈不上学校的质量文化建设和质量管理。在学校树立教学的中心地位，不应只是一种口号。其标志如下：管理层经常思考、研究教学工作；教学条件建设是学校的主要任务，教学经费要优先得到保证；满足教学需要是各项工作中的第一要务；增人计划先要保证师资队伍的补充；教师的工作条件和生活条件先得到改善；教师应该不断提高自己，并且服务学科建设和教学团队的需要。

3. 全面质量管理的文化特征

基于文化的质量管理是全员、全程、全方位的全面质量管理。

全员性特征：作为对教育教学质量的承诺，学校应明确质量方针，细化质量目标，人人执行质量职责，人人全程参与质量过程，重点打造一流的质量管理和质量教学的技术队伍,使其成为质量文化的传播者和标准的维护者,使质量观念、质量意识深入人心。所有教育工作者和受教育者均是质量工作者,教师、学生、管理人员皆为质量监督员,学校内部的教学、行政、后勤等各项工作都是质量设计、质量服务、质量监控工作,质量提高是全体师生员工共同努力、广泛参与、积极配合的结果。

全程性特征:以质量文化建设为重点,以科学的教育质量观为指导,强化质量意识,建立健全教学质量保障体系,规范教学过程,建立持续改进的教学创新体系;关注教学内部流程,确立质量标准化体系,完善教学控制体系。学校教学质量有标准,教学要求有规范,教学事务有流程,教学过程有监控,教学结果有评价,教学信息有反馈。每一循环都持续改进,不断创新,螺旋上升,逐步提高。

全方位特征:质量孕育在坚持不懈的、全面的常规工作之中,而不是靠质量月、质量周、质量年的突击运动。常规工作靠制度建设和机制推动借鉴先进企业管理方式构建诸如基于1SO 9000族标准的质量体系不失为明智的选择,有利于推动质量文化行为层面的建设。

(二) 基于质量的文化建设——文化力模型

质量文化建设依托的是质量管理,依托质量管理形成的文化力是学校内在的精神推动力。构筑学校以质量文化建设为主的文化力包含四个方面:质量文化的影响因素、质量文化的定位与策略、质量文化的组织管理与激励促进、质量文化的测评与持续改进。

1. 教育质量文化影响因素

教学质量文化影响因素主要是指影响高职院校教学的环境、条件等,包括学校的办学方向、办学定位、教学环境、学习环境、学术环境、员工构成与状态、生源状况、教学条件资源、文化积淀、管理水平等。教学环境直接决定了教学质量文化的建设定位。美国心理学家勒温曾提出一个关于人类行为和环境关系的公式:$B=f(P, E)$。B 表示人的行为,P 表示个体的个性、素质等,E 表示个体所处的环境,即人的行为是个人素质与环境的函数。环境因素的任何微小的变化都导致人的行为和管理者决策乘数般的变化。实际上,教学质量就是师生行为、素质(群体努力)与教学质量文化环境相互作用的结果。

2. 教育质量文化领导力

高职院校管理者代表确认的教学质量文化建设方向和追求的价值目标,决定了教学质量文化的建设定位和战略决策,直接催生了教学质量方针。美国管理学家埃德加·H.沙因曾说:"领导者所要做的唯一重要的事情就是创造和管理文化,领导者最重要的才能就是影响文化的能力。"学校高层管理者重视、推动、参与教学质量文化的建设具有十分重要的作用。

3. 教育质量文化执行力

文化重在落地,赢在执行。文化力最终要变成执行力,否则不起作用。文化怎样才能变成具体执行的东西?那就要建立教学质量文化的推进网络和机制。以教务部门为中心建立日常管理部门,明确质量文化管理方法、手段,以学生对教学质量满意为目标,全员参与,自我管理,人人参与质量建设,形成可操作的质量管理标准、规范、流程,加强内部培训,建立激励机制,确保质量文化可持续发展。

4. 教育质量文化创新力

质量文化的建立是一个循环往复、持续改进的过程。追求是无止境的,只有持续改进、不断创新,学校才能可持续发展,教学质量才能不断提高。这就是文化生命力所在。文化在于创新创造,成功的质量管理就是文化的创新。

教学质量文化的领导力、执行力、创新力构成一个不断往复的循环,每一次循环都是持续改进的过程,形成了学校的文化力,推动学校教学质量不断提高。

第二节 高职院校教育质量制度保障

一、建立专业评估机制

专业既是学校教学工作的基本单元,又是高职院校跟社会职业岗位需求之间的结合点。从一个学校的专业水平就可以看出该校人才培养工作的情况,学校的教学质量、办学效益等都和专业水平挂钩。

通过展开专业质量评估和剖析,有利于专业建设工作的落实,有利于促进学校人才培养工作水平的提升,有利于有效监控人才培养过程。除此之外,为了保证专业评估具有权威性和专业性,还要统一归类各专业,并由政府牵线,集合专业人士、行业代表等形成评估协会或者机构来展开具体专业评估,充分利用评估结果,让学生、用人单位等高职教育相关利益人有一个了解高职教育专业教学质量的途径,从而更好地满足自身的需求。

二、建立教师质量保障机制

高等职业教育的人才培养质量与教育质量的好坏受教师质量的直接影响,所以为了确保高等职业教育教学质量,建立教师质量保障机构十分必要。

如今,我国高职院校的教师基本上都是从普通高校毕业的学生,这些人有一个共同的特点,那就是缺乏实际操作经验,一些非师范类的毕业生还缺乏教学经验。显然,他们并不能满足高等职业教育的"双师型"教师这一条件,无法确保教育质量。

高职院校必须制定一个与高等职业教育特点相符的严格的教师任职标准,对于在职与新进教师分别采取在职培训和岗前培训,并定期展开对教师工作的整体性评价。第一,新进教师需要参与长达一年的岗前培训,主要的培训内容包括教学时间和实际操作技能习得,前者一般会采取名师指导、观摩学习类的方式,让新进教师掌握一定的教学技巧与经验,后者则由学校安排或者教师自主联系工厂实习。在一年期满时,教师需要获得教师资格证书以及要求的特定登记的技能证书,才能正式上岗。第二,由于社会的进步,科技发展日新月异,技术和知识更新速度极快,因此高等职业教育也要及时更新所传授的各种技术和知识。这就要求学校必须为在职教师提供在职培训或者进修的机会。同时,对教师工作进行整体性评价,如对教师整体素质、理论教学工作、科研工作的评价,在评价中找到教师的问题和不足,以便及时调整、改进和提高。

三、发展多样化的评估,引入"元评估"机制

只使用工作水平评估这个单一的评估方式,显然无法将高等职业教育质量全面、准确地反映出来,因此学校必须开展多样化评估,如科研评估、社会评估、专业评估等,从多个角度出发,将高等职业教育的质量真实地反映出来,进而不断提高高等职业教育的质量水平。

多样化评估也会让评估拥有更加多样化的标准,评估机构也可能鱼龙混杂,这些都会对评估质量造成一定的影响,所以高校需要将"元评估"这一机制引入,以保证评估活动的规范进行,有规范的工作过程、统一的评估标准,确保评估机构有资质和合法地进行评估,为评估结果提供依据。

而要想引入"元评估"机制,政府必须转变自身职能,不再以执行者的身份直接参与到具体的评估活动当中,而是成为一个监督者和控制者,鉴定和认可各类评估机构,对各评估机构得出的评估结果进行再次评估,以及对高等职

业教育质量进行间接监控,以此来保证评估机构的正规性、规范性,评估工作的公平性以及评估结果的准确性,为高等职业教育的教育质量提供保障。

四、建立内部质量保障制度

质量保障体系中十分关键的一个组成部分就是内部质量保障制度,它是外部质量保障的基础。

目前,我国主张高职院校实施内部评估,但这种评估尚未形成一套统一、规范的评估标准。鉴于此,教育部应通过颁发法律法规的方式要求高职院校建立内部质量保障制度,并将此作为学校的职责所在,成立专门质量保障部门,不可由其他机构或者部门替代,确保其为内部质量保障唯一的主体,并建立服务质量保障的评估队伍,确定评估的内容,构建相应的实施体制,保证评估活动的公平、公正。

内部质量保障制度可以有效约束与监督高职院校的自主办学,确保高职院校担负起保证自身教学质量的责任,有利于高等职业教育质量保障体系的发展和完善。

第三节 高职院校教育质量标准建设

高等职业教育属于《国际教育标准分类法》中5级即第三级教育的第一阶段,其教学计划的种类为5B。5B的教学计划一般比5A短,主要内容为满足劳务市场需求的各种具体职业技能,同时在各科课程中加入一些基础理论。所以,从教学计划内容上来看,高职教育质量要具备职业技能方面的职业标准,以及基础理论方面的学术标准,还有提高劳动者普适性能力,保证其未来发展这方面的标准。因此,高等职业教育培养人才质量体现在三个方面,也就是高等职业学校学生都应该具备的三个重要能力,即能够胜任某个职位的技艺和职业技能能力、为就职以后的发展与学习奠定基础的能力,以及作为第一线管理、生产、服务人才应具备的基础能力,概括来讲,就是职业能力、普适性能力与学术能力,其中普适性能力在职业教育中又被称为核心能力或者关键能力。

站在宏观的教育目标角度来看,高等职业教育质量标准决定了培养目标的内涵,其培养目标是培养出与社会和经济发展相适应的技术应用型人才,而从内涵角度来看,培养目标是针对学生的身心发展所提出的具体标准。因为高职教育一直都将学生获取相应的岗位能力作为教学的目的和指导思想,所以其"认知性"知识质量标准设置的依据是"过程性"的能力质量标准。高等教育中的课程内容、教学方式、质量评价标准等都是为了让学生获得能力,保证学生掌握某个职业领域的能力。这就意味着职业能力是高职教育中学生最显著的本质特征的体现。从广义上来看,职业能力,或者说从业能力,就是人们从事一项职业必备的能力,这种能力可以让个体在经历变化的全新工作环境或者问题中可以有效、合适地运用技能、知识以及自身的理解力和品质来处理问题或者展开工作。这种职业能力并非心理学中提到的能力的概念,也不是单纯的操作技能,而是在某个职业领域上的技能以及各种与此相关能力的综合概念,其中不仅包括知识和技能,还包括经验、态度等人们完成职业任务、承担岗位责任所必备的全面素质。事实上,具有劳动能力、可以从业的人都存在职业能力。

近年来,学界关于高职教育质量和标准的界定争论不断。从学界对高职教育质量和标准已有的研究结果出发,对其做出以下定义:高职教育质量就是指其要满足个人的发展需求和社会需求以及程度的状态,也就是高职教育固有特性需要让"教育利益相关者"的需求与程度达到一定的要求的状态。所以,高职教育的客体自身的属性以及利益相关者的价值偏好对高职教育的质量与标准起到了决定性影响。

教育是一种社会活动,它必然蕴含着某种目的,并根据这个目的来控制和影响教育对象。所以,教育质量涵盖了目标、过程与结果的质量。从这个理念来看,再结合一些学者提出的观点,可以看出高职教育质量有一个系统的形成过程。总体来看,这个过程可以分成三个相互联系的阶段,分别为高职教育质量的预设阶段、培育阶段与输出阶段。这三个阶段都具备独特的基本规律价值取向和条件要求。

教育质量实质性形成的实践就是教育质量培育,它同时是教育质量预设的现实化过程。在此阶段当中,教育保障条件以及教育活动是教育质量形成的基础。除此之外,质量培育的一大有机成分还包括学生这一教育客体的内在自塑能力和自身基质。因此,我们可以看出,教育活动质量标准、学生自塑质量标准与教育保障条件标准共同构成了教育质量标准。其中,教育活动质量标准又可以被细分成教育管理质量标准与教学质量标准。在高职教育中,教学活动涉及方方面面,包括专业设置、教学过程、校园文化、教学环境、实习时间、师资队伍等,这些都需要达到一定的质量标准。我国高职教育管理组织架构是一个错综复杂的网络结构,上到中央政府,下到教育厅或者教育委员会,再到高职院校的内部管理。而拥有一个规范制度和质量标准显然是保持其运行的不可或缺的条件。教学活动保障可以细分成物质上和精神上的保障。各种能够让教学活动得到提升或者维持下去的资源都是物质保障，其在运行过程中会涉及许多环节；精神保障则与学校文化、师生认知、心理等方面有关，如教风、学风、教学观、价值观、教育观等。教育对象是一个拥有思想的个体，在教育质量形成中，其同样具备一些能动性和主动性，而在教育科学领域中，这种特质就被称之为自塑。学生自塑质量同样需要标准来进行引导和测评，如此才能保障在教育质量形成中发挥其应有的效果。

一、开发高职教育质量标准的价值维度

高职教育有多元化的功能以及多样的系统构成，因此对高职教育质量进行评价时，需要站在多维价值取向或者多维视角上形成的评价体系来进行，在多维价值取向关照当中具有最优异的绩效的才是最好的高职教育质量。因此，要将整合思维融入高职教育质量标准开发工作当中，尤其注意以下几方面的价值维度。

第一，职业维度。从高职教育中培养出来的人才有着很强的职业指向性，其专业培养目标、课程体系等都跟具体的某个行业、某个岗位相挂钩。所以，职业指向性是高职教育质量标准中不可缺少的一部分，应将职业指向性以一种合适的方法和质量标准体系相互融合。

第二，效率维度。教育经济效率即教育投入与产出之间的比例关系。高职教育具有的经济属性、教育投资的多元性等要求我们必须要关注高职教育质量在经济效益上的标准。

第三，技术知识维度。站在现代知识论角度上看，如今主要有两类现代知识，它们分别是以认识世界为目标和以改造世界为目标的"科学知识"与"技术知识"。其中，技术知识是一种程序性的认知和建构活动，它具有规范性，且导向实践，有显著的两元化特征：一类是源自本土文化、难以解释的隐性知识，也就是实践知识；另一类是充满规范性的显性知识，也就是技术知识。同样，高等教育也能分成两个类型，即以传授科学知识为主的普通高等教育和以传授技术知识为主的高等职业教育。所以，技术知识论不应再受到"脱胎于普通高等教育的樊篱"这一设计思想的影响，变成一个围绕着高职教育质量标准，尤其是学生的智能标准所制定出来的方法论基础。

第四，效能维度。效能就是对事件可以做出有效反应的一种能力。高职教

育的效能就是其可以有效、及时地对社会发展以及优秀人才的需求做出反应的潜力和性能。高职教育的一大本质特征就在于其可以敏锐察觉到社会的需求并做出有效的反映。所以，高职教育质量标准体系应涵盖效能理念，如专业结构或者管理结构的社会效能等。

第五，ISO 维度。质量管理体系的通用指南与要求为 ISO 9000 族标准，它聚集了各种科学的管理思想、方式和模式，在各种规模和类型的组织中得到了广泛使用。1972 年，联合国教科文组织发布的《学会生存》报告中提出，学校可以将 ISO 9000 族标准精髓引入教育管理当中。ISO 9000 族标准有非常经典的八个管理原则，如过程方法、以顾客为中心、持续改进、领导作用、基于事实的决策方法等，这些原则都可以融入高职教育质量标准的设计当中。

第六，管理维度。一方面，有效管理是质量诞生的基础，如果失去了管理，高职教育质量也就没有生成的机会；另一方面，高职教育质量标准的功能除了"规格作用"，还有导向、测量评价等功能，所以其天生就具有管理属性。

第七，系统维度。通过系统思维对高职教育质量标准进行认知和把控的方式就是系统维度，其具体体现在以下几方面。其一，高职教育质量标准与职业教育质量标准之间关系紧密，前者为后者的组成部分，后者同时在教育质量标准体系范围内；从层级上来看，前者同时在高等教育质量标准范畴之内。其二，站在思维逻辑的视角上，高职教育质量标准的组成部分包括观念层、指标标准层与指标体系层，各层之间相互制约、互相关联，一同规定了最终的标准体系，并且是一个从抽象观念转变为具象的指标标准的层级结构。

第八，社会满意维度。社会是高职教育产品最终输出的地点，教育消费者则是对教育质量好坏进行价值判断的角色，其比较关注的方面包括高职教育所提供的毕业生、社会形象和各种服务是否可以让人们得到更多收益，而这同时是其满意的标准。因此，高职教育质量标准应关注社会标准，让高职教育践行为人民服务的宗旨。

第九，国际化维度。自 20 世纪 90 年代之后，众多欧美发达国家的教育改革都展现出一个相同的特点，那就是跨入了一个将提高质量作为基准的新时代，制定标准成为教育改革的一大关键策略。除此之外，教育国际化还有一种趋势，那就是搭建一个能够实现国际学历互认的共同质量标准平台。跨国教育服务、人员跨国服务、国际化课程等都是当今教育国际化的体现。由此可见，高职教育质量标准的设置应关注教育质量标准国际化这一发展趋势，做到在借鉴、融合的同时保持独立、自主。

二、开发高职教育质量标准的形态选择

由于受到高职教育管理权属布局、高职教育区域性和发展不具备均衡性，以及高职教育如今仍有待发展等一系列的影响，当前高职教育质量标准最好采取循序渐进、有梯度的形式，不可急切寻求全国划一标准，要认清高职教育当前的发展情况，并引导其实现健康、长久的发展。从高职教育质量标准开发主体构成来看，当前有五种形态可供选择。

一是国家组织设计，形成一个国家层面上的高职教育质量标准，广泛运用于对全国各教育组织和高职院校的评价工作上，同时选择一个恰当的方式向大众公开评估结果，从而对教育组织起到借鉴、学习等效应。

二是构建一个国家层面的高职教育质量标准体系，只是组建者转变成了政府或者受委托的非政府组织。国家并不会参与评估工作，政府主要负责进行协调和监督，评估工作由第三方独立机构组织实施。

三是让地方政府围绕本地社会发展的实际需求和高职教育发展水平现状，设计一个与本区域情况相适应的高职教育质量标准。该标准就是所谓的区域标准，或者说地方标准。这个区域或者地方通常是省、直辖市、自治区或者有需求的工业园区、经济特区等。该形式具有一定优势，它可以激活分级管理的体制，让地方更加积极地参与到高职教育的管理工作当中，避免了"一刀切"情况的出现。

四是把国家层面标准跟地区层面标准进行有机结合，设计出一个既满足中央控制特征需求，又能够兼顾地方发展需要的高职教育质量标准。

五是国家教育行政部门和相关部委协同制定出一个兼顾行业特殊要求，同时与国家标准内涵相符的高职教育质量标准，也就是行业高职教育质量国家标准。质量标准体系的部分内容可以最大限度上和职业资格跟技术等级的相关条件和行业规范等进行结合。

三、开发高职教育质量标准的方法

此处的方法即高等职业教育质量标准制定工作中的过程、技术路线和使用手段等。考虑到高职教育的属性以及对技能技术型人才方面的要求，其最主要的定型方法为任务分析法与功能分析法。除此之外，定量方法、量化方法等对层级的确定、指标的提炼等方面也十分有效。

（一）质的分析方法

质的分析方法有两种，分别为功能分析法和任务分析法。功能分析法是一种社会科学中常见的方法，英国、澳大利亚等是最先将其运用到职业教育领域当中的国家。该方式先将职业领域的关键目标进行明确，然后对关键目标中的主要功能进行分解，不断分解成次级功能，直到无法分解为止，分解出来的次级功能属于标准里的能力要素。从结构上来看，能力标准有五个要素，分别为能力要素、能力单元、适用范围、操作标准与考核证据要求。需要注意的是，功能分析法适用于范围比较广泛或者职业内涵变化显著的职业领域，而对于那些关联领域比较狭窄、程序性较强的技术能力或者职业来说，使用任务分析法是最好的选择。

任务分析法是在二战期间的工业心理学运用于工业培训和军事的过程中诞生出来的一种方法，如今它在程序教学跟教育目标分类理论上得到了广泛运用。1985年，英国开发出了一个"青少年培训计划"，这也是任务分析法第一次被运用在职业教育质量制定上，不久之后，美国、加拿大等国家都开始流行任务分析法，使其变成一个最常见的职业能力解析法。任务分析法主要有两个步骤：一是确定职业领域，并对职业进行深入的工作分析，也就是将某个职业工作进行分解，形成多个职责，再把职业划分成一个个的任务，进而确定满足职业需要具备怎样的综合能力，以及完成任务需要什么样的专项能力；二是展开任务分析，将专项能力的内容进行确定，然后使用文字表述让其转变成能够实现的要求，其中包括安全问题、行为标准、相关实践活动、相关知识、所需材料等。

可以看到，这两种方法之间有一些明显的区别，任务分析法是行为结构分析，可以对能够分解为程序化的任务职业能力产生更好的效果，功能分析法则是功能结构分析，适合综合的、要进行横向功能组合的职业能力。

（二）量的分析方法

量的分析方法主要包括量化方法和定量方法。量化方法就是通过分析判断或者处理高职教育中的现象数据来找到质量标准的形状和构成引子。也就是说，如果主体没有确定质量构成核心要素，或者对要素重要程度不了解的时候，可以通过在各种现象数据的关系中进行深入研究来发现或者直接确定指标的方式和过程。其中包括许多具体的方法，如因子分析、统计推断、数据挖掘、结构方程和回归分析等。需要注意的是，使用量化方法来探寻高职教育质量关键因素时是没有一个确定的价值标准参照体系的,所以使用的手段和资料的收集范围存在不确定性与未知性,并且使用的具体方式的不同会让量化方法最终确定出来的高职教育质量标准指标和品质存在主观色彩。

定量方式则通过结构化数据来判断高职教育质量价值,通常是设计主体在具体的某个数学模型价值结构模式的基础上,对高职教育质量指标的修订方向或者合理性进行判断。使用这种方法来设计高职教育质量目标,最主要的目的就是运用数学方式站在定量角度来获取质量指标的价值标准。比较常见的数学方法包括相关分析、聚类分析、神经网络等智能算法。

总体来看,这两种方法都运用到了数学方法与技术。事实上,很多时候,定量方法往往会以量化方法得出的结果为前提,也就是说,一般会先使用量化方法建立价值结构,再使用定量方法根据该结构对应的数学模型进行深入分析。

(三)移植方法

移植方法就是将其他学科领域里的原理、方法和技术运用或者渗透到另一个学科领域里,从而为问题解决提供一些新的思路和思维方法。此处的移植方法指的是在进行高职教育质量标准制定工作时对其他已经存在的教育类型或者国外的高职教育质量标准采取的思维方法进行科学的移植或者借鉴。这是开发高职教育质量标准的一个经济、有效的方法。

第四节 高职院校教育质量保障措施改进

一、把握新时代全面提升高职质量的机遇

经济社会发展进入新时代是高职教育全面提升质量的新机遇。与其他类型教育相比,职业教育最显著的一大特征就是能够及时顺应社会发展潮流,而社会的发展需求更是职业教育发展的不竭动力。因此,我们必须围绕经济社会发展全局对职业教育的改革进行谋划。如今,我国经济处于新常态中,发展速度从高速转变成中高速,随着供给侧结构性改革的进程不断加快,增长的动力也开始以创新驱动为主。尤其"一带一路"倡议的推进正引领中国产业"走出去",许多企业开始迈入全球市场,在全球进行生产、投资和贸易的布局,通

信技术、生物能源、高速铁路等产业的世界话语权越来越高。高职教育改革面对着急剧变化的外部环境，亟须高技术、高质量人才的支撑。面对新环境、新要求，职业院校应在落实国家战略的同时提升自身实力和国际影响力。

一批师资强、设备好、学生优秀的高水平专业正在形成，通信技术、高铁、互联网金融等产业相关的专业将产业发展的先进标准、最新技术引入人才培养过程，并追随产业"走出去"，正在成为向世界职业教育提供职业教育方案的重要基础。例如，深圳职业技术学院与华为技术有限公司合作的通信技术专业已经形成国内外领先优势，在校生通过华为顶级认证 HCIE 的人数在国内外高校中遥遥领先；湖南铁道职业技术学院追随中国中车走向世界的高速动车组技术专业，上海出版印刷高等专科学校的印刷媒体技术专业等正在形成国内外同类专业的领先优势。高职院校办学条件明显改善，是新时期内涵式发展的新基点。"十二五"以来，国家财政加强投入，实施了一系列重大工程项目，着力改善职业院校办学条件。例如，重点支持建设 200 所国家示范（骨干）高职院校；围绕战略性新兴产业、制造业发展方向，适应现代农业、生产和生活性服务业等重点领域和地方经济社会发展需要，支持建设 1 800 多个高职特色专业点，带动全国高职院校提升专业建设水平；等等。

职业院校基础办学能力明显提升。超半数的高职院校有 8 500 元以上的生均校研仪器设备值，远超优质学校的办学优秀标准。随着信息化进程的加快，八成以上的高职院校已经满足了国家《职业院校数字校园建设规范》这一具有国际先进水平的标准。在浙江等省份，高职院校校均占地 40 公顷以上，教研仪器设备价值高达 9 000 万元，无论是在生活上的校舍、校园环境还是在学习上的仪器设备等硬件条件，都已经和国外同类院校先进水平十分接近。评估评价的探索实践广泛开展是高职教育完善质量保障的重要基础。近年来，我国高职教育质量评估、评价工作正在形成督导评估、学校自我诊断与改进、发布质量年度报告等多措并举、相辅相成的新体系，成为高职教育完善质量保障的重要基础。例如，高职院校适应社会需求能力评价旨在引导院校加强内涵建设，促进产教融合、校企合作，推动高职教育更好地服务地方经济社会发展，综合评价学校的基本办学能力、专业发展能力和服务学生、服务地方与行业能力，形成对职业院校提高整体质量的外部动力。

国家职业教育管理部门对推动建立教学工作诊断与改进制度具有重要意义。开展职业院校人才培养诊断改进工作体现了办学者对人才培养质量的主体责任，以及管理者的管理责任，成为学校内部提高教育教学质量的内生动力。

高等职业教育质量年度报告发布制度引导形成了职业教育新型质量观,为强化引导作用,年度报告专门开发了与上述维度相对应的测评工具,引导高职院校更加重视服务经济社会的贡献能力和国际合作交流能力。可以说,高职教育质量年度报告制度成了高职院校审视教育教学质量的一面镜子。面对新形势、新发展、新要求,高职教育质量保障需要立足全面提升质量,优化质量治理,深化放管服改革、管办评分离,推动教育治理体系和治理能力现代化。

二、服务职业教育和培训体系发展目标

职业教育和培训体系是一种全新的教育培训体系,其在制度和体制的引导与制约之下,让教育与培训相互结合,其目标为满足经济社会的发展,以及实现学生的发展需求。高职教育质量保障要围绕完善职业教育和培训体系的总目标,不断提高自身的影响力与保障力,促进职业教育和培训体系建设更好地适应外部环境变化要求,稳步向更好的方向发展。如今,职业教育和培训体系建设以适应社会发展需求为主要任务和出发点,这也体现出了"服务发展、促进就业"这一办学方向。

在进行职业教育和培训体系建设过程中,职业院校应不断提升能力,以更好地满足社会、市场和企业的需求,并通过内部教学改革等方式提升其整体质量。具体可采取以下措施。

第一,加快职业教育产教融合进度。产教融合代表着校企合作进一步升级,也是职业教育校企合作的前提。产教融合可以加快经济社会转型升级。要想建设职业教育和培训体系,教育界跟产业界的合作必不可少,其可以让企业作用得到充分发挥,让优质的职业教育资源得到广泛分享,实现行业、企业元素的深度融入。构建发挥企业重要办学主体作用的新体制,促进企业真正发挥职业教育办学中的主体作用。建立培育认定"职业教育性企业"的新机制,配套改革职业院校教师编制管理办法和专业技术职务评聘办法,完善优秀技术技能人才在"职业教育性企业"与职业院校之间流动时社保关系转移接续政策,促进技术技能人才双向自由流动。加大对校企合作优秀企业的支持奖励力度,建立企业办学费用计核方法与激励机制,扩大办学费用加计扣除优惠政策适用范围,推动形成校企深度融合的新局面。

第二,促进中高职协调发展。职业教育和培训体系建设还包括中高职教育的协调发展。如果想要系统性地培养出优秀的技术技能人才,中等职业教育与高等职业教育必须建立更加紧密的关系,实现良性互动、和谐发展、合作

供应。系统培养人才的前提是实现专业上的衔接和教师的衔接，而保证中高职衔接发展与就业体系对接的关键就在于资格证书，这些都对人才培养目标与规格、资源协调和配置以及职业教育的效益和质量有着十分重要的影响，是中高职协调发展的关键所在。要平等对待职业教育和普通教育，这两个教育的相互促进让职业教育和培训体系的内涵更加丰富。要想构建职业教育和培训体系，还需要让职业教育跟普通教育之间摆脱对立关系，不管是高等教育考试招生的改革还是在人才培养和资源分配等方面，都必须要以平等的眼光看待职业能力与普通文化素质，让普通教育跟职业教育之间建立良好的沟通桥梁。通过对招生考试评价制度的改革，让学校拥有更大的自主权，让学生有更多的选择权。加强中小学职业启蒙教育，丰富学生职业体验的内容和形式，建立职业教育与普通教育资源开放共享机制。促进职普学生流通，推动各级职业教育与普通教育相衔接。创新职前教育与继续教育一体化发展。职业教育和培训体系应体现终身教育理念，这是对以人为本需求的满足，更是人力资源开发能力得到提升的体现。如今，随着新业态、新经济不断涌现，过去的全日制教育和职前教育难以满足社会的发展需求和企业对人才的需求。随着职业教育生源群体发生变动，高职院校必须关注各个生源群体学生有着个性化职业发展需求，并以此为出发点，建立一个能够让劳动者接受职业教育和培训的学习制度，推行学习成果认证、弹性学制与"学分银行"，让学习制度更具灵活性，让高职院校学历更具公信度，将工作经历、学历教育、非学历教育等学习成果聚集到一起，构建出一套涵盖了学习成果度量关系的国家资格框架，健全用人政策与就业政策，形成一个从新手转变为专家的进阶通道。

三、加强整体设计的制度政策体系引领制度

"由正规的成文规则和那些作为正规规则的基础与补充的典型非成文行为准则所组成，包括人类用来决定人们相互关系的任何形式的制约"，在一定程度上是框架、基础，具有全局性，是一系列政策所达成的组合效果。良好的制度与政策设置可以充分发挥其规范、引导和保障作用，促进高职教育质量保障尤其是多中心质量保障的改革和发展。以制度创新来推动改革能越过事物的表象，击中改革的要害，抓住改革的根本，使改革态势跃出局部，延展到全局，也能使改革力度穿透表面，抵达矛盾汇聚的深处和利益交错的枢纽。对高职教育质量保障发展的阶段性要有清醒的判断，才能深化改革目标。

随着高职教育质量保障的不断深化和发展，制度政策需求越来越旺盛，制

度政策有效供给不足,具体体现在以下三个方面。一是制度供给不足,也就是供不应求。旧有的政策制度难以对改革过程中出现的全新的问题和情况进行指导和规范。二是制度有待完善,也就是供非所求。当前存在的制度难以适应全新的发展情况,内容陈旧。三是制度之间不协调,也就是供给失效。制度体系在结构上存在矛盾,制度之间和部门之间不配套。在新时代,我们也应形成全局思维,对高职教育质量保障工作坚持协调推进、全面规划、系统设计等原则。在计划经济体系向社会主义市场经济体系的转变过程中,有经济学家提出"整体改革理论",认为改革是系统的、整体的,它既包括各种经济领域,又涉及法律体系,乃至让整个社会体系进行重构。该理论认为应该进行配套改革,实现多方面相互协调发展,该理论也为高职教育质量保障改革提供了很大的帮助。可见,制度组合、制度匹配与制度协同的重要价值。因此,高职教育质量保障的制度配置要借鉴系统论的方法论,既从静态视角关注保障体系内的要素组成,又从动态视角关注保障体系内外部的联系机制。

要从创新发展高等职业教育的一般性和特殊性出发,顶层设计高职教育质量保障的制度政策,构建"整体效应"最大化的制度体系,发挥其组合效应,强化高职教育质量保障制度政策设计的有效性。在整体制度政策设计时,高职院校可以参照新制度经济学侧重制度绩效、博弈论注重制度实施效率的设计,综合考虑制度绩效与制度实施效率,尤其要加强政策的执行力,防止一项好的改革措施在执行中变调甚至不执行的现象。整体设计具有自上而下的特点,在这个过程中还要发动基层自下而上的改革,促使自上而下和自下而上两种改革有机结合。比如,可以遵循"实践出真知"原则,实行"制度创新试点—实践验证反馈—大范围推广普及"的模式,推动高职教育多中心质量保障建设。同时,要推动整体性制度设计进一步向具体实现途径转化,围绕重大问题,按照实际需要寻求改革优先顺序。任何一种制度都有其具体的实现途径,离开具体的实现途径,制度就不能发挥其应有功能。制度目标的实现必然是合理的制度设计与合理的实现途径的结合。

四、完善高职教育的国家标准体系

支撑标准是高职教育内涵发展的根本保障,是高职教育质量保障建设的重要组成部分,是质量管理与评价的基本依据与发展目标。调研显示,学校制定专业人才培养方案的主要依据是当地产业发展的人才需求与相关标准要求,其中相关标准是一个多维度概念,涵盖教育教学标准、硬件设施标准、产业行业标准、职业资格标准等。目前，职业教育国家教学标准体系框架基本形成，主要包括专业目录、专业教学标准、课程教学标准、项岗实习标准、专业仪器设备装备规范五个部分，已制定颁布的标准包括《中等职业学校专业目录》及其设置管理办法、《高等职业学校专业目录》及其设置管理办法；230个中职专业教学标准和410个高职专业教学标准；9门中职公共基础课教学大纲、9门中职大类专业基础课教学大纲；70个职业学校专业（类）顶岗实习标准以及9个专业仪器设备装备规范等。需要注意的是，目前取得的成果只是阶段性的、探索性的。高职教育如今虽然已经基本上不再受到校园、仪器设备水平的限制，其继续发展更加关键的点在于建设一个具有较强约束力的专业和课程建设标准，但它缺乏的是适应发展需要、具有时代特征的专业课程体系与高质量教材。加快丰富专业教学标准等质量核心要素，将成为促进职业教育教学改革的关键举措，成为职业教育人才培养质量的核心环节。职业院校迫切需要强化内涵，不仅要主动进入国际社会中，参与制定专业建设标准与规则，与国际产业的发展需求相对接，开发出相对的课程体系与专业标准，还要让标准体系更加制度化和规范化，让高职教育的师资队伍更加壮大，教学管理水平得到更大的提升。

一是完善高职教育人才培养质量标准，以核心素养为统领，明确学生应具备的品德、知识、技能、能力和态度等基本要求。要深化产教融合制度，加快产教融合教育教学改革进程，建立优秀企业共同参与教学机制、专业教学标准和职业标准联动开发机制等，将产业发展对岗位的核心要求融入专业课程标准、教学标准、专业核心教材、课程开发等方面，从而让专业教学切实对接产业发展，促进产业新技术的推广，为企业提供更多优秀的技术技能人才。

二是完善高职教育人才培养资源条件标准。围绕基本办学条件、双师型教师队伍、校内外实践教学资源、多元经费投入、教育管理标准等关键资源，建立健全保障人才培养目标实现的基本标准体系。

三是完善高职教育人才培养过程标准。对专业设置、课程设计、课堂教学、实践实习、考试评价等教学过程中的关键环节和流程建立规范性的标准，形成相互协调、相互衔接、完整的过程标准体系。同时，加强高职教育标准化工作，实施标准分类管理，并完善认证认可体系。缩短标准制修订周期，提高标准的先进性、有效性和适用性。积极采用国际标准，增强实质性参与国际标准化活动的能力，推动我国高职优势专业与标准成为国际标准，积极参与制修订影响我国相关专业技术发展的国际标准，提高应对全球教育标准竞争的能力。完善标准化管理体制，创新标准化工作机制，加强标准化与高职教育质量保障政策的有效衔接。参照国际通行规则，建立健全法律规范、认可约束、行政监管、社会监督相结合的认证认可管理模式，完善认证认可体系，提升认证认可服务能力。

五、营造高职质量保障的新型质量文化

质量文化是高职教育质量保障建设的"软件"，是支持质量保障的重要一环。在管理学中，质量文化是一个解释当代质量实践活动的基本概念，其含义是以近现代以来的工业化进程为基础，以特定的民族文化为背景，群体或民族在质量实践活动中逐步形成的物质基础、技术知识、管理思想、行为模式、法律制度与道德规范等因素及其总和。质量文化有其自身独特的结构特征，主要由物质层面、行为层面、制度层面和道德层面构成。质量文化渐变的特征从物质层面到道德层面逐渐增强，其中物质与行为层面为质量文化的浅层，较易察觉，而制度与道德层面为质量文化的深层，较难察觉。

从本质上来看，高职质量保障，特别是中心质量保障，表现的是一种质量治理网络，而这种网络意味着学校、社会和政府等有着一种较为稳定的关系模式，如都认同某件事物，或者都遵守某项规则。而就是在这样一个多样的社会网络组织情境中，如果我们想要实现质量保障的自觉性，就必须要营造出新型质量文化。这种新型质量文化主要由四个层面构成，分别是道德层面、制度层面、行为层面和物质层面，其中质量文化建设的灵魂与关键就在于道德层面，它同时是质量文化建设的最终目标，必须历经长久的积累沉淀才能逐渐形成；制度层面主要是指各种行为准则、制度政策，涉及标准、法律、规章、规范体系等，是各方实现质量目标必须要遵守的准则；各主体在实践中体现出来的行为文化便是行为层面，它是质量价值与理念的体现，制度层面是其准则，物质层面是其基础，道德层面则为其提供指导服务；物质层面由高职文化在实践中现有的物质性因素构成，它是质量文化的基础，也是行为层面的载体。建设新型质量文化是一件复杂且耗时较长的事情，因此必须要为建设工作制订计划，并按照计划一步步实施，同步推进上述四个层面的建设，同步推进高职教育多中心质量保障工作的进行，从而让高职教育质量得到全方位的提升。还有一点需要注意，那就是在建设新型质量文化时，在质量保障网络里最关键的协调机制便是信任。一个行动主体对其他主体的想法有着积极与稳定的看法，也就是认为其他参与主体会对机会主义行为主动进行抑制，即信任。各主体之间在价值观念上都存在着差异，质量保障网络则可以协调各个主体，促进协商的进

行,所以创新性的政策建议与行动实施必然实现于一个复杂的互动过程里。可以说,信任是主体之间进行流畅互动的基础,也是形成高职教育新型质量文化的一大前提。

另外,要将"诚实守信、持续改进、创新发展、追求卓越"这一质量精神融入高职教育当中,成为其行为准则,提高高职教育质量文化软实力。在以信任关系为前提的新型质量文化上,尽可能地降低甚至避免质量保障将产生的负面影响。第一,防止质量保障权利外溢和异化,让话语权掌握在更多人手中,而非单纯聚集在权利拥有方身上,充分发挥质量文化引领作用,既要关注质量保障,又要确保高职教育专业的自治与合理存在。第二,避免质量保障过于工具主义与理论化,在借助质量保障技术对质量进行监控和评价的同时,要注意不可简化质量为数量化或技术化概念,而是要借助质量文化将质量测量跟质量本源之间的差异和裂缝进行弥补。第三,处理好质量保障单向度问责,让各个利益方进行有机结合,共享责任,保证权利和责任的对等,利用质量文化的情景化融入,让各方的交流、沟通更加高效,从而形成良好的多元价值互动跟重建。另外,还要在社会中营造一个尊重、崇尚技术技能人才的氛围。首先,促使技术技能人才激励机制进一步完善。通过就业用人政策为人才提供平等就业环境,让职业院校毕业生得到应有的尊重。结合深化收入分配制度改革,提高技能人才在企业中的收入水平。鼓励企业专门为技能人才建立特殊岗位津贴和技能职务津贴制度。其次,完善技术技能人才流动机制。为技术技能人才提供交流平台,开展技能竞赛、企业合作、技术创新等活动,让技术技能人才在交流、合作、竞争中不断增强自身的技术能力,同时让企业发现更多技能高超的优秀人才。企业可以通过兼职、项目引进、借调、人才租赁等形式在企业内部建立一个技术技能人才流动机制,同时吸引社会上优秀人才的到来。再次,改善以往"重学轻工"的不良风气。大中小学校的教师要注意用词,避免出现对职业教育、劳动和劳动者的歧视性语言,特别是在义务教育阶段,学生尚未形成完整的价值观念,因此教师必须要坚持正确的价值导向。在教育系统内部,必须形成正确、健康的人才观念,践行社会主义核心价值观。最后,加强对技术技能人才的宣传。宣传高素质技术技能人才的重要贡献和事迹,以此形成榜样力量,引导社会形成尊重劳动、尊重技术的健康观念,让人们不再单纯凭借学历来断定一个人的能力,营造崇尚技能技术、尊重劳动的良好社会氛围。

参考文献

[1] 鲍风雨. 职业院校教育教学质量保障体系理论与实践 [M]. 北京：机械工业出版社，2011.

[2] 卜锡滨. 高职院校特色专业建设研究与实践 [M]. 北京：中国水利水电出版社，2013.

[3] 董维佳，宋建军. 高等职业教育教学质量管理概论 [M]. 南京：南京大学出版社，2007.

[4] 洪贞银. 高职院校教学质量保证与评估研究 [M]. 北京：人民出版社，2009.

[5] 黄启兵，毛亚庆. 大众化高等教育质量保障：基于知识的解读 [M]. 北京：北京师范大学出版社，2011.

[6] 姜风华. 现代教育评价 [M]. 广州：广东人民出版社，2006.

[7] 连建华. 学校教学质量管理概论 [M]. 北京：国防工业出版社，2009.

[8] 梁态环，张春梅，强玉红，等. 民办高等教育教学质量保障体系研究 [M]. 青岛：中国海洋大学出版社，2012.

[9] 梁忠义. 七国职业技术教育 [M]. 长春：吉林教育出版社，1996.

[10] 刘明. 高职院校教师能力建设与管理 [M]. 合肥：中国科学技术大学出版社，2012.

[11] 刘晓欢. 职业院校应用 ISO 9000 质量管理体系标准实务 [M]. 武汉：湖北科学技术出版社，2008.

[12] 陆文，黄晓波，周志峰，等. 控制理论基础 [M]. 北京：清华大学出版社，2008.

[13] 莫利. 高等教育的质量与权力 [M]. 罗慧芳，译. 北京：北京师范大学出版社，2008.

[14] 戚维明，罗国英. 质量文化建设方略 [M]. 北京：中国标准出版社，2011.

[15] 钱大庆，宋建军，缪宁陵. 高等职业教育质量保障与评价 [M]. 北京：光明日报出版社，2013.

[16] 申晓伟. 校企合作共筑未来[M]. 北京：中国广播影视出版社，2014.

[17] 沈玉顺. 现代教育评价[M]. 上海：华东师范大学出版社，2002.

[18] 史秋衡，陈蕾. 中国特色高等教育质量评估体系的范式研究[M]. 广州：广东高等教育出版社，2011

[19] 史秋衡，吴雪，王爱萍，等. 高等教育大众化阶段质量保障与评价体系研究[M]. 广州：广东高等教育出版社，2012.

[20] 唐仁春. 高等学校全面质量管理策略研究[M]. 长沙：湖南人民出版社，2010.

[21] 田恩舜. 高等教育质量保证模式研究[M]. 青岛：中国海洋大学出版社，2007.

[22] 吴志宏. 新编教育管理学[M]. 上海：华东师范大学出版社，2005.

[23] 张伟江. 大众化高等教育的质量保障与评价[M]. 北京：高等教育出版社，2010.

[24] 张彦通. 高等教育评估与质量保证研究[M]. 北京：北京航空航天大学出版社，2011.

[25] 周建松. 高等职业教育质量管理理论与实践[M]. 杭州：浙江大学出版社，2007.

[26] 周明圣. 教育系统质量管理体系[M]. 北京：中国计划出版社，2003.

[27] 陈彬，欧金荣. 高校扩招呼唤建立新型教育质量监管体系[J]. 教育发展研究，2001（7）：36-37.

[28] 程凤春. 教育质量管理的历史演化和趋势[J]. 南京社会科学，2003（10）：42.

[29] 董文伟，朱李根. 我国绩效管理研究综述[J]. 法制博览，2016（24）：220-222.

[30] 杜玉波. 全面提高高等教育质量促进高等教育事业科学发展[J]. 中国高教研究，2011（11）：121.

[31] 高明. 合作博弈视角下的职教集团校企合作探索[J]. 高等职业教育（天津职业大学学报），2011（3）：13.

[32] 韩映雄，梁亦菡. 高等教育质量保障体系中的质量文化建设[J]. 中国高等教育评估，2006（4）：29.

[33] 胡晓林，胡丹. 高等职业教育实施全面质量管理浅析[J]. 职业教育研究，2009（9）：56.

[34] 胡怡芳. 能力本位的高职教学管理体制的理论探索[J]. 职教论坛，2007（14）：12.

[35] 黄福涛.高等教育质量保证的国际趋势与中国的选择[J].北京大学教育评论，2010（1）：114–124.

[36] 刘亚荣，史朝.中德高等教育质量管理学术研讨会综述[J].教育发展研究，2001（9）：70–73.

[37] 马强，付艳茹.国际高职教育校企合作的典型分析与比较[J].科技管理研究，2010（6）：8.

[38] 王素，王小飞.国际教育质量及教育质量标准发展研究[J].中国教育政策评论，2010（1）：20.

[39] 王泽华.关于高职院校教育质量建设的思考[J].新课程研究，2010（195）：57.

[40] 魏玉梅.职业院校企合作中遇到的几个问题及对策研究[J].文教资料，2010（30）：24.

[41] 徐国莉，程忠国.构建高职院校人文素质教育体系初探——解读广州城建职业学院改革实践[J].职教论坛，2014（32）：85.

[42] 陈鹏.澄明与借鉴——人本主义视角的美国职业教育研究[D].天津：天津大学，2012.

[43] 陈文海.高等职业院校德育体系自组织建构研究[D].武汉：华中师范大学，2015.

[44] 贺伟柏.东莞职业教育改革成效研究[D].武汉：华中师范大学，2012.

[45] 雷家彬.中国高等学校分类方法的反思与建构[D].武汉：华中科技大学，2011.

[46] 李豪杰.英国14–19岁青少年职业教育改革研究[D].重庆：西南大学，2011.

[47] 李晶.高等艺术教育人才培养模式研究[D].长沙：湖南师范大学，2010.

[48] 张建鲲.高等职业教育专业课程群论[D].天津：天津大学，2010.

[49] 张良.职业素质本位的高职教育课程建构研究[D].长沙：湖南师范大学，2012.

[50] 周文清.高等职业教育质量保障体系比较研究[D].湖南：湖南师范大学，2009.